宗教改革史

ローランド・ベイントン［著］　出村 彰［訳］

The Reformation of the Sixteenth Century

Roland H. Bainton

新教出版社

The Reformation of
the Sixteenth Century

by

Roland H. Bainton

The Beacon Press

Boston

1952

Japanese Edition:

Shinkyo Shuppansha Pub. Co.

Tokyo, Japan

1966

日本語版への序

日本の皆さま。

わたしたち西欧人は、西欧の言語、文学、文化、宗教などを自分のものにしようとする日本の人々の熱意と能力に、自らをかえりみて恥かしく思います。わたしたちは東洋について同じような知識を持たないことを残念に思いますが、しかも皆さまが、これまではわたしたちのものであった伝統を、かくも豊かに受け継がれることを喜ばざるをえません。わたしたちは単なる伝達者にすぎないからであります。使徒パウロも申しております。「わたしがあなたがたに伝えたことは、わたし自身、主から受けたものです」〔Iコリント一一・二三〕。キリスト教は東洋の宗教であります。その使信は西欧に至り、そしてさらに極東の地にまで達しました。かくして「両者は相まみえる」〔キプリングの詩の一節〕のであります。なぜなら、「主イエスにありては……東と西との　へだてぞなき」〔讃美歌〕だからであります。

わたしは自分で書いたものの翻訳を読むことができれば、と願います。しかし訳者を知悉しているので、立派な訳であることを信じて疑いません。

ローランド・H・ベイントン

一九六六年二月一日

目　次

図 1　ルター訳聖書オランダ語版（1533 年）の表紙

序　論

　宗教改革の起こった十六世紀は、多くの激変の生じた時代で、しばしばこの世紀をもって、中世が近世へと移り変わったと考えられているほどである。多数の運動が時を同じくして生起した。まず、ルネッサンスは人々の関心を天国から地上に引き戻した。さらに地理的視野の拡大は、地球の既知の大きさを変えてしまった。ルネッサンスは、キリスト教古代よりはギリシア・ローマの古典世界に対して、より大きな情熱を示した。他方、国民国家主義（ナショナリズム）は神聖ローマ帝国を弱体化し、ローマ教皇の神政政治体制を脆弱なものとした。さらに、中世の共同体的ギルド制度は、この時代に至って近代的銀行や大企業を育成し始めていた初期資本主義の経済的個人主義の前に、解体の道をたどっていた。これらの激動のただ中にあって、宗教改革はローマ・カトリック教会の一元的構造を決定的に破砕しさったのである。

　これら諸運動が宗教改革の成り行きを条件づける働きをしたことは確かであるが、しかも宗教改革の原動力となったのは、これらの新しい運動のいずれでもなかった。宗教改革はこれらのあるものとは手を結ぶことができたが、他面では激しく相剋しあっていたからである。宗教改革がどれほど教会的統制の弱体化を招いたとしても、その本来的意図はそこには存しなかった。宗教改革は何よりもまず宗教の復興だった。そこからして、宗教改革を中世的敬虔の最後の偉大な開花と考える見方も成り立つほどである。[1]この見解を取る解釈者たちは、宗教の分野における近世の発端を十六世紀の宗教改革よりは、むしろ十八世紀の啓蒙思想運動に求める。それによれば、宗教改革の主要関心事は著しく他界的で、人生の究極を永遠の相のもとに把握し、そこにはキリスト教に特有の救済史的ドラマが生き生きと脈打っていた。宗教改革は、政治的同盟をすら神の真理に従属させた。その心情は、自分と異なる見解に対して狭量、かつはなはだしく迷信的で、悪魔や魔女の存在を疑うことなく、しばしば千年王国説[2]を信奉し、ときにはメシヤ待望的だった。――これらの評価はまさしく当を得ていると言わなければならない。これらすべての点に関して、宗教改革は中世的宗教心の最後の発揚だった。

しかしながら他方、宗教改革が中世教会の支配体制を解体し、それによって一つ信仰と一つ洗礼に依拠し、ローマを頂点とする一つの教会に忠誠を誓う、いわゆる「キリスト教世界」(Christendom)の社会構造を、取り返しのつかないほどに破砕してしまったのも事実である。これらはいずれもキリスト教ヨーロッパを、第二のローマたるコンスタンティノポリス帝国や、第三のローマたるモスクワ、さらに語をまたないことながら、不信のトルコ帝国から弁別する特色だったのである。このキリスト教世界は、しばしばキリストの縫い目なしの上衣（ヨハネ一九・二三）にたとえられた。宗教改革はこの衣を真っ二つに引き裂いてしまったのである。この点では、プロテスタント運動はまぎれもなく、中世カトリシズムの解体者の役を果たしたように見受けられる。

しかし、ひとたびわれわれの目を教会の機構から内的な宗教的関心の領域に向けるとき、宗教改革がキリスト教世界を再生させる働きをしたと認めてもよいであろう。カトリック教会の世俗化はルネッサンス時代にその極に達し、教皇すらもヨーロッパのキリスト者王侯に対抗して、非信者のトルコ人と同盟を結ぶことを辞さないほどであった。宗教改革は宗教そのもの、さらには教派主義までも、それからの百五十年にわたって政治の中心に置き換えたのである。

十六世紀の改革者たちは、これら前後のいきさつの問題性について決して無関心だったわけではない。彼らは自分たちが確かに反逆者であることを容認したが、決して革新者とは考えなかった。事実、彼らは自分たちを追い出したローマ教会に向かって、かえって革新者の非難を浴びせたのである。マルティン・ルターは折に触れて、彼の批判の的だったローマ教会が、実は僅々四百年の古さにすぎないことを強調した。なぜなら、彼の攻撃目標は、教皇の神政政治以外の何ものでもなく、彼の努力のすべてが、中世初期の教会の状態へと復元することに向けられていたからである。もっとも、ときには彼は教会史の堕落を八世紀にまで遡らせた。ローマ教皇が世俗権を掌握し始めたのはこの時代からであると彼には思われたからである。この場合には、回復されるべき教会の姿は、聖アウグスティヌス、さらに適切には聖パウロや福音書時代の教会ということになるわけである。いずれにせよ、根本的な主張は腐敗以前のキリスト教への復帰ということであった。

宗教改革者たちの係争点を真に理解するためには、この時代までの教会の発展の概略を念頭に置かなければならない。以下はその略述である。第一期はもちろんのこと、コンスタンティヌス帝以前の迫害の時代である。教会は殉教者たちの血の証しによって成長し、当然のこととして、国家との結びつきによる得失は考慮の外だった。第二期はローマ帝国内部での教会の時代で、このころにはすでにキリスト教社会の理念さえ生まれており、それを導くべき帝国と教会という二つの勢力の間の協力関係も成立していた。キリスト教信仰を受け入れると共に、皇帝は神格化の要求を放棄し、また聖職位階制内での地位をもいっさい棄権したのであるが、その代償として、信徒の身分でありながらも事実上は司教の役割を果たすこととなった。東方では教会が皇帝権の支配に従属するしきたりが始まり、教会の権益は厳しい制約をこうむることとなった。したがって、政治や社会の変革ではなく、教会内での礼拝と修道院内での瞑想とが、東方ビザンティン・キリスト教の一般的型となった。そこでは皇帝が多くの点で教皇の役割を果たしたので、皇帝教皇主義（Caesaropapism）と一般に呼ばれている。(3)

一方、西ヨーロッパでは、北辺の蛮族が侵入して帝国の国家的統一を破壊したことが、教会に独自の役割を果たす好機を提供する結果となり、教会の発展は異なった様相を帯びるにいたった。

教会は皇帝の衣鉢を継いで、自ら侵入者たちの統一者・教育者・教化者の任を引き受けた。教会は北欧文化と南欧文化の縁組みを司式し、お互いを同胞として認め合うよりはキリストを軍神マルスに変えてしまいがちだった好戦的な諸部族間の争乱を、鎮圧する試みに乗り出した。(4)

中世キリスト教の歴史には、三つの時期を画することができるであろう。すなわち、キリスト教の伝播（dissemination）、制覇（domination）、および崩壊（disintegration）の三期である。第一期はだいたい五世紀から十一世紀まで、第二期は十二、十三世紀、そして第三期は十四、十五世紀と見ることができる。

キリスト教中世は、異端のアリウス教徒(5)および異教徒蛮族の間での、正統カトリック・キリスト教の伝道をもって始まり、ローマ型のキリスト教がスラヴ辺境にまで伝播され、スカンディナヴィア諸国が帰属するにいたって達成された。このような伝道の企てと並んで、キリスト教信仰とその理想を社会の奥深く滲みこませる努力も重ねられた。しかしながら、この間に教会はこの世に深入りしすぎて、パン種がいつの間にか粉の塊の中で失われてしまう危険にさらされるにいたった。(6)事実、これは不可避的だった。なぜなら、ゲルマン族の侵入が収まったときに出現した社会は、貨幣ではなく物々交換に頼る農耕型の社会だったからである。したがって、教会はその伝道者たちをローマから送る貨幣で支えることができず、いきおい彼らは自活の道を講ぜざるをえなくなった。そして唯一の可能性は土地を所有し、それを耕作することであった。こうして教会は巨大な土地所有者となった。フランスやドイツの土地の半分までが教会領だったのである。

すべての社会体制が土地に依存する文化の中で、教会は封建制度の重要な一部分となり、そしてその結果、世俗化の道を辿った。活動力に溢れる北方の蛮族にとって、柔和なるものは侮蔑の対象でしかなかった。ゲルマン族の集団的な転宗は、彼らを向上させるよりは、教会の質を低下させるのに役立つのみであった。

いたるところに腐敗が忍びこみ、西欧のキリスト教化に従っていた教会のすべての機構を冒し始めた。そこで、教皇、司祭、および修道士という三つの類型を挙げることができるであろう。ローマ帝国政府が崩壊したとき、教皇庁はその膨大な資力を擁して容易にこの間隙に入りこみ、ローマ市民への食料の供給、捕囚の身受け、侵入者との条約締結のごとき、従来は政府によって行使されていた多くの機能を教会の手に収めることに成功した。八世紀までに教会は広大な所領を持つだけではなく、政治的権力をも獲得していた。ルターが教会史上最初の堕落を認めるのは、この時期のことである。教皇が地上の君主の形を取るやいなや、他の世俗的君侯たちとの葛藤に巻きこまれるのはやむをえないことであった。事実、教皇は信仰的にも、また生活面でも、これらの君侯たちと大差なかったのである。

もう一つの大きな制度は在俗者だった。彼らはこの世にあってその職責を果たしたので、「在俗者」(saecularis)と呼ばれた。彼ら、すなわち教区司祭と司教は民衆と密接な接触を保ち、その所領は膨大なものであった。彼らは封建制度そのものときわめて深く関わりあっていたので、司教の中には同時に封建領主として、「司教侯」と呼ばれる者もあった。その一人は、「自分は司教としては独身であるが、領主男爵としては既婚であって、多くの家族の父長である」と言い放ったと伝えられている。こうして、教区聖職者の世俗化はその極に達した。

第三の大きな制度、すなわち修道院はこの点でいくらかましであった。なぜなら、修道士（religiosus）たちはともかく隔離された生活を送り、かなりの自治を認められていたからである。したがって、中世の改革運動が多く修道院から起こったのも決して偶然ではなかった。しかしながら、修道士たちもまた土地を所有し、管理し、これによって生計を立てていたので、彼らも財産というものに伴うあらゆる誘惑に絶えずさらされていた。修道院が掠奪者の襲撃を受けたときには、院長もまた、ちょうど司教たちもそうしたように、僧衣の上に武具をまとうのが常だった。繁栄は必ずや腐敗を伴う。中世のある修道士〔ハイスターバッハのカエサル〕は次のような修道院の周期法則を樹立した。「規律は豊かさを産み、豊かさは最善の注意が払われないかぎり、規律を破滅させる。そして規律が崩れさるときには、豊かさも消え失せる」。

十二世紀に入って、改革の必要がいたるところで痛切に感じられるようになった。そのときに、この世をキリスト教化しようとする企ての第二の段階が出現した。これは以前のごとく内側からの浸透によってではなく、上からの支配による企てであった。教会はただに世俗的な勢力となったばかりではなく、神政政治となった。この変遷をもたらした運動は、もともと修道院に由来したが、教皇グレゴリウス七世（一〇二〇頃―八五。在位一〇七三―）にちなんで、グレゴリウス改革と呼ばれている。教皇グレゴリウス七世は修道院のみならず、教会およびこの世全体の改革案を抱いていた。[7] 修道院はベネディクト会の戒律の復活・強化によって、新しい息吹きを与えられなければならない。[8] クリュニ修道会とシトー修道会の創設は、[9] この新しい精神の例証だった。キリスト教化された社会においては、信徒は互いに滅ぼし合うことを止め、戦争は季節的に限られ、一定の規約のもとに行われるスポーツとなるべきである、というのが教会の設定した「神の平和」「神の休戦」の趣旨だった。さらに、もし彼らがどうしても戦いを止められない場合には、キリスト信者同士の殺戮を止め、教会の旗印のもとに、信仰の敵たる異教徒との戦いに奉仕すべきである。ここに十字軍思想の起源が存する。こうして神政政治が形作られつつあった。

しかしそのためには、まず教区教会が浄化されなければならない。そして浄化とは、聖職者が修道士のごとく独身制を厳守することであると解された。さらに、司祭職が世襲的な身分となってはならない。こうして十一世紀になると、教皇庁は全聖職者に対し独身生活の厳守を強要するにいたる。

それと同時に、教会は自由――すなわち俗権の支配から独立――でなければならない。もちろんこの願望は、もしも教会が政治的・社会的機構の中にあれほど深く巻きこまれていなかったならば、もっと容易に実現されたことであろう。しかし、すべての人間関係が土地に依存し、教会自身が最大の土地所有者であるような社会体制においては、領主がそのもとにある聖職者に対し、すべての義務を正常に果たすことを期待し、そのために彼らの任免について発言権を要求するのは当然だった。俗権の領主たちは、しばしば自らをキリスト教社会の信徒代表と見なし、義務の遂行に怠りのある聖職者を懲罰する権能を要求した。教会に対する熱心さから、皇帝や国王が教皇を廃位することさえあったのである。しかしこのような介入は、たとえどれほど高尚な動機に基づいていたにせよ、教会にとっては耐えがたいことであった。

唯一の対応策は、教会自身が支配的地位に立つこと、すなわち聖職者が指導権を握ることであった。こうして生まれたのが、教皇神政政治である。そして、その根拠となったのは、教会のサクラメント〔カトリック教会では「秘跡」、プロテスタント教会では「礼典」と呼ぶが、以下では「サクラメント」で統一する〕制度だった。社会の指導者としての教会の主張は、教会人の人格的高潔さの上にではなく、救いを人々に媒介する唯一無二の手段であるサクラメントをただ聖職者だけが執行できる、という特権の上に基礎づけられていた。第一のサクラメントである洗礼（baptismus）はそれまで犯されたすべての罪を洗いさり、キリスト教社会の成員としての資格を与えると信じられた。洗礼は撤回不可能であって、たとえ後になって、例えば強制的な改宗などによってキリスト教信仰が否認されるような事態が起こっても、依然として有効な権利を受洗者の子どもにまでも授けるものであった。洗礼はこの世に生まれ出るすべての新生児に授けられ、子どもはそのしるしのゆえにキリスト教会の一員となるのであった。婚姻（matrimonium）は教会の権能のもとにあるサクラメントの一つであり、悔悛（poenitentia）は洗礼を受けた後に犯した罪を告白することによって、その赦しを保証するサクラメントだった。またミサ聖祭（missa）は、神との合一、永遠の生命を与える。死の床での終油（unctio）のサクラメントは、救いの一巡の最後の封印だった。しかして、いかなる平信徒にもこれらのサクラメントを執行する権限が許されていなかったので、最も位の低い司祭ですらも、権勢並ぶものなき皇帝より大いなるものであると信じられていた。皇帝は人々にただ現世的静謐を与えうるにすぎないのに、聖職者は天来の平安を伝達できるからである。司祭はこの権能を、同じように教会だけが執行できるもう一つのサクラメント、すなわち叙階（ordinatio）によって獲得する。ここから平信徒と教職との間の天地の懸隔が生じ、聖職者は支配的とは言わないまでも、少なくとも指導的地位を主張しえたのである。カロリング王朝時代には、国王は国家という組織を通じて神に奉仕すべき主の受膏者と考えられていたが、教皇グレゴリウス七世の代にいたって、国家を貶《おとし》め、国王の職能を単に現世的関心に仕えるものとして軽視するのが趨勢となった。[11]

さて、中世の神政政治は十三世紀の教皇インノケンティウス三世（一一六〇―一二一六。在位一一九八―）のもとに、その絶頂に達した。彼はヨーロッパ最強の君主として、文字どおり君臨したのである。彼は世俗的領主としては、教皇直轄領以外をも統治するという要求を持ち出さなかったが、いっさいの罪を裁く権能を主張した。そして実際問題として、この世には裁かれるに足るほどの罪が常に存在したのである。実に、インノケンティウス三世は全ヨーロッパの仲裁者であり、キリストの代理人、また全信仰者の牧者として、ただ霊の武器をもってジブラルタルからエルサレム、ストックホルムからコンスタンティノポリスに広がる全地域を支配した。

教会のこのような外形的勝利に比すべきものは、トマス・アクィナス（一二二四―七四）によって成就された精神界の驚嘆すべき統一作業である。トマスはキリスト教およびギリシア・ローマ

図２ 密議中の教皇と枢機卿たち

の古典古代、アラブ人の英知、中世ユダヤ哲学などを打って一丸とする神学体系を織りあげた。これらの非キリスト教的諸要素は、人間の理性から出発して神の啓示にまで至る上昇的段階の理念によって、容易に一つとされた。神の啓示そのものがもともと理性的である以上、世界には越えるべからざる断絶はありえないのである。同じ上昇の図式が、封建制度や教会の位階制の正当化にも用いられ、また教会を国家の上位に置く企てにも利用された。さらに重要だったのは、帝国と教会を単なる個々人の集合ではなく超自然的存在の具体的表出と見なすことによって帝国と教会とに等しく与えられた、形而上学的支持だった。究極的実在そのものも、単に相互に無関係な個から成るのではなく、無限の普遍を包括する共同体として把握された。「実在論《リアリズム》」と呼ばれるこの哲学は、教会と国家を究極的実在の領域に位置づける役割を果たした。しかしながら、宗教改革の到来以前に、神政政治と神学のこの驚くべき構築はすでに解体の段階に入っていたのである。衰退は内側からも外側からも押し寄せた。教皇制そのものは、ほかならぬ帝国を弱体化しようという努力の実現が因となって、急速に壊滅に向かっていた。なぜなら、それは国民国家の生成を促進する結果となったからである。神聖ローマ帝国の帝室たるホーエンシュタウフェン家[12]は、教皇側の諸工作によって解体し、替わって、教皇の援助のもとにフランスが近代国家の形相を帯びて興隆に向かった。

そのときから教会は、フランスの初期国民国家主義との葛藤において、明らかに劣勢に陥らざるをえなくなった。それは社会の経済体制の変化に起因している。十字軍の遠征は通商を再び活気づけ、同時に交換手段としての貨幣を復帰させ、教会の財政は現物収入から貨幣収入に変わることとなった。そのとき、フランス王（フィリップ四世）はいっさいの金のローマへの流出を禁止した。教皇庁はたちまち破産し、その結果としてローマからフランス国境に近いアヴィニョンに移転を迫られた。世に教会のバビロン捕囚と呼ばれる時期であるが、それは古代ユダヤ人の捕囚と同じく約七十年（正確には一三〇五年から一三七八年まで）に及んだ。この間、教皇はことごとくフランス人から選出された。

イタリア領の喪失に伴って、教皇庁の財政は根本的な改革の必要に迫られた。アヴィニョン在住の教皇たち、ことにヨハネス二十二世（一二四九—一三三四。在位一三一六—）は、教皇庁の財庫を満たすためにはあらゆる方法を考案し、それを活用するにやぶさかではなかった。その結果、平信徒、教会、修道院たるを問わず、等しく誅求に悩むようになった。新しい規定によれば、司教が新たに任命されるとき、最初の一年間の収入（annata と呼ばれる）のすべては教皇庁へ納められることとなった。空席を埋めるため、司教はしばしば一つの司教区から他へ転任させられ、こうしてさらに新しい空席が作り出された。ときには新しい司教の任命が無期限に延引され、その間の司教区の収入はすべて教皇庁の手に入ることもありえた。これは reservatio と呼ばれた。ある聖職位が実際に空席になる前に、それを希望する者が一定の手数料を払うことによって、見込みを確実にすることも可能だった。こうして種々の手数料がはびこり、多くの役職が考案されて売りに出された。

しかし、最も利益のあったのは、贖宥券（indulgentia）の販売だった。この制度は十字軍の時代に聖戦に従軍した戦士たちに対して、もし彼らが国に残って悔悛制度の要求する償罪を成就しようとすれば当然彼らに課せられたであろうすべての罰を、免償したことに基づいている。次の段階は、十字軍参戦を志しつつもこれを果たしえず、献金によってこの企図に貢献した者に、同じ便益を与えることであった。この対象は容易に拡張され、間もなく贖宥券は単に病院・橋梁・会堂その他、あらゆる種類の公共施設の建立資金を得るための手段となった。その根本的な理論は、キリストや聖人たちが、彼ら自身の救いに必要な以上の功績を持っている、という考えであった。この余分な功績は蓄積され、その裁量は神によって教皇の自由に委ねられており、犯した罪に比して功績の不足な余人に移譲されると信じられていた。もっとも、果たしてどれほどまで移譲されうるかは論議の的だった。比較的穏健な説によれば、教皇が赦すことのできるのは、彼自身が地上で課した刑罰に限られていたが、他方、教皇の権能は煉獄に留まっている死者にも及び、彼らの「刑期」を縮め、あるいはまったく取り消すことすらできる、と主張する者もあった。最も法外な論を立てる者は、教皇が単に刑罰を免除することができるのみでなく、罪を赦すこともできる、とまで公言してはばからなかった。このような途方もない要求は、ルターの時代を遡ること五十年にすぎなかったが、ルターの抗議を惹き起こした贖宥券販売は、このような臆面なさの最たるものであった。

こうしたすべての手段によって、アヴィニョン教皇はフランス王の三倍にも上る収入を上げることができた。かつて一スーたりともローマへ流出することを許さなかったフランス王が、いかなる理由でこのような富のアヴィニョン集中を黙許したのかと怪しまざるをえないであろう。実は、フランス王はこの教皇庁を意のままにすることによって、それにも優る利益を収めていたのである。しかし、同じ理由から他の国々が不満を表わし始めた。ウィクリフ[13]（一三二九頃―八四）およびジョン・ゴーント公（一三四〇―九九）時代の英国は、教皇のくびきを投げ棄てることを本気で考えたし、ドイツ皇帝は三十年にわたって、教皇の聖務禁止令（interdictum）のもとにあった。教皇がその多額の歳入の六十三パーセントを、かつて失ったイタリア領の回復のための戦役に費やしていることが判明したとき、人々の憤激がいっそう高まったのは当然である。不満はいたるところに満ち溢れ、もしも教皇庁のローマ帰還が遅れでもすれば、国民国家教会の成立が実際よりも二百年も早く到来するはずだった。

教皇庁がローマへ帰ったときに、枢機卿たちはアヴィニョンを離れることを拒み、別な教皇を選出した。ローマ教皇は新たに枢機卿団を任命することによってこれに対抗した。こうして起こった教皇庁の分裂は、一三七八年から一四一七年まで続くこととなる。教会の一致を取り戻すために教会公会議が招集されたが、その主導者たちは、単に対立する教皇を廃位するのみでなく、教会機構の中での教皇の君主的性格に制約を加え、立憲君主的性格を与えようと企てた[14]。彼らはまた教会生活内の多くの悪徳を除去しようと望んだ。財政上の濫費は根本的修正を焦眉の急としていたし、独身制の強要の結果ある方面に広まった聖職者の私婚を始めとする、道徳的腐敗も問題だった。もちろんすべての聖職者がそうだったわけではなく、貞潔の誓言を守った司祭も決して少なくはなかったのであるが、宗教改革の前夜には、聖職者の私婚は信徒によって黙許され、教会の課税の対象となる公認の制度にまでなっていた。コンスタンツ公会議（一四一四―一八）は教会の分裂に終止符を打つのには成功したが、教会の改革は失敗に終わった。

教会が再び一つになったとき、教皇は以前にもましてその君主的地位を強化し、ルターの時代の直前には、教皇の同意によらない教会公会議への提訴は、それ自体で異端の咎を構成するものとされていた[15]。教会の特権と実力が衰退するにつれて、その機構はますます中央集権化され、しかもその要求は過大なものとなっていった。教会と国家という二つの鍵が、共に均しく教皇の手に属するという主張がなされたのは、そのことがほとんど事実だったインノケンティウス三世の時代ではなく、もっと後の、教会がすでに崩壊に向かっていた時代のことである[16]。教会分裂の後、ルネッサンスの時代には、教皇庁はイタリア都市国家とヨーロッパの他の国家との中間に位する程度の力を持つにすぎなかったが、それでもキリストの代理者であるという主張を止めなかった。教皇は、自分が果たしてペトロの後継者なのかそれともカイザルの後継者なのか、しばしば心に決しかねるかのごとくであった。このような優柔不断が教会改革を必須としたことは言うまでもなく、その発生と成功とにあずかって大きな働きをしたのである。

十五世紀に入ると、知的・宗教的領域に新しい傾向が生じた。トマス・アクィナスの巨大な神学的総合は、教皇制の没落と時を同じくして解体へ向かった。後期スコラ哲学者たちは、形而上学的統一を放棄したので、実在の究極的な可知性への信仰も失われてしまった。[17]彼らにとって、実在とは単に相互に無関係な個の集合にすぎなくなった。そのため、教会や国家といえども、何か先験的な存在ではなく、ただ契約によって成り立つ共同体にすぎなくなった。こうして、教会は自発的な社会集団、国家は盟約団体、結婚も同様に契約にすぎない、と考えられるようになる。この個の哲学は、宗教改革のはるか以前から、あの偉大な統一の思想を切り崩しさっていたのである。神学的教義のあるものも、同じ運命を辿った。例えば、もし究極的実在が無関連な個から成り立っているだけだとすれば、三位一体論の三つの位格は、三人の神以外の何ものでもありえなくなる。それにもかかわらず、哲学上の真理が必ずしも神学的真理とは限らないという根拠によって、三位一体論の教理は保持された。しかしこの場合には、神学は哲学の基盤を失い、単に権威に依拠するほかはなくなってしまう。あたかも教皇庁がその実力の衰退と共に、ますます多くを主張するに至ったように、神学も哲学的真理の支持を失ったとき、ただ権威のみに頼らざるをえなくなったのである。

十五世紀末のルネッサンス時代は、教会が全く対蹠的な人生観と直面した時代である。十五世紀の通商および都市生活の復興は、イタリア各地に多くの輝しい都市国家を産み出し、それらは相互間の勢力均衡を保ち、また他のヨーロッパ列強の勢力争いの場となることを避けるため、全力を傾けなければならなかった。この異例な状況のもとに、修道院とは関わりのない学者、芸術家という新しい階層が発生した。彼らの理想はあらゆる学識、あらゆる技芸の習得にあり、万能人（homo universale）と言われるために、スポーツ・芸術・文学・探険、さらに戦争にも傑出しようと努力した。人生のあらゆる側面が人間の理性的統制に服すべきであるというのが彼らの理念で、絵画では遠近法、国際政治では外交術、実業では簿記、戦争では戦術が重視されたのも、その現われである。来世というものが全く忘れさられたというのではなかったとしても、強調されたのは比較的に現世の事柄だった。新たに探究されるべき領域は、あるいは大洋の彼方の新世界であり、あるいは古典古代の学問だった。ただし古代の復興そのものは、それ自体としてはキリスト教に敵対的なものではなかった。古典世界とキリスト教の融合は、すでにアウグスティヌスおよびトマス・アクィナスによって成就されていたが、キリスト教の中へ異教的要素を取り入れようとする傾向、あるいはさらに進んで、キリスト教を単に諸宗教の一つに化せしめようとする傾向のごときは、明らかに破壊的にすぎた。キケロの声望は、かれが神・霊魂の不死・正義、および寛仁を信じていたかぎりで神の国に近かったゆえに、いっそう危険性に充ちていた。しかし、当然のことながら、キケロはキリストを識らなかったし、彼の倫理は折衷的なストア倫理以外の何物でもなかった。また古典文献の研究は、歴史的批評の方法を発展させ、ついには教皇側の主張にとって決定的な重要性を持つ文献のあるものが、後世の偽作にすぎないことを暴露するまでに至った。「コンスタンティヌス大帝の寄進状」と呼ばれる偽書のごときはその好例である。[18]しかしながら、ヘブル語研究の可否についてドイツで起こった論争を除けば、[19]ルネッサンスと教会との正面衝突はどこでも起こらなかった。と言うのは、教皇たち自身が新来の学問の庇護者だったからである。こうしてルネッサンスはヴァチカンを侵食しつくした。

ルネッサンス時代の特色を例証するためには、同時代の教皇の数人を瞥見するのがよいであろう。シクストゥス四世（一四一四―八四。在位一四七一―）は、イタリア都市国家の専制君主で、キリストの代理としての彼の右手が、永遠の都の君主としての彼の左手の行状をあれこれ詮索することを許さない人物だったが、また美術の保護者であって、システィーナ礼拝堂は今にいたるも彼の名を伝えている。アレクサンデル六世（一四三一―一五〇三。在位一四九二―）は、カトリックの史家すらも筆舌につくしがたい汚辱と考える放蕩児だったが、彼の不品行も教会の教皇権神聖の要求への妨げにはならない。なぜなら、教皇の職責と在任者とは別のものであり、かつ、教皇の無謬性は彼の人間的不可罪性には基づいていないからである。歴史的に言えば、アレクサンデル六世の数々の愛欲物語は、グレゴリウス七世が企てた聖職者独身制確立の失敗が教会のただ中にまで及んだことを示している。この点でユリウス二世（一四四三―一五一三。在位一五〇三―）は全く異なっていた。彼は身持ちは良かったとしても、傲岸な武装教皇で、いわば十字軍時代の遺物とでも言うべき人物だった。彼は自ら兵を率いてボローニャを征服したが、しかも、ブラマンテ、ラファエロ、ミケランジェロなどを見出したのはこの教皇で、また新しい聖ペトロ教会の建立を始めたのも彼だった。他方、レオ十世（一四七五―一五二一。在位一五一四―）はメディチ家の出身で、放逸・優雅、即興のラテン語演説をよくしたが、教会が真に必要とすることや芸術の保護に使ったよりもはるかに多額の金を、華美な外見と賭博とに乱費しさった浪費家だった。偉大なカトリック史家パストールによれば、かような危機に際してこのように品性の劣った人物たちが、ペトロの後継者の座にあったことは、教会の最大の不幸だった。いずれにせよ宗教改革が十三世紀の偉大な神政政治の崩壊に責任があるという考えは、教会がすでに陥っていた状態を忘却しての論にすぎない。

もちろんのこと、このような衰退が何の抵抗や改革の企てもなしに生起した、と言うのではない。宗教改革に先立つ四世紀の特色は、ただに教皇権の衰退と、これに伴う教皇側の主張の増大のみならず、教会から離別した分派（セクト）運動の発生にあった。中世初期の分派的衝動は、外国伝道や修道院制度の確立の中にそのはけ口を見出したが、十二世紀になってからは、教皇神政政治を造り出したと同じ改革熱が、その不十全さに対する抗議となって現われた。平和運動は十字軍を招来し、貧困を旨とする修道院はその勤倹のゆえに富を蓄積し、聖職者独身の要求は私婚制を産み出すに至った。この大勢に憤りを覚えた中世の改革者たちは、もし大規模な改革がもはや不可能だとすれば、改革の企ては真に献身的な少数の選ばれた者の群れの中で新たになされなければならないと結論づけた。その結果は、南フランスおよび北イタリアにおける分派の簇生だった。同じ頃にライン川沿いの谷と低地方諸国（オランダ・ベルギー）は、神秘主義運動の渦に巻き込まれ、[21] さらにボヘミアでは異端と国民国家主義とが結びつき、不穏な気配に満ちていた。[22]

これらの分派活動は、他の扇動的な理念によっていっそう強められた。その一つは終末論で、これはキリストの早急な再臨を待望した初代教会の考えの復活だったが、反キリストの支配はキリスト再臨の前兆で、反キリストがキリストによって打ち負かされるときに新時代が到来すると信じられた。そもそも世界の終末という考え自体が、中世教会のごとき既存の機構の安全にとってきわめて危険な思想だった。ましてや、もしこの機構の首長が反キリストと同一視されるような場合には、改革はすでに生起していると言っても過言ではないであろう。事実、分派はローマ・カトリック教会を黙示録で言うバビロンと同一視していたのである。

もう一つの、そしておそらくはさらに破壊的な考えは、地上の教会は、世界の創造の時から神に予定された選民から成るところの真の教会とは同一でない、という思想だった。もっとも、だれが神の選民であるかが明示されさえしなければ、この思想もそれほど危険ではなかったかもしれないが、もしも道徳的生活が試金石とされるならば、論理的帰結は明らかであった。すなわち、不行跡な教皇は教会の首長ではありえないし、その一成員ですらありえないこととなるからである。予定説と千年王国説はときには結び合わされ、地上的機構としての教会は、こうして前後から挾撃を受けることとなった。これらの思想はウィクリフおよびフスの信奉者たちの間に波及し、またフランシスコ会の一分流たるフラティチェリ派の中にもある程度拡がっていた。[23]

教会の全機構にとって最も決定的な打撃は、サクラメントの効力、ないしはそれを執行する司祭の権能の否定という形で現われた。インノケンティウス三世のもとに開かれたラテラノ公会議（一二一五）において、司祭が「これはわたしのからだである」という言葉を発するとき実体変化の奇跡が実際に生起すると、公式に宣言した。この奇跡において、パンとぶどう酒が神の子の肉と血とに変えられるからである。ウィクリフはこの変化を否定し、フスもこれに従った。他の異端的分派は、サクラメントの効能は不品行な司祭によっては伝達されないと主張した。(24) いずれの考え方もサクラメント中心主義を脅かし、聖職尊奉態勢の崩壊を招来するに足るものであった。

このような時代にも、教会的敬虔が全く死滅しさったというわけではない。ヨーロッパのいたるところの小邑《しょうゆう》には、たとえ年代記史家たちが記録に留めるに値するとは判断しなかったにしても、素朴な信仰とそれにふさわしい敬虔な生活は生き残り続けた。彼らはどちらかといえば内輪な集会の中で、内的生活の向上を心掛けた。例えば、ライン地方の「神の友」(Gottesfreunde)と呼ばれるグループ、オランダの「共同生活兄弟団」(Fratres communis vitae)などは、同時代の教会の過失にまっこうから攻撃を加えるよりは、キリストのまねびを図ることによって、活きた範例を示し、神性の大海の中に自我を没却しさり、十字架の主のごとく喜んで苦難に耐え、人々のための奉仕に生きようと努めた。これらの分派はルターの改革の直接の先行者とは言えないが、宗教改革、ことに改革の左派に多くの理念を伝えたことは確かである。

カトリック教会改革の特色は、十六世紀の福音主義宗教改革以前にすでにその大要を明らかに示している。カトリックの改革運動は信仰上の正統主義と生活面での禁欲主義を基調とし、したがって教理的一致と徳性の向上を要求するものであった。こうして規律は上から押しつけられる形で強要された。ムーア人〔サラセン人〕やユダヤ人の残党との長い抗争によって、峻厳な正統主義を抱懐するにいたったスペインが、この運動の中心だった。枢機卿ヒメネス(一四三六―一五一七）はその最初の偉大な範例である。彼は、裸足のフランシスコ会修道士と枢機卿、武具に身を固めた十字軍戦士と毛の衣をまとった托鉢修道士、大審問官とルネッサンス学者、一国の宰相と厳格な修道者、という奇妙な組合せを一身にあわせ備えた人物だった。この意味で、彼は後のイエズス会とカトリック改革のプログラムのあるものを予測させる、とも言えるであろう。

以上が中世における教皇神政政治とスコラ総合哲学の出現、およびその衰退の略説である。前述のごとく、実力が衰えるとその要求が増大するのは世の常であるが、教皇が全ヨーロッパの仲保者として自他共に認められた時代がすぎると共に、教皇の普遍的統治権の主張がいっそうかまびすしくなったのである。信者の自発的な捧げ物が強いられずして教会の金庫に流れ込んだ時代が終わると、教会はさまざまの醵金《きょきん》の手段をあくどく活用するにいたる。また哲学が必ずしも信仰を保証しないことが明らかになると、教会の権威がますます高揚された。

これが十六世紀初頭の状況だった。すべての真摯な人々は心を痛め、改革の必要を認めていた。一群の人々は、新しい修道院が栄え教皇が神政権をほしいままにした中世絶頂期への再帰を目指した。これがカトリック宗教改革の理想像だった。他の人々は、神政政治と修道院とは、この最良の姿においてすら多くの過誤を生んだゆえ、もっと早い時代の純正さまで遡らなければならない、と考えた。これが、プロテスタント宗教改革と呼ばれるに至った運動の立場である。

第1章　ルターの信仰

宗教改革と、前章で論じたようなそれに先立つもろもろの運動との関係はきわめて複雑で、われわれを困惑させるに足るものである。ある解釈者（ことにカトリック側の）は、宗教改革は中世末期の多くの悪弊の矯正というよりは、むしろこれらの持続にすぎなかったと主張する。ある程度までこれは定義の問題であろう。もしスコラ哲学と神政政治の崩壊が悪弊だったとすれば、プロテスタンティズムは疑いもなく中世の継続である。道徳的弛緩が悪弊であることにはなにびとも異論のないところであろうが、この点に関してさえ、カトリック史家の見解は決して一致していない。ある史家たちは、プロテスタンティズムは結局中世末期の腐敗の継続にすぎない、なぜなら改革者たちは単に聖職者の私婚制を廃止して結婚を認めたにすぎなかったから、と言う。他のカトリック史家たちは、プロテスタント運動が貪欲と放恣を一掃しようとする真摯な企てであったことを認める。ただし、プロテスタントは熱心さのあまり、教会への不従順という極端へ走ってしまったのである。

たとえ「悪弊」という語を用いず、ただ宗教改革と中世末期の関係を考察するにとどめるとしても、答えは特に単純にはならない。なぜなら、宗教改革に火をつけることとなったマルティン・ルターは、聖アウグスティヌスと同様に、その一身の中にあらゆる事象が流れこみ、また流れ出るような人物だったからである。ちょうどいろいろな色の糸を束にして糸巻きから引き出し、一ひねりすると、なるほどすべての糸が見えてはいるが、しかもそれらが織りなす模様はもはや同一ではないのと同じことである。聖アウグスティヌスは古典世界とキリスト教古代の頂点、同時に中世の先駆者と見られうる。ルターも同じ意味で、近世を招来した中世的人物と見なすことが可能であろう。

ルターと中世後半の諸運動との関係は、等しく類似と相違の関係である。宗教改革はその進展につれて、中世末期に派生した分派との類似性を示した。しかし、ルターの反逆は決して分派的な意図から生起したものではなかった。彼は徐々にボヘミアの分派、ヤン・フスの見解のあるものを是認するような形に追いこまれていったが、[1] しかもプロテスタンティズム内部での分派的衝動を抑制する努力を常に惜しまなかった。また、宗教改革は、哲学と理性の蔑視を基調とする後期スコラ哲学から出発しているわけではない。もっとも、ルター自身は哲学が信仰の重さを計量りではないことを確信していた。[2] その意味で、ルターはスコラ哲学者ウィリアム・オッカムの弟子だった。しかしオッカムの著書からルターに目を転ずる時、同じ空気でもまるで極地と赤道ほどに違って感じられる。さらに、宗教改革はいくつかの点でルネッサンスと共通点を有する。宗教改革もルネッサンスも、例えば聖地巡礼、贖宥券販売、聖遺物尊崇、聖人崇拝などを非難した。それにもかかわらず、ルターはほとんど教皇に対して以上にエラスムス[3]（一四六五—一五三六）を罵倒した。さらにまた、プロテスタンティズムは宗教の形を借りた国家主義ではない。それゆえ、ルターがドイツ人としてどれほどイタリア人の倨傲《きょごう》を叱責しても、ルター主義運動はしばらくはイタリアにも有力な支持者を見出したのである。改革の精神は全ヨーロッパを獲得する意気に燃えていたし、事実かなりの成功を収めたのである。また宗教改革は根本的には、経済的搾取に対する反逆でもない。なぜなら、教会の手にあった富の簒奪によって利を得た者があったのは確かであるが、主な改革者たちがその前途の生涯をふいいにして得た物は、せいぜいが乏しく頼りのない給付か、悪くすれば追放、あるいは死ですらあったからである。宗教改革運動は少なくとも第一義的には、不道徳に対する預言者的発言でさえなかった。ルターは彼の同時代人セバスティアン・ブラント（一四五七—一五二一）などよりも[4]、当時のさまざまな不道徳について語るところがはるかに少なかった。ブラントは対句韻詩の中で次のように訴えた。

聖ペトロの小舟は嵐にもてあそばれ、
今にも沈むかとさえ恐れられる。

図３　聖ペトロの小舟

挿絵に見るごとく、木版画は聖ペトロが岸辺に立って、大きな鍵で舟を繋ぎとめ、岸へ引き寄せようとしているところを示している。ふさわしからぬ乗組員に厳しい折檻を与えるためである。もっとも、ルターの初志は乗組員を叱責することにはなかった。なぜなら、彼が反対を唱えたのは舟そのもの〔ローマ・カトリック教会〕だったからである。「他の人々は生活を攻撃した。しかしわたしは教義そのものを攻撃する」というのがルターの言葉だった。すなわち中世カトリック教会のさまざまの悪弊ではなく、福音の誤用としてのカトリシズムそのものがルターの攻撃目標だった。ルターは、それまで他の人々の見逃していた点、すなわち論争の中心点が人間と神とに関する見解の相違にあることにエラスムスが気づいた、と言って敬意を表しさえした。ルターにはカトリック教会が神の尊厳と神聖とをあまりにも低く考え、逆に人間の価値と可能性とをあまりに高く評価していると思われた。そしてこれは最悪のカトリック信徒においてではなくて、最も優れた成員において特にそうであった。それゆえに、カトリック教会に対するプロテスタント教会の最大の争いは、浅薄なルネッサンス教皇に対してではなく、対抗宗教改革運動を指導した狂信的な教皇たちに対するものであった。

したがって、論争は根本的には宗教的性格のものであった。なぜなら、ルターは何にもまして宗教人だったからである。もしわれわれがルターあるいは宗教改革そのものを理解しようとするならば、この事実から出発しなければならない。もちろん、広範囲の支持者を獲得しようとするすべての運動が不可避的にそうなるように、宗教改革運動にも途中で多くの他の要素がはいりこんで来たことは否定できない。しかし出発点はまぎれもなく宗教だった。

　ルターが育ったのはスラブの境界に近いキリスト教圏の辺境で、頽廃的かつ陽気なイタリア・ルネッサンスの気風からは遠く隔たっていた。北欧の森林はいまだにゴート族の蟠踞《ばんきょ》するところで、彼らは巨木の頂を仰いでは一目たりとも無限者の光を望み見ようと努めていたのである。ルターはボッカッチョ（一三一三―七五）やアレティーノ[5]（一四九二―一五五六）ではなく、「サンクトゥス」や「コンフィテオール」（カトリック教会の讃詠歌）によって育まれたのである。彼はアウカッシンやニコレットが描いたような恋の戯れの木版画に興をそそられることはなかったが、審判者キリストの画像の前には恐れおののいた。キリストは虹に座し、片耳からは救われた者への恵みを象徴する百合の花、他の耳からは失われた者への怒りを示す剣が突き出ており、あるいは永遠の至福へ、あるいは永劫の責苦へと定めをなすと信じられた。当時のベストセラーは『ローマ見物の手引き』ではなく、『いかにして地獄の責苦を免れるか』であった。

　教会は恐怖と希望とを交互に用いて、信徒があまりにも平然と恩寵の手段にあずかることもなく、さりとて逆にあまりにも畏縮することもないように配慮した。地獄が恐怖を呼び起こすほどの鮮明な色彩で描き出されるようになったとき、煉獄という考えが一種の緩和策として導入された。煉獄は地獄と天国の中間に位し、そこではパラダイス〔楽園〕への準備としての浄化作用が絶えず続いていると考えられた。この見込みが安堵感を生み出すようになると、煉獄の温度はほとんど地獄に等しいほどに上げられ、そのかわりに贖宥券が軽減策として導入された。このような恐怖と希望の間の振幅は、繊細な人々の魂に葛藤を産み出すのに十分だった。そしてルターは生来異常に繊細な魂の持ち主であった。彼は青年時代から一生を通じて、しばしば深い沈鬱に襲われ、また同じく高揚の瞬間をも経験した人だった。

最後の審判の到来を考えるたびに、ルターはしばしば恐怖で満たされた。彼は自分の滅びを策謀する悪霊の存在を信じていたので、その恐怖はいっそう大きかった。これら地獄の住人たちは地を経めぐり、あるいは風の翼に乗り、あるいは森や流れに潜み、嗜虐的な笑いを立てて、無用心な人々を地獄へ誘いこみ、閉じ籠めてしまうと信じられていた。

ルターは信仰者がいかにして暗黒の君に対して身を守り、光の君の恵みを得るかについて十分な知識を持っていた。信仰者は七つのサクラメントのほとんどすべてにあずかり、七つの慈善のわざをなし、また七人の天の仲保者を二倍も三倍も列挙することができた。しかし修道士になること以上に効果的なものはなかった。修道院は何にも優って天国への道だった。なぜなら、修道士の生活はこの世の騒乱や錯雑からかくまわれ、ひたすらに瞑想の生活を追い求め、したがって最も功績となる徳行を積むことが可能だったからである。教会は徳行にいくつかの段階を設けた。あるものはすべての信徒に課せられてわずかの報酬しか約束しないが、他は少数の選ばれた者にのみ適用され、したがって大きな報いに値するものであった。十戒はすべての信徒に適用されるが、イエスの命令、すなわち持物いっさいを売り、父母妻子を捨て、悪には逆らわない、といった徳行をこの世で実行することは不可能ではないとしてもきわめて困難であり、したがって修道院にのみ適用された。それゆえ、修道士には財貨も妻も武器も許されなかった。貧困と独身と無抵抗は福音の命令ではないが、望ましい掟と考えられた。これらは完全の奨めであり、異例に大きな報いを約束するものであった。したがって修道士となる誓言は第二の洗礼と見なされ、それまでのすべての罪を洗いさると考えられた。僧帽の効力はかくも大きかったので、生前にこれを果たしえなかった者は、死の床でそれを受けることを願ったほどであった。エラスムスはこれらの民間信仰を軽蔑し、次のような物語を書いた。――一人のドミニコ会の修道士が難船に遭ったとき、僧帽を投げ捨て、聖人の名を呼びながら海に跳び込んだ。さて聖人たちはユニフォームなしでも、彼を識別できたであろうか……。

ルターが二十二歳になった一五〇五年七月のある蒸し暑い日に、彼が激しい雷雨に遭遇し、雷光によって地面に打ち倒されたとき、彼は決してそのような軽蔑心を抱いてはいなかった。かくも突如として死と直面したとき、彼は多くの他の中世人がしたと同じことをした。彼はこう叫んで言った。「聖アンナよ、わたしをお助け下さい。わたしは修道士になります！」(6)この誓言は前もって計画されていたわけではなかったが、全く不用意に発せられたものでもなかった。そのときルターはマギステルの学位を持ったエアフルト大学の法学生で、成功して両親の老後を支えてもらいたいという父親の希望に従って、世俗の出世を志していた。(7)しかしながら、ルターが育てられた物の考え方、学校や教会で学び取ったすべての教訓は、悩める魂にとってただ一つの拠りどころのあることを教えていた。ルターはその最も確かな道を選び、アウグスティヌス会の修道院にはいった。

しかしこの決断は彼に暫時の安心を与えたにすぎなかった。おのれの罪のゆえに神に棄てられ、キリストによって断罪され、そして永遠に悪魔の手に引き渡されるに違いない、というあの深い恐怖が再び彼を捕らえ始めたからである。ルターはきわめて崇高で生き生きとした神観念を持っていたので、彼の恐怖はいっそう大きなものとなった。神は尊厳にして全く聖く、永遠を住家として地の上に座し、その聖前には天使もひれ伏し拝み、その一顧に地も恐れおののく。神の道は窮めがたく、その裁きは厳しい。この神がもし存しないとすればこの世にはいっさいの確かさがなく、また人間が邪であるかぎり神との平和はありえない。ときには惹きつけられ、ときには退けられ、高められ低められ、ルターはいと高き神と取り組んだ。

教会は、聖なる神と罪人なる人間との懸隔を埋める種々の方法を提示していた。第一は自助の道で、すでに述べたようにこの点では修道院が最良の機会を提供した。俗世間の生活に較べると、いかなる形の修道院生活ももっと厳格で、したがって報酬に値すると思われた。しかし、ルターは間もなく修道院制そのものの中にも、いくつかの段階があることに気づいた。修道院の内でさえも、定められた生活を平凡に過ごすこともできるし、あるいは特別に厳しくいっさいを捨てて、天国への道を激しく求めることも可能だった。ルターは若いころにマクデブルクの路上で、憔悴しきったアンハルト大公の姿を見かけたことがあった。大公は俗界での高貴な身分を捨てて修道士となり、きわめて厳しい修業に打ち込んでいたので、さながら生ける屍のように見えるほどであった。ルターは耐えられるかぎりでの峻厳さを自分に課する決心を固めた。彼は長い不眠の行を守り、断食を重ね、良俗が許すかぎり身から衣をはぎ取った。後になってもルターは自分の健康がこの厳しい修道生活によって全く損われてしまった、と信じていた。このような努力をもってしても、彼は自分が神の前に立つことができる、という確かさを得ることができなかった。彼がなしえた最善のものすらも、結局は彼がなすべくしてなしたものにすぎず、したがって、たとえ彼がある特定の瞬間に神の命令を充足することができたと仮定しても、彼はそれによって元帳の借方欄に転記できるような、余分の功績を獲得してはいないということに気がついた。ここに悔悛制度の根本的な弱さがあった。それは罪と徳行に関して個別主義的だった。なぜなら、それは特定の罪過は特定の悔悛行為によって贖われ、普通の行いの水準を越えた特別の功績は、均衡を取り戻すのに役立つ、という想定の上に立っていたからである。ルターは自分自身の失敗の結果、罪を一つ一つ別個に扱うことはできない、なぜなら、人間性そのものがきわめて邪悪であって、根底から作り直される必要があり、またいかなる行為も、たとえどれほど大きな功績であるとしても、その時その時に神の要求する以上のものではありえず、したがって転記可能な余剰の功績というものはない、と結論せざるをえなかった。

　ルターは彼自身の行いに関するかぎりは、時ならずしてこのような結論に到達したが、なおしばらくは、聖人はきわめて優れているので教会が教えてきたように彼らの余徳が功績の蓄積を生み出し、教皇の一存によって、贖宥券の形で、不足がちな人々の用に役立てられるという考え方を捨てなかった。一五一一年のルターのローマ巡行の根本的な意義は、この確信がみじんに砕かれたことにある。旅そのものは、アウグスティヌス修道会の宗務のためにすぎなかったが、ルターはこの折に、ローマでしか得られない無比の機会を利用して、聖会堂を訪ねたり、聖遺物を拝観したりして、それによって聖人らの功績にあずかろうと努めた。彼はエルサレムからローマへ運ばれたと信じられていたピラトの法廷の聖階段を膝行《しっこう》しつつ昇り、おまけに一つ一つの階段に口づけまでしたが、その頂上で身を起こし、そして思わずつぶやいて言った。「果たしてそのとおりなのであろうか」と。

教会は救いを得させる他の方法も備えていた。事実、自助の道はただの一部にすぎなかった。教会の根本的な関心は、聖人を作り出すことではなく、圧倒的多数を占める罪人らの救いにあった。罪人の救いの道は、サクラメントの秘義、なかでも罪の赦しを得させる悔悛のサクラメントに存した。これは三部分、すなわち痛悔（contritio）、告解（confessio）、および償罪（satisfactio）から成る。ルターはこの三つのすべてに疑問を感じた。償罪は始めから問題にならない。なぜなら、なにびとといえども罪を全く贖うことはできないからである。しかしこれは決定的ではない。なぜなら、告解の後、償罪に先立って赦罪（absolutio）が与えられるからである。ルターの問題は主として痛悔と告解とにあった。教会はことを容易にするために contritio を attritio へと緩和した。すなわち、真実の「悔恨」を恐怖に起因する「後悔」に置き換えた。ルターはこのようなすりかえをすべて軽蔑し、痛悔を本来の峻厳さへ復元しようとした。しかしこの際、彼は果たして自分がその要求を満たしうるかどうかを知ろうとして苦しんだ。一体だれがいかにして、自己の痛悔が十分に徹底的かどうかを知りうるだろうか。

これに加えて、告解の問題があった。あらわな罪は容易に口にすることができるだろう。しかし隠れた罪はどうだろうか。他人にとって隠されているのみでなく、罪人自身にとっても隠れた罪はどうだろうか。われわれは容易に自分の罪過を忘れさるものである。なぜならば、われわれの記憶はまことに好都合に、自分の自尊心と協働するからである。われわれはしばしば自分の罪に気づきさえしない。それゆえに、われわれは何の良心のとがめもなしに罪を犯しうる。アダムとエバは神の掟を破った直後に、喜々として夕涼みの散歩に出かけたし（創世記三・八）、ヨナは神の命令に背いて逃げ出した後、平然として船倉で昼寝をむさぼったのである（ヨナ書一・五）。人は告発者と直面するまでは、自分を罪人と認めない。そうだとすれば、いかにして人はすべてを告解しつくした、と確信できるであろうか。そして、もし赦罪が告解に依拠し、しかも完全な告解が不可能だとするならば、いったいどうなるであろうか。もしも人が悔改めにふさわしい実を結ぶにはあまりにも弱すぎるとしたら、どこに望みを託すことができようか。

教会はもう一つの解答を有していた。それは神秘主義者の道で、教会の悔悛制度を棄却することなしに、しかも根本的に違った道を提供するものであった。神秘主義者は人間がおのれの努力を捨て、みずからを神に委ぬべきこと、あたかも一滴の水が大海に没しさるごとく、帰依者は神性の深淵へとみずからを沈潜すべきことを教えた。キリスト教神秘主義者は個の滅却こそ説かなかったが、しかも彼らは人間と神とのきわめて密接な合一を肯定したので、ときには人間の神格化を語ることすらありえた。英国の神秘主義者は、「神とされる」(to be godded) という表現まで用いたのである。そのとき、人間の弱さは神の力によって克服される。しかしそれは人間が神を愛する、という条件のもとであった。人間が愛のうちに神に身を委ねる、それだけが人間に要求されることであった。そうすれば人間のすべての自我は抑制され、すべての神に反する力は没却しさるであろう。神の純粋存在において人間は真の歓喜を見出し、神の愛の中に永遠の至福を味わうのである。

ルターはこの道をも辿ろうとした。(8) しかし、かれの神観および人間観が、神秘主義の道を不可能とした。第一に、神はルターにとって決して深淵ではなかった。神は無限に尊厳で在《いま》し、全く聖にして焼きつくす炎だった。反対に、人間は確かに弱く脆い存在であるが、しかも神に反逆することができるほどには強くありうる。人間は神の律法を破り、神の権威に挑戦する。神性の大海に身を委ねるどころか、人間はアダムのごとくエデンの園の一隅に身を隠そうとするのである。

これに加えて、さらに深いそして壊滅的な懐疑がルターの魂を捉えていた。彼は神を愛することができなかった。なぜなら、ルターは果たして神を愛することが可能かどうか、確信できなかったからである。人間は愛すべからざるものを愛することができない。そして、もし神が人間を功罪に関わりなく断罪されるとすれば、神はたとえ不正ではないとしても、愛すべきものではありえない。ルターを神学的に育んだ後期スコラ学者の中には、神は御自身にとって法である、と教える者があった。神はただ御自身の欲するままに人間の功績を認められる。かくて人間の運命は測るべからざるものとなり、神の定めは神の気紛れによることになる。したがって、だれにも自分が救われているかどうかわからない。かてて加えて、ルターが属していた修道会の創設者アウグスティヌスの神学に基づく考え方、すなわち人間の運命は、良きにつけ悪しきにつけて、前もって予定されており、しかも人間には自分がそのいずれであるかを知る術がない、という考えがルターを苦しめた。救いに予定された者は、たとえ何をしようと救われる。神がそのように定められた以上、人間にはほかになしようがないのである。しかもこの定めは人間の努力に先立って、神の意志のままに行われる。それではいかなる公平さ・公正さを語ることができようか。このようになされる神は、卑劣・残忍にして、軽蔑に値すると言わなければならないのであるまいか。いったいそのような神を誰が愛しうるであろうか。「神を愛せよ？　わたしは神を愛さない。わたしは神を憎悪する」とルターは叫んだ。

ルターはこのような瀆神の言葉を発したが、それはすべての存在の中の至高者、すなわち神の尊厳に向けられていたゆえに、最大の罪だった。ルターの聴罪師（シュタウピッツ）はルターの思いをキリストに向けさせようと努めた。しかしそれは無益だった。なぜなら、ルターはキリストをも虹の上に座し、義人を天国へ、罪人を地獄へと引き渡す審判者と考えていたからである。

ルターの魂は絶望に打ちひしがれ、恐怖が彼を襲った。彼は風に吹かれる木の葉のそよぎにも恐れおののいた。祈りすら何の気休めにもならなかった。なぜなら、誘惑者が絶えず身近くあって、懐疑を吹き込んでいたからである。ちり・灰にすぎず、罪に汚れた人間が、聖く尊く恐るべき神に捧げる祈りが、いったい何の役に立つだろうか、と。

ルターがこれらの問題を聴罪師のところへ持っていったとき、彼は教会が慰藉の手段として与えることのできるすべてによってルターを励まそうとした。困惑しきった聴罪師は、ただ「わたしにもわからない」と答えるのみであった。しかしながら、この聴罪師はたいへんに賢明な人物で、ルターをこの病的な自己内省から転向させようとして、何かほかの人々のためになる働きをなすように、すなわち、博士号を取り、説教者となり、聖書研究の講座を引き受けるようにと彼に勧めた。ルターはためいきをついて言った。「そんなに多くの仕事はわたしを殺してしまうかもしれない」。「それで結構」というのが答えであった。「神は賢明な人々が天国でなすべき、多くのわざを用意しておられる」。

ルターは聖書研究の講義を始めた。こうして彼はキリスト教の淵源たる聖書と取り組むよう強いられた。このような苦しみ悶えるまでに真摯な魂が、なぜ聖書という便益にもっと早く思い至らなかったのかという問いはもっともである。これに対しては、ルターはただ定められた教育課程に従っていたにすぎない、と答えるほかない。しかし、今や聖書を手にして彼はそれに身を打ちこんだ。もちろん、彼は聖書を始めから終わりまでキリスト教の正典として読んだ。教会は長い間、先在のキリストが族長、預言者、詩編作者たちを通して語られたと教えていたからである。

一五一三年から一五一五年にかけて、ルターは最初の講義に詩編を取り上げた。彼は勤勉に研究し、順を追って詩編を講解した。詩編第二十二の研究が新しい理解の光を与えることとなった。この詩編は、イエスが十字架上で引用した言葉、「わたしの神よ、わたしの神よ、なぜわたしをお見捨てになるのか」をもって始まっている。あの七月のある日の昼下がり、雷光に打たれた時と同様に、ルターはこの「見捨てる」という語に突如捉えられた。見捨てられたキリスト！

それは一体いかなる意味であろうか。神から見捨てられ、棄却され、見離された、とはいかなる意味であろうか。これこそはまさしくルターが自分自身について感じていたことであった。キリストもまたこのすべてを経験された。しかしてなにゆえ？　ルターはなぜ自分が神に見捨てられたかを知っていた。それは神が聖く人間は汚れているからであり、また神が強く人間は弱いからである。しかるに、キリストは汚れていなかったし、弱くもなかった。それではなぜキリストは見捨てられたのであろうか。それは罪なき方がわれらのために罪〔を負う者〕となり、かくて御自身を罪ある人類と同一化し、われらの罪咎を自らに負われ、神からの疎外を共に担うまでに人類との連帯性を感得されたからである。それは何というキリスト像であろうか。虹に座する審判者は、十字架上に遺棄された者に変わった。それでも、真理が誤謬をあばき、正義が邪悪を裁くかぎりにおいて、キリストは審判者であり、またあらねばならない。しかし罪人を裁く行為そのものにおいて、キリストは罪人と一体になり、その罪を引き受け、罪責そのものをも共に負われるのである。

ここに見られるのは、何という新しい神観であろうか。ルターは千年もの間、先人のだれもが感得しなかったような、神の赦しの奇跡の意義を感得したのである。それは、人間の基準に従えば、全く何の理由もなしに生起するゆえに奇跡である。ルターが理性を誹謗したのもそのゆえである。ルターは理性という語によって、人間の心の思量を意味したからである。人間が赦しを必要とし、それゆえに〔他人を〕赦さなければならないという理由で、赦しは人間的観点からは意味がある。しかし神には赦しの必要がない。神は至聖である。しかるに、人間は神から受けたもののことごとくが善であるにもかかわらず、神恩を忘れ謀反をたくらんだ。それゆえに、神が人間を怒りの中に焼きつくしたとしても不思議ではなかった。しかし神はかくなされなかった。そして、それこそがキリストにおいて啓示された神の信ずべからざる驚異のわざであった。

「かつて神はシナイ山頂で恐怖の中に現われたもうた。しかし今や赦しの中に現われたもう」とルターは言う。「シナイ山では、雷鳴と電光の中に、神は畏怖されるべき方だった。今や神は讃美の歌の中に来たりたもう。かつて神は、『この山に触れるものはすべて死に処せられるべきである』と命じられた。今や神は言われる。『シオンの娘に告げて言え。王が彼女のもとに来たりたもう、と』。シナイ山では神の臨在はトランペットの響きの中に告げ知らされた。ここでは神はエルサレムの都のために涙しつつ立ちたもう（マタイ二三・三七）。昔はイスラエルの子らは神の声から逃げかくれた。今やこれを聴こうとするわれわれの切望は抑えがたい」。尊厳なる神はまた憐憫の神でいます。暴風の中に現われた神は、その子らを憐れむ父であられる。われわれはこれらすべてを信じ、受け入れなければならない。信任と信頼、それだけがわれわれに求められている。なぜなら、信仰によって、そして信仰によってのみ、われわれは救われるからである。

第2章　ルターの改革

このような結論に達したときでも、ルターは自分を改革者とは考えていなかった。使徒パウロは「ローマの信徒への手紙」や「ガラテヤの信徒への手紙」において同じことを言っているし、ルターの属した修道会の創設者アウグスティヌスもまた、救いについて人間の側には何の貢献をも認めなかった。しかし、もしルターが、単に使徒パウロやカトリック教会の博士アウグスティヌスを復元しようとしていたにすぎないとすれば、なぜ彼がカトリック教会と衝突しなければならなかったのか不思議に思われるであろう。それは、ルターが実は一つの類型のカトリシズム、すなわちアウグスティヌス主義を、他の類型、すなわちトマス主義と突き合わせていたからである。もっとも、両者の差異はそれほど著しいものではない。なぜなら、聖トマスも究極において万物は神に依拠すると断言していたからである。それにもかかわらず、トマスは人間が神の与えられた力によって、自分の救いに貢献することができると主張した。

ルターはしばしば論理学を軽蔑した廉《かど》をもって非難をこうむってきたが、この点に関しては厳密に論理的である。もし万物が神に依拠するのなら、人間には何物も残されていないはずである。古来からのこの矛盾は、一再ならずカトリシズムの内部で問題をひきおこしてきた。もしもアウグスティヌスが永らえ、そして後に彼の体系に加えられたような修正を肯《がえ》んじようとしなかったならば、異端の宣告を受けたことはほとんど確かである。もし何物かが人間に依拠するとすれば救いの確かさが危くされるが、他方、もしすべてが神に依拠するとすれば逆に道徳の依りどころが失われる、と教会は判断した。教会は結局この論理的矛盾に、神の栄光という形で解決を与える道を選び、ルターのごとく神の正義という点にこの秘義の解決を求めることを退けた。

ローマとの分裂は、きわめて実際的な事柄をめぐって始まった。前述のごとく、贖宥券は諸聖人の功績の蓄積という考えに依拠しているが、ルターは聖人がどのような功績を持つことも否認したのである。贖宥券は単に刑罰の緩和（煉獄からの釈放を含めて）のためのみでなく、また罪責の赦しのためにも用いられた。この点に関しては、まだ十分な理論づけが行われていなかったが、教皇教書は刑罰のみではなく、罪責の赦しをも約束していた。実際問題としては、贖宥券は教会の収入を殖やす手段として用いられていたのである。厳密に言えば、贖宥券は売られたのではなく、恵与されたのであるが、この恵与は支払い能力に応じて定められた献金と全く時を同じくして行われた。こうして得られた収益は、教皇と、贖宥券が配付される地域の修道院長、司教、または領主の間で均等に配分された。

In silentio et spe erit. Fortitudo vestra.
Martinus Luther abconterfect.

図４　マルティン・ルター

ルター自身の領主、ザクセンのフリードリヒ賢侯（一四六三―一五二五）は、毎年、万聖節（十一月一日）の前夜に贖宥券を頒布する特権を与えられていた。一五一六年中に、ルターは二度にわたってこの慣行に抗議した。[1] 贖宥券は、聖人の余剰の功徳という誤った仮定に基づいているゆえに欺瞞的かつ邪悪であり、痛悔よりも自己満足をもたらすことが確かである。ルターのこの最初の抗議は注目に値する。何となれば、それはルターの動機が、根本的にはローマの金銭的搾取に対する憤激に基づいているのではないことを明示しているからである。この贖宥券からの収入は、ルター自身の教会と大学を支えるために用いられるはずだったのである。

翌年になって、あらゆる悪弊がその絶頂に達した感のあるような、いっそう醜悪な事態が生起した。ホーエンツォレルン公アルブレヒトは、まだ司教にもなれないほどの若年だったにもかかわらず、すでに二つの司教区を受けていたが、任職料を支払うという条件で、さらにマインツの大司教職を提供された。アルブレヒトはかくも多くの教規違反を償うために、どれほどの金を支払わなければならないかを教皇庁に問い合わせた。教皇レオ十世は十二使徒にちなんで一万二千デュカットを提案し、アルブレヒトは七つの大罪に因んで七千デュカットを提示した。別に十戒にちなんだわけではないだろうが、彼らは一万デュカットで妥協した。アルブレヒトは金を借りて支払った。アルブレヒトが借金を返済できるように、教皇は八年の期限を切って贖宥券の発布を許可し、収益の半分はアルブレヒトに、残り半分は聖ペトロ教会の建立に当てることとした。アルブレヒトは贖宥券売捌人への訓令において、彼自身の貸借関係についてはいっさい口をつぐみ、そのかわりに天蓋もないままに風雨に曝されて朽ち果てているペトロとパウロの聖遺骨の嘆かわしい現状を大いに訴えて、こう言った。「諸氏の応分の献金により、聖人らに安息所を、全キリスト教界に聖殿を得しめよ」。これに合力を惜しまない者にはあらゆる罪の赦しが約束され、また痛悔の有無にかかわらず、貨幣が銭箱の中でチャリンと鳴った瞬間に、その友人たちまでが煉獄から解き放たれると公約した。かつてこれほど多くの法外な主張が併せ行われたことは、決してなかったのである。

一五一七年、万聖節の前夜、ヴィッテンベルクで贖宥券が再び頒布されるにあたり、ルターは城教会の扉に、通常『九十五個条』と呼ばれる九十五に及ぶ公開討論のための提題を掲示した。(2) このときには、単にヴィッテンベルクの地方的慣習のみでなく、アルブレヒトの訓令にも異議を表明したものであった。貸借関係の背後にあった醜い事情については一言も触れていないところを見ると、あるいはルターはその時まで何も知らなかったのかもしれない。もっとも、ルターはアルブレヒトが収入の半分を手にすることになっている、ということを知らなかったはずはないのであるが……。いずれにしても、提題はただ売捌人の訓令や説教に対してのみ非難を向けている。ルターの反対は三つの理由に基づいていた。第一は、教皇庁の経済的搾取に対するドイツ人の国民感情に訴えるものであった。ルター自身の目にはこれは最も些細なことであったが、しかもルターは大いに非を鳴らし、彼独特の激しい調子で攻撃を加えた。もしもローマ教皇がドイツ国民の貧困を知っているならば、教皇は聖ペトロ教会が彼の羊の血をもって建立されるよりも、灰燼の中に留まるほうを欲するであろう、とルターは論じた。第二に、ルターは教皇が煉獄に対して有している権能を問題とした。もし教皇が魂を煉獄から解放することができるのなら、なにゆえ彼は煉獄を全く空にしてしまわないのだろうか。ルターは他のもっと保守的な神学者と同様に、教皇は自分が地上で課した刑罰を赦免することができるだけであると論じた。贖宥券は煉獄では効力を持たず、罪を赦すこともできない。もっとも、これらのことはすでに以前から言われてきたし、多くの識者によって支持されていた。第三の論点は、中でも最も打撃的であり、ルターにとっては最も決定的だった。すなわち、贖宥券は誤った心情を招来する、というのであった。そもそも刑罰を逃れようとする罪人には望みがない。彼が本当に救われたいと欲するなら、むしろ恐怖に身を焼きつくされるべきである。神は再び生かす前に、罪人を殺さなければならない。これこそが煉獄の責苦であり、そこから放免されたいと願うことは正しくない。なぜなら、この不安・動揺の中でこそ救いが始まるからである。平安は信仰により、キリストの言の中にのみ与えられる。これを持たない者は、たとえ教皇によって百万回赦されたとしても、失われた者である。

この語を理解しようとする者は少なかった。しかしルターにとって、これこそが問題の核心だった。それにもかかわらず、提題は意外に大きな反響を呼び起こした。疑いもなく提題は部分的には多くの局面に触れており、したがってドイツ国内の種々のグループのいずれもが、その中に何かしら賛同できるものを見出したからである。諸聖人にすら功績が認められない、という点はだれにでも把握できたわけではなかったが、しかも一般庶民は驚くほどよくこの点を理解した。

引き続いて捲き起こされた論争の途中で、教皇は教会の教義を詳細にわたって明示し、最もあくどい主張の多くを棄却した。教皇は贖宥券が刑罰を赦免するだけで、罪の赦しを得させるものではないことを明らかにした。教皇は自分が地上で課した刑罰を赦免する全権を有するが、煉獄では嘆願者として、神が聖人の功績を罪人に転移するように懇請するにすぎない。しかしこのはるかに控え目な説明も、ルターを満足させなかった。なぜなら、功績の概念が依然として残されていたからである。

贖宥券論争は急速に当初の重要性を失って些細事と見なされるようになった。なぜなら、はるかに大きな意義をもつ諸問題が生起したからである。教皇がルターの見解を是認しなかったとき、ルターは教皇の無謬性をあえて否定する挙に出、さらに教会公会議の無謬性すらも疑問に付するにいたった。教皇はルターに対する反論を、一人のドミニコ会修道士（シルヴェステル・プリエリアス）に委託した。彼は次のように主張した。「公同教会とは事実上ローマ教会のことであるが、それは枢機卿によって代表され、実際的には教皇自身の中に存在する。ちょうど公同教会も真の教会公会議も、信仰と道徳の事柄に関して誤ることがないように、ローマ教会も教皇も公的立場から発言する場合には、過ちを犯しえない。ローマ教会とローマ教皇が信仰の誤ることなき規範であり、聖書の効能と権威すらもこれに基づいているという考えを受け入れない者は、なにびとといえども異端である。さらに、贖宥券に関して、ローマ教皇が現になしつつあるところを、なすべからざるものと教える者は異端である」。

ルターは直ちに答えて言った。「あなたは教会が枢機卿において代表的に、事実上は教皇において存在すると言われるが、わたしは教会は事実上キリストにおいて、代表的には教会公会議において存する、と主張する。教皇も過ちを犯しうるし、公会議も誤つことがある。もしも教会が教皇の一身の中に存するとすれば、何という悪行を教会の行為として認めなければならないことになろうか。もし教会が代表的に枢機卿において存するとすれば、全教会の公会議を何と考えるべきであろうか」。

ルターの答えは、教皇および教会公会議の無謬性の全面的否定だった。もっとも、ルターはこの理由で直ちに異端の烙印を押されたわけではない。なぜなら、教皇無謬の教義は、一八七〇年にはじめて公式に宣布されたもので（第一ヴァチカン公会議）、十六世紀には、例えばエラスムスのごとく、教皇は教会公会議の統制に服すべきである、と信じる者も少なくなかったからである。また同時に教皇たちは教会公会議の権威を攻撃していたので、ローマ教皇はルターの教会公会議に対する批判そのもののゆえにルターを断罪するわけにはいかなかった。公開討論が許され、やがてルターは、自分の神学的前提がきわめて徹底的であることをますます知らされるに至る。ルターは続いて教会法、すなわちキリスト教界の偉大な法典の権威をも否認せざるをえなくなった。聖人の功績の蓄積を明記した贖宥券に関する中世教皇の発言は、教会法の中に組み込まれていたのである。ルターがこの文書と直面したとき、彼は始めは言葉の通用概念を明らかにしようと努めただけであったが、次第に追いつめられて文意に譲歩を強いられ、結局は教会法の権威そのものを否定することとなった。[3] ルターが後に破門宣告状と共に教会法法典をも炎に投じたとき、それを焼く煙は同時代人にとって、いっそうはなはだしい悪臭を放つように感じられた。何となれば、この行為において、もう一つの権威の堡塁が粉砕されることになったからである。

既存の権威に対するこのような攻撃は、中世末期の分派に発する二つの破壊的思想、すなわち終末論と予定論によって支援されていた。ルターは分派信奉者らと同様に、キリストが速やかに再臨し、その大いなる敵、反キリストを打ち破ると信じていた。そして反キリストとは、彼の目には教皇にほかならなかった。しかしながら、ルターとその先駆者との間には、次のような相違があった。すなわち、先駆者たちは特定の教皇をその不品行のゆえに反キリストと同一視したのに対し、ルターは最も模範的な教皇ですら反キリストであると断言した。なぜなら、教皇はキリストに反立する機構そのものを代表しているからである。宗教改革側の諷刺家はこの主題を好んで取り上げた。一連の対句詩において、彼らは卑しき飼葉桶の中に生まれたキリストと、兵士たちの集会で選ばれる教皇、魚の口から一シェケルを得なければならなかったほどに貧しかったキリストと、歳入を掻き集めている教皇、徒歩で歩いたキリストと、高々と担がれる教皇、両替屋を神殿から追い出したキリストと、贖宥券を売りさばく教皇、茨の冠をかぶったキリストと、三重の冠を頂いた教皇、そして天に昇ったキリストと、反キリストとして地獄に投げこまれる教皇とを対比させた。

図5　キリストと反キリスト

もう一つの思想は、真の教会はあらかじめ選ばれた者だけから成り立っている、という考えである。この考えはもしだれが予定されているかを見極める方法があるとしたら、まことに危険なものとなる。そしてルターははばかることなくそれが可能だと断言した。ただ、彼の考えでは予定された者の教会は、人々に蔑まれ退けられ、この世では迫害され、隠されたものであった。

きわめて当然のことながら、ルターには、「いかなる権威に基づいてお前はこれらのことをなすのか。お前だけが賢いのだろうか」という問いが絶えず向けられた。彼の答えは「わたしは聖書の権威に従って行動している」というのであった。その結果、彼は一方では個人主義の氾濫に水門を開き、ありとあらゆる個人的解釈の洪水を招来したという非難を浴びせられ、他方では、特定の聖書解釈に教皇主義顔負けの厳格さと究極性を与えた、と非難されてきた。結果的に見れば、両方の判断とも真理の一斑を含んでいる。プロテスタント諸派は事実多くの聖書解釈上の混乱を招来したし、ルター教会は後に生硬な聖書主義の方向へと向かうこととなったからでもない。しかし、ルター自身の立場は決してこのいずれでもなかった。彼にとって窮極の権威は神の言であって、それは受肉、十字架、復活を通して神がキリストにおける自己開示を完《まっと》うされたことにほかならない。この啓示はキリストが永遠でいまし、また常に人の心の中に働かれるゆえに、時間的に歴史的イエスの生涯に限られはしないが、しかも最高の顕示は受肉の形においてなされた。聖書はこの驚くべき出来事の記録である。しかして霊を離れて記録それ自体としては信仰を産み出さないが、しかも聖霊は記録を離れ、あるいは記録を越えては働かない。本質的なものは神の語られた言であって、記録者の記した文字ではない。

聖書の中にはいくつかの段階が存する。ルターは新約聖書の中で「ヨハネ福音書」を第一位に置き、さらにパウロ書簡と「ペトロの手紙一」にも高い地位を与えた。それに他の三福音書が続き、一段下って「ヘブル人への手紙」「ヤコブの手紙」「ユダの手紙」「默示録」が来る。「ヤコブの手紙」は正典として保持はされたが、その善きわざの強調のゆえにルターによって退けられた。「默示録」もルターによれば「啓示的でない」という理由で同じように扱われた。旧約聖書にもいくつかの段階がある。すなわち、創世記、詩編、ヨナ書は高く評価され、他方エステル書はユダヤ的な報復主義の実例として軽視された。ルターは聖書に対するに王者のごとき自由さをもってしたが、しかも決して気紛れではなかった。神の言はわれわれの側の功績とは何の関わりもなく、ただわれらの主キリスト・イエスによる贖罪の使信であるということ、またわれわれが救われるのはただわれわれが信仰によって心からこれを受け入れることによるということ、それが明確に決定的原理だった。ルターが聖書の中にいくつかの段階を認めたのは事実であるが、しかも聖書を一つのまとまった書物として扱い、「ヤコブの手紙」や「エステル記」を除外することによって正典を破棄しようとは決してしなかった。教皇や教会公会議や教会法は移ろいさるかもしれない。しかし聖書文献の伝統的な選択をとやかくすることは、一歩行きすぎている。もし聖書が全体として受け入れられ、しかも均等に重要と認められないこととなれば、必然的にある部分は字義どおりに受け取られ、他は霊化されなければならないことになる。この点でルターはしばしば恣意的に、ときには無定見にすら見えると言わなければなるまい。

ルターの立場は、彼が教会のサクラメントを問題とするに至ったとき、その根源的意義が明らかとなった。中世盛期以降、サクラメントの数は婚姻・叙階・終油・堅信・悔悛・ミサおよび洗礼の七つに定まっていた。ルターはサクラメントを定義し、それは、キリストによって設定され、キリスト教に特有の、「見えざる恩寵の外的なしるし」だと言った。この基準に照らしてルターは、サクラメントの数を主の聖餐と洗礼の二つに減らさざるをえなくなった(4)。

ルターによれば、婚姻はキリスト信者の間のみでなく、ユダヤ人やトルコ人のような非キリスト信者の間でも同じように普遍的に有効なので、サクラメントとは見なされえない。婚姻は確かに神によって設定され、キリストによって承認され、それゆえに教会によって祝福されるべきものである。ルターは婚姻を単なる民法上の契約にしてしまおうとは夢にも思わなかった。しかしそれは厳密な意味でのサクラメントではなく、それゆえに教会の独占に関わるものではない。この主張は、中世の教会が一般人の生活を規制するのに用いてきた手段の一つを切り崩すこととなった。かつては七親等以内の結婚は禁止されており、また洗礼の際の名付親として立ち合ったという霊的関係も結婚の妨げであった。もっとも、近親の血縁以外は、この禁令も教会の権威によって解除されえた。例えば、ヨーロッパの王室は互いに血縁関係にあったので、教会の調査と適当な手数料の支払いによる特免なくしては、ほとんどいかなる婚儀も成立しなかった。そこで婚姻はサクラメントでないと宣告され、教会が背後に退いた後に国家が介入し、さらに禁止された親等は次第に緩和されるに至った。

叙階はキリストによって設定されたわけではないので、サクラメントではない。叙階は教会の儀式ではあるが、見えざる恩寵も不変の身分も授けはしない。聖職者は特別な職務の遂行のために、会衆によって立てられたキリスト者にすぎない。彼は、この儀式によって司祭とはならない。すべての信仰者が司祭だからである。これが万人祭司の教えだった。単に良き秩序のためにある人々が聖別されて特別な職能の遂行に当たるにすぎないのである。しかも、もし教職と信徒の差異がこれほどに些少であるならば、聖職者支配の神政政治の基盤は崩れさってしまう。

終油、すなわち死に際しての塗油は、ルターの目には単なる迷信にすぎなかった。堅信礼は教

図6　聖餐式
パンもぶどう酒も共に平信徒に与えられる。ルターは神の言を説教している。右方では、教皇、修道士、枢機卿などが、地獄を象徴する獣に呑み込まれるところ。

会の儀式としては残されたが、キリストの設定によらないという理由で、サクラメントから外されてしまった。悔悛は、キリストが「悔い改めよ」と言われたゆえに、サクラメントに準ずるとも考えられる。また告解は制度化さえしなければ有益である。しかしながら、厳密には主の晩餐と洗礼の二つのサクラメントしか存しない。

この二つの性格に関しては、それが決して執行者の資質に依拠しないという点で、ルターはローマ教会と全く同見だった。もしも執行者にサクラメントを執り行う意志があり、また正しい形に従っているなら、たとえ彼が個人的には不適格な人物であっても、彼が神の恩寵の奉仕者であることの妨げにはならない。それは説教者がたとえ偽善者であっても、神の言が偽言とはならないのと同じことである。しかしルターはサクラメントを受ける側の信仰が必要だと強調した。サクラメントそれ自体が「なされた行いによって」(ex opere operato) 何か魔術的な効力をもつのではない。確かに信仰なくしても、何かはそこに存する。しかしこれは受領者にとって害にこそなれ、罪の癒しとはならない。

ミサに関しては、ルターはそれが犠牲でないことを強調した。(5) 司祭は祭壇で犠牲を神に捧げるのではないし、カルバリーの丘の出来事を再演するのでもない。犠牲とは人間が神へ何物かを奉献することであるが、実際は人間は何物も神へ捧げることができないからである。神が与えたもうとき、人間はそれを受け、そして感謝に満たされるだけである。主の聖餐はもともとエウカリスト、すなわち感謝すること、と呼ばれた。そしてこれが今でもその根元的意義である。ルターは実体変化の教義、(6) すなわち司祭が「これはわたしのからだである」という語を発するときに、パンとぶどう酒の偶有性 (accidentia) はそのままに残るが、実体 (substantia) は神の御子の肉と血に変化するという説を否定した。人間の言葉によってひきおこされるこのような奇跡をルターはいっさい否認したが、しかも実質的、あるいは物質的存在までは否定しなかった。彼の立場に従えば、物質と精神とは相逆らうものではない。物質は神によって造られ、神によって充満され、神的なものの伝達にふさわしい媒介である。神はすべての物質界にあまねく臨在し、神なるキリストもまた遍在的である。しかもわれわれは目隠しされているために、その臨在を認知しえない。

ところで、隠された神は三つの様態で御自身を啓示しようと決意された。すなわち、キリストの肉体において、聖書に秘められた言葉において、そしてサクラメントのパンとぶどう酒においてである。牧師のなすことは神を作り出すことではなく、被覆を取り除き、神の臨在を開示することである。聖餐は神とキリストとの交わり、信仰者相互の交わりの儀式である。二つの言葉、感謝と交わりが、すべてを要約して余りある。ルターはこの儀式を呼ぶのに「主の晩餐」という表現を好んで用いた。なぜならミサという語は聖書のどこにも見出されないからである。(7)

すべてのサクラメントに先立ち、人生で最初に執行されるサクラメントである洗礼は、ルターの所説が特別な困難さを提示するので、ここまで論議を保留してきた。(8)ルターはサクラメントが信仰なくしては無効であると繰り返し強調したが、しかし幼児洗礼を保持した。いかなる意味でこれが信仰に基づくと言えるのだろうか。ルターの支持者の中には、ルターの立場を押し進めれば個々人が自覚的な個人的信仰の体験を経てから受ける成人洗礼の方向を論理的に指し示している、と結論づけた者たちがいた。しかしルターは信仰に二つの段階を区別した。それは目覚めた信仰と眠った信仰の二つである。結局のところ、信仰は神の賜物である以上、どうして神が幼児には信仰を与えられないと言うことができようか。ルターはさらに論拠を変え、幼児は初めからキリスト教社会の交わりの中にあるゆえに、幼児は名付親の信仰によって支えられていると確言した。成人洗礼か幼児洗礼かの問題は、教会論そのものと深く関わり合っている。成人洗礼を支持する者は、教会が新生を体験した者すべての集まりであると解釈する立場に立っており、他方、幼児洗礼を支持する者は、ある共同体に居住するすべての人を含む教会という考えを示す。そこに生まれた者はだれでも洗礼を受けるのである。これは分派と教会、すなわち、選ばれた小さな自発的集団と、国家や社会と同範囲の包括的な機構の違いの問題である。(9) ルターはこの二つの考えの中から一方を選ぶのにたいへん苦心をしたし、プロテスタンティズムは後に分派と教会へと分裂するに至るのである。

ルターの到達した立場は、教会と社会の関係全体にきわめて深甚な影響を及ぼした。前述のごとく、中世の教会は三つの部門、すなわち教皇、教区司祭、および修道士によって運用されていた。ルターは教皇の無謬性を否定し、聖職者を特別な意味での祭司から単なる牧会者に転化させ、修道士はこれを全廃した。もっとも、彼は決して一足とびにこのような結論に到達したわけではなかった。実際、ルターが僧帽を脱ぎ捨てたのは、彼が破門を宣せられてから後のことであった。その理由は一部分は聖書的だった。すなわち、新約聖書には一生涯を通じての貧困と貞節と服従の誓いを支持するに足る箇所が見出されない、ということであったが、さらにつきつめて言えば、ルターの論難は、人間には自分を救う力が全くないという彼の根本原理の所産だった。修道院は人間が余剰のわざを成就できる最良の場であると見なされていたので、ルターは僧帽を身にまとう最も有力な動機を打ち毀してしまったのである。しかしこれだけの理由で、修道院を全廃する必要はないし、事実ルターはもしも未婚者が共同生活を営み、何らかの形の宗教的努力を重ねたいと願うとしても、彼らがそれによって神に取り入ろうとさえしないならば、別に異議を唱えなかった。実際問題として、宗教改革の後にはカトリックの修道院制度は、救済への道としてよりは、むしろ地上での特殊な任務の達成のための召命の場と考えられるようになった。そしてそのようなものとしてなら、プロテスタンティズムの中でも存続できたかもしれなかったのであるが、事実上は消滅してしまった。それはたぶん別の理由、すなわちルターがキリスト者の完全の掟と勧めの区別を退けたことによるであろう。すべてのキリスト教倫理は修道士のみでなく、信徒一人ひとりにとって拘束力があるとルターは主張した。万人が祭司であるように、万人が修道士である。そしてこのことは具体的には、福音は家庭や学校、工場や農場における日常生活の仕事のまっただ中でこそ最もよく証示されるゆえに、だれも修道士ではないということを意味した。それは修道生活というよりは、天職と呼ばれるべきである。福音の倫理は聖俗の差別によって保持されるべきではない。

こうしたすべての方法によって、ルターはこの世をキリスト教化するための中世的類型を破棄しさった。教皇および聖職者による神政政治は、教皇が無謬ではなく、聖職者が平信徒よりも霊的に優れまた有能だというわけではないので、いっさい姿を消してしまった。選ばれた共同体で、より高い義を生かし続ける修道院的技術も同じく消えさった。それゆえにルターは、この世のキリスト教化という問題と全く新たに直面しなければならなかった。すなわち、道徳生活の本性とは何か、またそれがキリスト信者によってどの程度まで達成されうるか、という問いがまず解決されなければならなかった。ルターは人間が自分の救いには何の貢献もできないことを繰り返し強調したので、道徳的努力が無意味であるという結論さえ招きかねなかった。さらに破壊的な論断は、キリスト教倫理のより高度の成就は結局は実現不可能だという見解、すなわち完全への勧めはすべての人間にとって束縛力があるがだれもこれを成就しえない、なぜなら神は不可能事を要求しておられるからである、という考え方だった。さらに言えば、理想とは退行的なもので、一歩目標に近づくにつれて、要求水準も上がっていくものである。キリスト教的生活は、息継ぎ記号なしで書かれた歌曲のようなものである。このように、従来の倫理を根底から打ち毀してしまった後に、ルターは人々の関心を、与えられた課題の達成から、人間の中にある聖性の証明へと向け変えることによって、道徳の再建を図った。一五二〇年に出版された二つの小冊子、『キリスト者の自由』[10]と『善きわざについての説教』[11]において、ルターは、キリスト者がすべての人間の中で最も自由である、なぜならばキリスト者は規則によって支配されていないし、また律法を遂行していると誇示もしないから、と論じた。キリスト者は単に神への感謝と隣人への愛を表現しているにすぎない。他方、キリスト者はすべての人間の中で最も束縛された存在である。しかし不可避的に彼の上に課せられる義務は、内側からのものである。

キリスト教道徳の本質はキリストのまねびであるが、それは中世におけるごとく単にキリストの行われたことを模倣するのみでなく、むしろキリストの範型に従って生きることである。キリストは豊かであったのにあなたがたのために貧しくなり（Ⅱコリント八・九）、神と等しい者であったのに僕《しもべ》の身分となり、罪人の姿をわれわれのために取り（フィリピ二・六―七）、罪と何のかかかわりもないのに、われらのために御自分のものでない罪責を身に負われた（Ⅱコリント五・二一）。まさにそのように、キリスト者はその隣人に対してキリストとなり、個人的には何の責任もない罪責を負うほどにまで、自らを隣人と同一化しなければならない。この理想は決して完全には成就されないであろう。キリスト者の毎日は失敗の連続であるが、しかも彼は挫折しない。キリスト者は罪人であって、しかも同時に救われているのである。もしキリスト者が善人を装わず、心の謙虚さと感謝の中に神意に従おうと努めるならば、すべての欠陥にもかかわらず、彼は努力を続けうるであろう。

社会全体に関しては、このような考え方が招来したものは、まじめな希望だった。ルターははるか遠い将来の歴史やユートピアの建設を予測しようとしなかった。ルターの考えによれば、キリスト者といえどもパラダイスを再現することはできない。まして贖われていない人々は、上から規制されないかぎり、豚小屋のごとき状況を出現させるであろう。しかし、自然人でさえも道徳的洞察と能力を全く欠いているわけではないので、彼らを抑制することは不可能でない。ルターが「万人は罪人なり」と言ったときにでも、万人が犯罪者だと言おうとしたのではない。神の目の前にはなんぴとも面を上げて立つをえないが、社会的見地からは人は良き夫、父、あるいは為政者でありうるのである。トルコ帝国はキリスト教諸国よりも巧みに統治されている、とルターは言った。この点で、ルターはストア派およびキリスト教の伝統である自然法の考えに従っている。それによれば、すべての人間はいずこにあっても理性を賦与されており、個々人の利害の主張が関係していないかぎりでは、公義を承認しこれを行使することができるのである。それゆえに、合法的な権力は正義の手段である。

権力は為政者により、為政者によってのみ、行使されるべきである。[12] なぜならば、もし権力が個々人によって自分の利益のために用いられるとすれば、必然的に無秩序が生起するからである。しかしながら、教会は権力を振うべきではない。ルターは私人および教会の手から剣を取り上げた。彼は暴力革命にも神政政治にも耳を貸そうとしなかった。彼の考えでは、国家は悪人を罰し、善人を保護するために、神が定められた代行機関である。正義の名において戦われる戦争には、キリスト者も従軍して差し支えないが、それはあくまでも合法的権力のもとにおいてであって、決して自分自身の恣意や教会の名のもとにおいてなされるべきではない。こうして教会の企図としての十字軍の概念はすべて排除された。国家はそれ自身の固有の領域に関しては、教会の介入を許すべきではない。ルターの理想は、中世においては教皇主義者に対抗してドイツ皇帝によって信奉され、ダンテ（一二六五—一三二一）によって雄弁に弁証された教会と国家の併立主義だった。教会と国家は互いに協力し合うキリスト教社会の左右の両腕であるというこの考えは、一度も運用可能な計画とはならなかった。むしろ結果は、皇帝教皇主義か神政政治のいずれかになりがちであった。プロテスタント教会もまた、この事実を再確認せざるをえなかった。ルター教会は皇帝教皇主義の方向へ進展し、カルヴァン主義教会は神政政治を発達させた。これに対し小教派は政・教の分離によって、両者のいずれをも回避した。

ルターの思想的成熟はただ一日で達せられたのではなかったが、彼の贖宥券批判は教皇庁の側に憂慮を呼び起こすに十分だった。それから四年にわたって、教皇庁側は叱責・脅迫・弾劾・怒号の弾幕を張り続け、加えてときおり甘言・交渉・遅滞をもって対したが、全体としては教皇庁の世俗化の度合いをいかんなく暴露したと言わなければならない。ヴァチカンのごとき前提を持つ教会にとって、異端は一挙に処分するほうが、長々と延引するよりもはるかにふさわしかったであろう。遅延の原因は政治的配慮だった。キリストの代理者ローマ教皇は、同時に地上的領主で、ドイツ国民を離間してしまうことを極度に用心した。皇帝マクシミリアンが一五一九年一月に逝去したとき、状況はいっそう尖鋭となった。新しい皇帝の選挙が間近くなり、しかも選帝侯は圧倒的にドイツ人が多かった。神聖ローマ帝国はいささか変則的な中世の遺物で、かつては普遍的だったが今は新興国民国家の侵食によって制約されていた。それにもかかわらず、帝国は依然としてきわめて国際的だったので、これら諸国の元首は皇帝の地位に選ばれる権利を有していた。この場合の競争相手はフランスとスペインだった。ドイツ人は皇帝がドイツ人でなくなるので、このどちらをも欲していなかった。教皇もまた、どちらが選ばれてもあまりにも大きな力を獲得することを恐れて、両者のいずれをも望んでいなかった。したがって、教皇はドイツ人と共同戦線を張り、ザクセンの選帝侯フリードリヒ賢侯を候補者として推した。そしてたまたま彼はルターの領主であった。

フリードリヒは、ルターを完全に理解していたわけではないが、ドイツ国民が国外で裁判を受けるために連れ出されることのないよう、また公正な取り扱いを受けられるよう配慮していた。前者の理由に基づいて、フリードリヒは自ら進んで、素早く手を打ち、ルターがドイツ国内で審問されるように取り計らった。第一回の聴問は、一五一八年、アウクスブルクで枢機卿カエタヌスの前で行われた。最後は一五二一年ヴォルムスの帝国議会においてであった。第二の条件は、ルターが自己の見解を述べる機会を与えられることなくしては断罪されるべきではない、ということを意味した。そしてこれはルターが聖書に基づいて断罪されるべきである、という意味に解された。しかしこの条件が充たされるべきかどうかを決定することが、取りも直さず中心問題だった。フリードリヒ自身も多少の疑惑を感じていたことが、いくばくかの心の動揺を説明するであろう。フリードリヒには、教皇庁の言動を規制する力はなかったが、ドイツ帝国の追放令がこれらの条件を抜きにしては宣告されるべきでない、と決心を固めていた。フリードリヒの妨害と教皇の弥縫策《びほうさく》とが、ルターの裁判を遅延させ、彼に一五二〇年の革命的宣言を公にする機会を与えてしまった。(14)

この間、あらゆる形の古来の対立・抗争がルターの一身をめぐって再現された。まずアウグスティヌス会とドミニコ会が、前者はルターの弁護者として、後者は誹謗者として互いに抗争した。一五一九年のライプツィヒ論争は、ザクセンの二部分、すなわち、フリードリヒ選帝侯のもとにある北部と、ゲオルク大公のもとにあってボヘミアと境を接していた南部の対立をもたらした。前者はルターの有力な味方となったが、後者はルターにとって恐るべき難敵となったので、自らに反対する三位一体勢力をルターは「教皇・悪魔・ゲオルク大公」と呼んだほどである。各大学もそれぞれ勢揃いした。例えばヴィッテンベルク大学は弁護側に、ライプツィヒ大学は攻撃側に回った。論争は別の結びつきを産み出した。ルターは論敵に追いつめられて、約一世紀ほど前にコンスタンツの教会公会議で異端を宣せられ焚殺されたボヘミアのヤン・フスの提題のあるものを、是認せざるをえなくなった。従来ボヘミアは異端説を信奉していたのみならず、十字軍を起こしてゲオルク大公の領地を侵略していたので、ルターがこのような教会と国土の敵の同調者であるという事実は、何にもまさってルターを忌まわしいものとした。

第3章　決定的な分裂

全ドイツは湧き立っていた。ライプツィヒ論争の後には、ルターは全国的、否、国際的注目の的だった。彼のラテン語著作が編集されてバーゼルで出版されたことが、その風評の向上に役立ったことに疑いはない。

ドイツの国民国家主義者はルターの弁護に結集した。[1]これはルターがチェコの愛国者ヤン・フスに賛意を表わしたことと考え合わせると、奇妙に見えるかもしれないが、実際はドイツ人にとって宿敵はプラハではなくローマだった。なぜなら、ローマ教皇庁は根本的にはドイツ人のものであった神聖ローマ帝国の解体に力を尽し、それによってフランス・スペイン・英国などに国民国家的統合のきっかけを与えたからである。それゆえに、ドイツの愛国者たちはローマに毒舌を浴びせかけ、もしもルターが生命の危険にさらされる場合には隠れ家を提供しようと申し出た。ルターがこのような援助の申し出に勇気づけられたのは確かであるが、同時に用心をも怠らなかった。何となれば、彼の戦いは神のものであり、不当に人間の力に依拠すべきではないと考えたからである。

ルターはまた、ルネッサンスの人文主義者を通じて国際的人物となった。彼らはこのころまでは、ルターとの差異よりは類比性をよけいに信じていたのである。偉大なエラスムスは、ルターの発言の多くに賛同を惜しまなかった。新約聖書の単純さへの復帰の呼びかけ、スコラ哲学の晦渋性への軽蔑、贖宥券販売への憤激、聖遺物尊崇と聖人崇拝への反対――これらはいずれも完全に人文主義者たちの唱えるところと合致していたのである。ルターの反対者は、同時に健全な学問の敵、すなわち人文主義者を狩り立てた異端審問官の輩《やから》だった。ルターは人文主義者によって「エリューテリウス」、すなわち解放者として歓迎された。しかしながら時がたつにつれて、エラスムスは明確に異なった道を辿り始めた。彼は自分自身がかつて発言したこと以上には、ルターの発言を是認しようとはしなかった。事実、エラスムスはルターの所見を理解できなかったような素振りを見せた。もっとも、エラスムスはルターがその清廉な生活に照らしても、協調的な精神のもとに公平な審問を受けるべきだと主張し続けた。しかしルターが一五二〇年の夏に、『教会のバビロン捕囚』という表題の小冊子を公刊し、前述のごときサクラメント論を明らかにしたとき、エラスムスは叫んで言った。「これで分裂はもはや癒しがたくなった！」もっとも、それからさらに十年の間、彼が橋渡しの努力を捨てなかったのも事実である。

教皇レオ十世はついに事態の重大さに気づき、狩猟の遊興のただ中で奮い立ち、教皇回勅を起草した。まことにふさわしく、それは次のような書き出しで始まっている。「主よ、立ち上がってあなたの義をお裁きください。一匹の野猪があなたのぶどう園に侵入してきました。ペトロよ、立ち上がって、すべての教会の母でありあなたの血によって聖別された聖なるローマ教会の争いを裁いてください。パウロよ、立ち上がってください。あなたはあなたの教えと死とによって教会を光輝あらしめ、いまなお輝かしておられます。すべての聖人よ、立ち上がってください。全教会よ、立ち上がってください。あなたの聖書解釈はいま攻撃の矢面に立たされているのです」。教書はルターがローマに召喚を受けてから数えて六十日の猶予期間をもって、ルターの屈服を要求するものであった。それは一五二〇年十月十日の日付けを与えられていた。十二月十日、猶予期限の満了を機に、ルターは公衆の面前で教書と教会法典とを火中に投じた(2)。

それにもかかわらず、ルターの破門は政治的考慮から延引された。フリードリヒ賢侯はルターがドイツ帝国議会で審問を受けられるように工作した。議会は一五二一年初頭、ヴォルムス市で開かれ、新たに神聖ローマ帝国皇帝に選出されたスペイン王、ハプスブルク家のカール五世と談合する予定になっていた。皇帝選出に関する教皇の願望は実を結ばなかったわけである。教皇の次の策略は、利用できるかぎりカール五世を活用し、それができない場合には彼を困惑させることにあった。その意味で、フリードリヒ賢侯にはまだ利用価値があったのである。

ドイツ帝国議会におけるルターの審問は、異端が平信徒から成る法廷で試問されることを意味するので、教皇にとっては迷惑千万であった。中世の法手続きによれば、俗権は黙って教会の判決を執行すべきであった。もっとも、ルターの場合は、ドイツの国民主義への恐れから、まだ何の判決も下されていなかった。奇妙なことに、ヴォルムス帝国議会は教会会議の様相を呈した。ルターは平信徒の法廷で裁判を受け、教会の破門が宣告される前に帝国追放令を宣せられたのである。

帝国議会内には三つの派が対立していた。一つは極端な教皇主義者で、帝国議会または皇帝は教皇の権威のもとに教会の願望を履行し、討論抜きでルターを追放に処すべきであると主張した。第二はフリードリヒ賢侯に率いられるルターの擁護者だったが、ルターの見解に全面的に賛同するというよりは、全体として公正な取り扱いを要望する一派だった。第三はエラスムス派であって、法廷の外での妥協による道を望んでいた。彼らはもしルターが『バビロン捕囚』の内容を否認し、あるいは少なくともサクラメントに関する発言を取り消すように説得できるなら、他の点については交渉の余地があり、十分にその恐れのある分裂や争乱も回避できるであろうと考えていた。ドイツの国民国家主義者もこの計画のために動員され、ルターはヴォルムスへ向かう途上で脇道をして、中道派のカトリック代表と会談するようにと勧められた。しかしルターは、「たとえヴォルムスの屋根瓦の数ほど多くの悪魔が待ちかまえていようとも、わたしはヴォルムスへ行く」と返答した。

一五二一年四月十七日、ルターは帝国議会の小会議場に姿を現わした。彼は積み重ねられた自著を示され、自分の著作と認知するかどうかを尋ねられた。そこには、もしかするとルターが

『バビロン捕囚』を否認するかもしれない、という希望がこめられていた。ルターはすべての著書を確認し、おまけに他にも著作があると付け加えた。ついで彼は、著書の中で述べたことを固守するかどうかを尋ねられた。これは彼に内容を弁別し、一部分を棄却する機会を与えるためであった。突如として彼はほとんど絶句した。彼は何世紀ものあいだ教会が教えてきたことに逆らうことから、自分の上に降りかかる恐るべき責任の大きさに心を馳せた。彼の論敵が「お前ひとりだけが正しいのだろうか」と問いただすとき、彼らのほうが正しいのではあるまいか。ルターは暫時の猶予を願い、聴き容れられた。

翌日、彼は聴衆で溢れんばかりの会議場に出頭した。再び彼は所説の一部分を棄却する機会を与えられた。彼は答えて三つの区別を申し立てた。第一はキリスト教的敬虔に関わるもので、キリスト教信仰を捨てることなしにこれを否認することはできない。第二はドイツ国民の苦情を取り上げたもので、これは帝国議会のだれも彼が否認することを欲しないであろう。第三は個人的攻撃を含むもので、これを撤回することは論敵を喜ばせることになるにすぎない。審問官はルターに答えて、彼の著書のうち好ましくないものと、いっそう好ましくないものとを区別しなければならないと言った。彼は言を左右にせず答えなければならない。「お前は自分の著書と、それに含まれている誤謬を撤回するつもりがあるのか、ないのか」。ルターは答えて言った。「陛下、および殿下がたが率直な答えをお望みになっておられるので、わたしは言を左右せず、また歯に衣を着せずに申し上げましょう。わたしが聖書と明白な理性とによって納得させられないかぎり

――なぜなら、わたしは教皇と教会公会議が相互に矛盾しているので、彼らの権威を受け入れないからですが――わたしの良心は神の言に捕らえられており、したがってわたしは一言も取り消せないし、取り消そうとも思いません。良心に逆らって行動することは正しくもないし、安全でもありません。神よ、わたしをお助けください。アーメン」。

この不退転の返答の後でも、なお彼を屈服させようとする企てが、委員会の形で行われた。ルターは、もしも彼が譲歩しないならば結果は分裂・騒乱、そして戦争であろうと警告された。ルターは答えて言った――実際的な事柄については妥協も差し支えなかろうし、原理問題に関してすら誤謬の可能性を認めてよいかもしれない。しかし自己の信ずる信念を否認することは決して正しくない。「教皇は神の言と信仰に関わる事柄については、決して審判者ではない。キリスト者は自分で確かめ、そして判断を下さなければならない」。ここにわれわれはプロテスタント個人主義の頂点と、その限界を見ることができるであろう。

こうしてルターは追放令のもとにおかれることになったが、いまだ破門を宣せられてはいなかった。それゆえに、ヴォルムス勅令はルターの社会秩序への反逆を強調し、ルターを教会の権威にとってよりは、政治的権威にとっての脅威と断定した。今日ではしばしば政治的権威に従順だと考えられているこの人物が、当時は破壊的思想の持ち主と見なされたというのは奇妙である。ルターは帰国のために四十日の安全期間を与えられていた。それが満了すれば、だれでもが彼を当局に引き渡し、焚刑に処しても差し支えないこととなるのである。

帰国の途上で、一行は一群の騎馬武者に襲われ、ルターはどこかへ誘拐された。ルター暗殺のうわさはドイツ全土に流布された。しかし間もなくルターの友人たちは、「荒野より」と記された手紙を受け取り始めた。フリードリヒ賢侯が、宮廷付牧師（シュパラティン）に命じ、選帝侯自身にも行方を知らせることなしに、ルターを雲隠れさせるようにと指令を与えたのである。したがって、選帝侯は晴れて彼の居所を知らないと主張することができた。ルターは、ヴァルトブルクと呼ばれるフリードリヒの城に一年の間かくまわれていた。この隠遁生活が、実はルターに福音主義教会の最初の基礎を据える機会を与えることとなった。この間にルターは多くの著作をものにした。まず、彼は後に長く福音主義説教者のモデルとして役立つようになった説教集を出版した。ルターの最大の功績は、新約聖書全体を原語のギリシア語からドイツ語に翻訳したことである。そして旧約聖書がそれに続いた。

ルターの言語能力は驚くべきものであった。彼の語彙の豊かさは、シェイクスピアに匹敵する。何よりもまず、ルターは主題に対する無比の感覚を持っていた。ルターは使徒パウロの「わたしは、なんと惨めな人間なのでしょう。死に定められたこの体から、だれがわたしを救ってくれるのでしょうか」（ローマ七・二四）という叫びを理解することができた。彼は悔改めの詩編の高さと深さを究め、また感謝の歌を唱うこともできた。彼は心の苦悩をも知っていたからである。ときにはたくまずして言葉が彼の唇に上ってきたが、ときには大いに苦労し、特殊な用語には他から助けを求めなければならなかった。例えば、レビ記に記された犠牲の動物の内臓に名を付けるためには肉屋に、新しいエルサレムの宝石の名のためには宝石屋に助けを借りた。「わたしの企図は」とルターは言った、「モーセがユダヤ人だったことにあなたがたが気付かないように、モーセに語らせることにある」。モーセだけでなく、アダムからヨハネに至るすべての人物がドイツ人となった。聖書の翻訳こそはルターの最高の宗教的・文学的事業である。しかしそれは彼自身の国民にとって以外は、七つの封印（黙示録五・一）を施された書物である。もともと翻訳は重訳に適さない。ファウストは英語に、ハムレットはドイツ語に訳されうる。聖書も原語からそれぞれの国語に新たに訳されるのが本当である。それにもかかわらず、ここにあえてルター訳の逐語訳を掲げ、一例として供することとする。

主はわたしの牧者であり、わたしには何の不足もない。
主は緑の野でわたしを牧され、
　新鮮な水へと導かれる。
主はわたしの魂を活き返らせ、
　彼の御名のゆえにわたしを正しい道へと導かれる。
たとえわたしが暗闇の谷をさまようとも、
　わたしはいかなる悪をも恐れない。
あなたはわたしのそば近くおられ、

あなたの鞭と杖とがわたしを慰めるからです。
あなたはわたしの敵に対して、
　わたしの前に食卓を据えられる。
わたしの杯は満ち満ちている。
善と慈しみとは、わたしの生の終わるまで、わたしと共に歩むであろう。
　そしてわたしはとこしえに主の家に住むであろう。

しかしながらルターには、文筆活動の中に慰めを見出すことが許されなかった。彼の不在中に、ヴィッテンベルクの信奉者たちは、ルターの理念にさらに具体的な形を与え、それによって宗教改革を一般大衆にまで及ぼそうとしていた。ルターがそれまでなしたことで、一般キリスト信徒の実際的生活に変革を及ぼすものは何一つなかったと言ってよい。贖宥券に対する攻撃は例外であるが、それすらもいまだ効果が現われていなかった。贖宥券はいましばらくの間、ヴィッテンベルクにおいてすら頒布されていたのである。しかしルターの提示したことの多くは、具体性を持った変革を要求するものであった。まず典礼が修正されなければならなかった。ルターはミサ聖祭が犠牲ではないと公言したが、典礼の核心である聖祭典文はこれを肯定している。ミサ犠牲説が何にもまさって明証されているのは、死者のために個人的に遺贈され、私的に執行される「私誦ミサ」においてであった。ヴィッテンベルクの城教会では、二十五人の司祭がこのようなミサの執行のために割り当てられていた。ルターはここに二つの躓きを感得した。第一は犠牲という考えそのものであり、第二には司祭が信仰者との交わりなくして単独でミサを執行する習わしであった。ここから、すでにフスの信奉者たちが行っていた平信徒にも杯を与える習わしが、改革者たちによって是認された。ルター自身が唱導したこれらの変化を、彼の信奉者たちは実行に移そうと企てていたのである。

ルターの同僚の中で際立っていたのは、ヴィッテンベルク大学のギリシア語教授で少壮の人文主義者メランヒトン[3]（一四九七―一五六〇）、およびルターに博士号を授与した年長の教授カールシュタット（一四八〇頃―一五四一）であった。とくにカールシュタットは急進的で、一五二一年のクリスマス当日には、全市民を新しい様式によるミサ挙式に招いた。カールシュタットは、平服のままで司式に当たり、典礼の中で犠牲説に関連したいっさいの言及を除去し、設定の言葉にはドイツ語を用いた。会衆は生まれてはじめて自分の母国語で、「これは新しい永遠の契約のわたしの血の杯で、信仰の霊と秘義であり、罪の赦しのために流されるものである」という言葉を聞くことができた。カールシュタットは会衆を招いてパンのみならず、ぶどう酒をも与え、またそれを自分の手に取ることを許した。一人の男はあまりにも震えたのでパンを取り落した。カールシュタットは拾い上げるように命じたが、聖なるパンを自分の手に受けるだけの勇気は持っていたこの男も、それが床に落ちて汚されたのを見たとき、瀆神の恐怖に打ちひしがれ、身をかがめて再びパンを拾うことができなかった。しかし大多数はこのような畏怖の念に打ち勝った。新しい典礼は、一般庶民が目にしかつ味わうことができるような形態を取った。ルターはこれをよしとした。

司祭は続々と結婚し始めた。これをもルターは是認した。さらに修道士が妻をめとるために修道院を去っていった。「やれやれ修道士たちもか」とルターは言った。「わたしは決して結婚しないだろう」。しかし彼は修道院制度の根底を検討し始め、そして前に述べたごとく、修道院組織には何の聖書的根拠もなく、また根本的にはそれが自力によって天国へ昇ろうとする努力であるゆえに反聖書的であるという結論に到達した。一五二五年になって、ルターは自ら結婚することによっておのれの所信を裏書きした。

ルターは、ヴィッテンベルクで進行中の諸改革をここまでは支持した。しかしながら、ほど経ずして状況は急転し、ルターを驚倒させた。暴動が起こったのである。旧教の信者は威嚇され、司祭らは嘲笑されたり、髪の毛を掴まれて祭壇から引きずり出されたりした。改革がいかに推奨されるべきであるとしても、ルターはこのような混乱したやりかたに与するわけにいかなかった。ルターの不変の確信によれば、剣は為政者だけに委ねられたもので、たとえ自衛のためとしても一般庶民によって行使されるべきではなく、ましてや福音を擁護するために用いられたりすべきではなかった。

このような方法が、ルター自身が是としなかったような改革のために用いられたとき、彼はいっそうのこと憤激した。彼の同僚カールシュタットは、次から次へと後の英国清教徒を予想させるような改革のプログラムを思いついた。カールシュタットの根底にあった思想の一つは、霊と肉の二元論で、そこからして物質的なものは霊的なものにとって助けにならないだけでなく、むしろ妨げになるとして棄却された。その結果、カールシュタットは、視覚を通じて助けとなる聖画像、聴覚を通じて訴える音楽、味覚を通じて神的なものを媒介する聖餐におけるキリストの臨在、などをいっさい否認した。物質的なものの軽視は服装や挙姿の単純さ、ときには峻厳さにまで至った。カールシュタットはいっさいの祭服を拒否し、自ら牧師だったにもかかわらず、農民が着用するような大きな灰色の外套を身に着けた。彼の第二の原理、すなわち社会的平等主義がこの立場を強める役を果たした。万人祭司説をカールシュタットはきわめて真剣に解釈したため、「博士」と呼ばれることを嫌い、ただ「兄弟アンデレ」と呼ばれることを望んだ。ルターを駆り立てて初代キリスト教の類型を復元させた熱望は、多くの旧約的慣習を包含するほどにまで推し進められた。聖画像の破壊はモーセの誡命に基づいており、安息日の厳守も同様だった。しかしこれらのすべては、実はルターの精神からほど遠いものであった。ルターは「地とそこに満ちるもの」とは主のものであり（詩編二四・一）、そのいずれもが信仰の目的のために用いられて差し支えない、と信じていたからである。本質的には族長的な社会構造観を抱いていた使徒パウロの線を越えて、社会的水平化運動を推し進める理由をルターは全く見出さなかった。さらに聖書に対するいかなる律法主義的態度も、ルターにとってはパリサイ主義の復活と感じられた。このような傾向と取り組むために、ルターは教会と市参事会の招きを受け、ヴィッテンベルクへ帰還した。カールシュタットは追放に処せられた。

このような強硬措置は、もしカールシュタットがいっそう過激な人物トマス・ミュンツァー(一四九〇―一五二五)との共謀の嫌疑――実際は全く根拠がなかったのであるが――をこうむっていなかったならば、公平を欠いたものとなったであろう。ミュンツァーの主要な貢献は、新しい類型の神政政治を唱導した点にある。古代ユダヤの神政政治は主として土地と血縁に基づいていた。イスラエル人は始めはヤーウェとの契約に個人的に忠誠を誓うものであったが、後には幼児期に受ける割礼によって選民の一員とされたものを意味するに至った。これに対し、カトリック神政政治はサクラメントに基盤を求めた。しかるにミュンツァーの導入した神政政治は、個々人の予定に基づいた新しい類型だった。すなわち、選ばれた聖徒がこの世を統治するという考えであった。この考えは、あるいはフスの信奉者らから受け継がれたものかもしれない。ミュンツァーはボヘミアの国境近くに住んでいたことがあり、そこでフスの一派から選民王国の概念を吸収したことは考えられる。ルターがこのような道を歩むことはありえなかった。なぜなら、彼は神政政治の理念そのものを退けたし、聖徒ではなく一般市民が為政者を通じて、人間の悪への傾向を抑制すべきだと考えていたからである。しかるにミュンツァーは、聖徒が不信者を治めることを期待していた。

もちろん根本的な問題は、いかにして聖徒を見分けることができるか、ということであった。ルターはそれが不可能だと信じていた。なるほど選民は迫害されるであろうが、しかも迫害されている者がすべて必ず選民であると断定することはできない。選ばれた聖徒はただ神にのみ知られているのである。フスの一派は、チェコ民族主義が彼らの聖徒王国の内容の一部であるという意味で、古代イスラエルの神政政治と隔たるところ少なかった。ミュンツァーは選民を識別する新しい方法を提唱した。それは選民を回心、あるいは聖霊による魂の新生の体験によって識別する方法である。それゆえに彼が導入しようとしたのは、情緒的テストだった。ここに敬虔に由来する神政政治が考えられる。しかるに敬虔そのものは絶えず変動するゆえに、これは最も力動的であると同時に、あらゆる基盤の中で最も不安定なものでもある。血縁・土地・サクラメントは有形・可触的であるが、霊（風）は思いのままに吹く（ヨハネ三・八）。ミュンツァーの考えは、たとえどのプロテスタント教派もミュンツァーを始祖として認知しないとしても、後のプロテスタント神政政治の歴史において発酵素となり、またその困難の原因ともなった。ミュンツァーの思想の根本は、新生の体験を持った者が、実例または強制によって、社会に基調音を提供するよう努めるべきだ、ということにあった。

ミュンツァーは強制に訴えるにやぶさかではなかった。間近く迫った主の再臨は、収穫物に鎌を当てることによって促進されなければならない（黙示録一四・一七）。あるいは、「黙示録」からの心象を借用すれば、十四万四千の選民は不信者の殺戮へと出陣すべきなのである（黙示録一四・一以下）。ミュンツァーは農民戦争(4)でその信奉者を獲得したが、そのことがルターを激怒させた。この場合、ルターが否認した二種の剣の用法、すなわち為政当局でなく庶民の手にある剣、および聖職者の手にある剣の両方が発動されていたからである。ミュンツァー自身が聖職者であり、しかも謀反の旗を聖所のただ中で翻したことが、ルターの激怒をひきおこした。ミュンツァーの逮捕と処刑（一五二一年五月）は、ルターにとって神の裁きの現われであった。

このような過激主義と直面したとき、ルターは直ちに自分の相対的保守主義を感得した。彼はローマと、彼の言うところの煽動者との中間を歩もうと願った。しかし彼は熱狂主義者を拒みつつも、しかもローマ教会内の穏健派との妥協をあえてしようとはしなかった。彼らはヴィッテンベルクへ帰還したルターが独立教会を樹立し、公同教会の縫い目のない衣（ヨハネ一九・二三）を引き裂いてしまったことで、ルターを許そうとはしなかった。それがまたエラスムスにとって耐えられない点だった。エラスムスにしても、自分の中には不動の権威とでも言うべきものを有していなかったので、権威の窮極的な拠りどころとしての教会を必要としていた。彼はまた教会をヨーロッパ統一の擁護者と考えていた。それゆえに、些細な悪弊のゆえをもって、キリスト教世界の大黒柱を引き倒すサムソンの役割を自ら引き受けようとはしなった。一五二四年、エラスムスは、ルターのどのような論点が彼にとって受け入れがたいかを明白に公言するよう長いあいだ慫慂された後、問題を人間論に絞った。(5) エラスムスの考えでは、人間は無感覚な、善悪を識別し行動することのできない木材のごときものではなく、自由を賦与され、自らの救いに貢献できる被造物である。ここで二つの論点に注目しなければならない。第一は、いったい人間が果たして何かをなす能力があるかどうかで、この点はルターも決して否定はしなかった。第二は、人間の行為が運命を変えることができるかどうかで、この点に関してはルターは強く「否」を言った。何となれば、人間の定めは全く神の手中にあり、救いは神が信仰の賜物を恵与される者の上にのみ与えられるからである。しかしてすべての人間がこのように恩恵を与えられるわけではない。ルターはある人間が神の前に受け入れられ、他の人間が捨てられる事態を、神の不変の令旨に帰した。これが躓きの石だったことは認められなければならない。エラスムスはこう反問した。なにゆえに人生の不平等性がこのように永遠にまで投射されなければならないのかと。彼は神に責めを帰するよりは、人間を不確かさの中に残すほうを選んだ。ルターはこれに対して、「神は神であらねばならない」と答えた。

この点で、人文主義と宗教改革の精神が袂を分かつのである。一方は、たとえ人間が失われることがあってもこれを高揚し、他方は、たとえ神を冷酷なものとしてもこれを称揚する。もっとも、このような差異を認めても、人文主義者と改革者を截然と弁別することにはならなかった。人文主義者の中には、エラスムスに従ってローマ教会に留まり、また復帰した者もあったが、他面メランヒトンのようにルターに深く傾倒した者もあった。さらに言えば、エラスムスとメランヒトンとは生涯文通を絶やさなかったのである。こうして、人文主義は二つの陣営の中間をさまようこととなった。しばらくの間、人文主義はローマ教皇庁に安住の地を見出したが、それもトリエント公会議までのことであった。啓蒙時代には人文主義がプロテスタントの牙城にまで浸透し、エラスムスはルターの後裔の間に同信の徒を見出すにいたった。

十六世紀においてさえ、エラスムスはプロテスタントの間に支持者を有した。ルターが手を着けずに残したもろもろの統一さえも粉砕しさった諸分派の間で、とくにそうであったのは奇妙である。事実は、多くの点でルターよりもエラスムスの方が、中世カトリシズムにとってはるかに破壊的だった。エラスムスの中には、過激派が自分のものにすることのできた三つの要素が存在した。第一は、エラスムスが初代キリスト教の復元を夢見たその方法である。エラスムスにとって核心的だったのは、ルターのような信仰義認の教理ではなく、新約聖書的な行動類型、山上の説教の例証、字義どおりのキリストのまねび、であった。第二点は、教義《ドグマ》――それがローマ産の冷え切ったものであろうと、ヴィッテンベルク産の熱狂的なものであろうと――の忌避である。行いは信条よりも重要であり、救われるために必要な信仰の量は、どんな愚鈍な者にでも把握できるほどわずかである。第三点は、内面性、すなわち霊と肉、霊と文字との相剋の原理である。カールシュタットがこの原理から引き出した結論についてはすでに言及した。中には彼よりも極端に走った者もあり、彼らは内的言葉を外的言葉に、霊を聖書の文字に、心の照明〔啓示〕を聖書の羊皮紙・紙・インクに対立させた。これらすべてはエラスムスにとって禁物だったが、しかも他面これらを唱導したのはエラスムスだった、と考えられないこともない。

一五二七年のザクセンは混乱の中にあった。このころまでに国土の大半は改革を受け入れていたが、おのおのの村落がそれぞれの型に従っていた。同じ町村内のいくつかの教会、あるいは同じ教会でさえも、異なる機会には異なる典礼を用いるのが実情だった。さらには、諸分派がその思想を浸透させつつあった。単なる無気力から、宗教改革を黙諾した元司祭の牧師も少なくなかった。ヴィッテンベルクの神学校は、これらに代わる牧師を急速には訓練できなかった。分派・分立と農民の不穏とが結合して、平和を脅かしていた。このような状況のもとで、どうすれば秩序が立てられ、維持されうるのであろうか。カトリックの司教たちは彼らの旧教会に留まった。もしも監督が立てられなければならないとしたら、いったい誰が任命すべきであろうか。もし会衆が選ぶとすれば、誰が教会会議を招集すべきであろうか。このような状態では、ザクセン諸侯以上に好都合な地位にあり、また資格を備えている者はなさそうに思われた。実際、諸侯は次第に改革に対して好意を示すようになっていたし、少なくとも彼らが帝国勅令に逆らってまでルターの福音を保護することにより、その領国のみならず生命をも失う危険を冒していたことを考えると、彼らを至聖所を汚す不信者と見なすわけにはいかない。

ルターは始めは、分派に対し領主の剣に訴える考えは持っていなかった。「霊をして彼らと戦わしめよ」というのがルターの助言だった。なぜなら、信仰は神の自由な賜物で、強制されるべきものではないからである。しかしながら、宗教教育・典礼改革、さらには教職者の粛清などは、「非常時司教」の資格において領主が手を着けても差し支えない。これが一五二七年ザクセン侯の支援のもとに行われた巡察に対するルターの見解だった。不幸にして、ルターが一時的便法と考えたものが固定化し、恒久的な組織にまでなってしまった。すでに一五二七年には、ザクセン侯はルターとは違った見方を持っていたように思われる。侯によって教会査察のために任命された教職と信徒から成る委員会は、あたかも彼らが国家の官憲であるかのごとく、「わが公認査察官」と呼ばれている。この表現から国教化が始まった、と言うことができるであろう。

確かに、領主に教育や教化の大任を委ねるというのは、決してルターの本意ではなかった。一五二七年以前にも以降にも、ルターは改革の精神にそった外形と内容とを提供するのに忙しかった。第一の問題は典礼だった。ルターは始めは犠牲説への言及をすべて除去し、ラテン語名を修正するだけに留めていたが、会衆が改革の熱心な信奉者のみではなく、多くの中途半端な者をも含む共同体全体から構成されていたため、これらの変更だけでは不十分であることが間もなく明らかとなった。だれが教会の真正の構成者かという問題に、今や結着をつけなければならなくなった。しばらくの間ルターは、単に名目のみの信仰者とは違った働きを持つ、熱心な信仰者から成る中核を区別する、という実験を試みた。しかしこのような細胞を形成する企ては、あまりにも困難なことが分かり、一五二七年までにはルターはこの計画を放棄してしまった。しかし、もし会衆の大部分が微温的な蒙昧の徒からなるとすれば、礼拝そのものも、すでに整えられた者の側の礼拝行為としてだけ考えられず、むしろ覚醒と教化の機会として理解されなければならないこととなる。そこで典礼は神への讃美と同時に、人々の教育をも含むように改変されなければならない。一五二六年、ルターは礼拝全部をドイツ語に切り替えることによって、この必要に応えようとした。説教が中心的な地位を与えられ、告知もしばしば説教と同じくらい長かった。

最大の改革は会衆全体が唱詠に参加するようになったことである。すでに一五二三年に、ルタ

図7 「われらはただ独りの神を信ずる」

ーは讃美歌集を刊行していた。二十三篇の歌詞は、彼のペンになるもので、その中のいくつかは彼自身の作曲になると信じられている。いずれにしても、彼は優れた作曲家を招き、彼らと意見を交わし、彼自身の音楽作品を専門家の判断に委ねた。讃美歌のほかにも、典礼の一部分は韻律化され、司祭が詠誦するかわりに、全会衆が歌うことができるように音曲化された。もはや司式の聖職者が、ラテン語で「われは全能の父なる神を信ず」と誦することはなくなり、代わって全会衆が、「われらはただ独りの神を信ずる」と唱和した。もはや合唱隊が、「サンクトゥス（聖なるかな）、サンクトゥス、サンクトゥス」と詠唱することはなくなり、代わって、かつて主が高くあげられケラビムとセラビムが「聖なるかな、聖なるかな、聖なるかな」と叫ぶのを聞いた預言者イザヤの幻（イザヤ六章）を、全会衆が韻律詩によって唱和した。ルター主義教会は歌唱においては民主的となり、以来その特性を失わなかった。[6]

さて、人民はあらゆる可能な方法で教化されなければならない。このためにルターは彼の助手たちに勧めて、幼少年のために一連の作文を書かせた。これは西欧の歴史において、「青少年文学」が大きな規模で作り出された最初である。中世末期において、教理問答は、司祭が堅信礼志願者を試問する際の補助的な便覧だった。エラスムスのごとき人文主義者は、教育の問題に関心を示し、エラスムス自身の『対話篇』や類似の著作は、青少年に読ませるための図書という需要を満たす最初のものであった。宗教改革はこの需給のギャップを、はじめて広範囲にわたって埋めることとなった。一五二九年に出版されたルターの教理問答集の以前にも、五巻に及ぶ子ども

図9

図8

図10

図8　トーマス・ムールネル。実際はこのように見えたが、その名はMur-nerと分けられるので、猫頭をもって描写されることが多かった。Mur-は猫の鳴き声Meouに通じ、-nerは愚者を意味するNarrに通じる。

図9　聖書を手にして猫頭のムールネルにまたがるルター。

図10　ムールネルの友人たちは、猫頭のムールネルがルター論者の道化を仕留めている諷刺画を用いた。

のための宗教文書がルターの助手たちによって書かれ、教会や学校で用いられていた。一五二九年にいたって、ルターは彼自身がこの任に当たらなければならないと感じ始めた。なぜなら、過激派の中には、ルターが是認できないような教説を民衆の間に広めるために、教理問答風な手法を用いる者がいたからである。この年にルターは教育の不十分な成人のための大教理問答と、子どものための小教理問答を著わした。とくに後者は明確・簡潔な信仰の表現で、珠玉の名作である。全体は十戒・使徒信条・主の祈り・洗礼・聖晩餐の五部に分かれており、巧みな聖書引用が本文を引き立てている。

それに加えて伝道用小文書《トラクト》が出版された。一五二一年から一五二四年の間に、ドイツではその歴史上のどの四年間よりも多くのパンフレットが出版された。もちろんだからと言って、この時代に他のどの時代よりも多くのものが実際読まれた、ということは意味しない。なぜなら、後世には新聞や雑誌が現われたからである。しかし「伝道用小文書」に関するかぎりでは、この四年間は頂点を示した。その大部分は宗教論争に関するもので、少なからぬ数のものがルターのペンから流れ出た。もちろん他の多くの者が、ルターの運動の弁護へと参集したのも事実である。印刷業者も労苦と危険とを共に担った。画家も木版画を論争の具とした。宗教改革は戯画の発展にあずかって力があった。直截で粗末な画は、ルターをスコラ学者らを打ちすえるドイツのヘラクレスになぞらえたり、悪魔がその王国にこうむった損害を根に持って、宣戦布告状を持ってルターの部屋に侵入するところを示したりしている。「伝道用小文書」は粗野で、しばしばがさつであり、ときには単調だったが、異常に痛烈なものも少なくなかった。これらは宗教改革を一般大衆のものとした。

ルター主義運動の伝播は政治的問題をかもし出した。ヴォルムス帝国議会以降、ルターは教会と帝国の追放令のもとにあったが、ますます増大する信奉者の群れを背にしている以上、彼を異端として処罰することは、安寧への配慮を抜きにして軽々に行うわけにはいかなくなった。状況はドイツ本国以外の地域が宗教改革の列に加わるに及んで、いっそう複雑なものとなった。まず北スイスが福音主義に転向した。そこでわれわれは次にこの地域に目を向けることとする。

第4章　ドイツ語圏スイスの改革派教会

ドイツ語圏のスイスが宗教改革に加わったことには、単なる福音主義戦列の勢力増強という以上の意味があった。ここに成立したのは、さらに多くの他の類型の前駆者となる新しい類型のプロテスタンティズムであり、その結果、中世的統一からの一つの分裂は無数の他の分裂を生ぜざるをえないだろうという予測が、十分以上に実証されることになったからである。こうして、一つなる教会への忠誠と諸分派の無限の分岐の間には中間地帯の存しえないことが全く明白となった。しかしながら、多少の例外を別とすれば、これは実際に生起したことではない。諸分派の大多数は、連続的な分離の過程によって派生したものではないし、その数も無制限ではなかった。多くの場合、新しい類型の宗教改革は、改革が緊急に必要とされていたという単純な理由から、他とは関わりなしに成立したのである。ある場合には子教会が母教会から生まれたが、他方、同じ課題に対処するため、ある企てが他とはほとんど無関係に起こった場合も少なくない。ヴィッテンベルク、チューリヒ、ジュネーヴ、カンタベリの各教会は、直接的な親子関係にあるというよりは、姉妹教会である。また変型と言っても無限ではなかった。何となれば、実際にはわずか三つ、あるいは四つの主要な類型が現われたにすぎないからである。第一はすでに述べたルター教会である。それは深い宗教的感受性、キリストにおいて啓示された神の慈恵に対する圧倒的な感謝、そして深い確信を特色としていた。社会に対するその態度は悲観主義的で、たとえ邪悪が抑制されうるとしても、神の国は地上には建設されないが、しかしキリスト者はこの世から身を退かず、公序の保持に手を貸すべきであると教えた。

他の二つの類型は、主としてこの点、すなわち教会と社会の関係をどう把握するかという点で、ルター主義と異なっていた。ドイツ語圏およびフランス語圏スイスの改革派教会は、ツヴィングリおよびカルヴァンの名と結びつけられているが、主が選び・予定された民による地上の神の国建設について、もっと積極的な希望を持っていた。

第三の類型は、極端な分派、すなわち再洗礼派である。今日のメノナイト派やフッタライト派はその直接の後裔であり、クエーカーも精神史的にはその末裔と考えることができるし、ある程度までは、バプテスト教会や組合教会もその後継者である。このグループに属した人々は、教会が心から真摯な信仰者によって構成されるべきで、それゆえに決して一地域の全住民を包含すべきではないという確信を抱いていた。さらに言うならば、教会と国家の癒着は許されず、したがって、この世のキリスト教化といったことは全く期待してはならない。教会はその純正さを保持し、その範例をこの世からの峻別によって維持すべきである、と彼らは主張した。

さらに第四の類型を他から識別することが可能である。しかしそれは批判的探究の精神と、内的、あるいはしばしば神秘主義的信仰の強調のゆえに、外形的な組織の面ではわずかな記憶を後世に残すに留まった。この合理主義的敬虔主義運動は、ある程度までは他のすべての改革運動に影響を及ぼし、シュヴェンクフェルト派やソッツィーニ派の間では実際外形的にも具象化したのである。他方、英国国教会は独立した組織ではあったが、別の類型を形成したとは言えない。教会・国家関係や、典礼・音曲に対する態度では、ルター教会との類似性が目立つが、教理的にはしばしばカルヴァン主義的であり、しかも絶えずルネッサンスの啓蒙主義が流れ込んでいた。

ドイツ語圏スイスにおける宗教改革は、一五一九年にツヴィングリがチューリヒで改革的説教を開始した時に溯ることができる。ツヴィングリは多くの点でルターと同じ見解を有した。彼自身は自分がルターに負うところをできるだけ少なく見せようとはしたが、しかも同一性を強調することも忘れなかった。ツヴィングリがルターの言葉をはじめて耳にしたとき、彼はきわめて大きな共鳴を禁じえなかったので、彼の言葉によれば、彼がルターから学ぶことができたのは、ただ、立ち上がって、彼がすでに信じていたことを明言する勇気だけであった。彼にはルターが同じ主張の果敢な戦士に思われた。ツヴィングリは書籍頒布人の手を通じて、ルターの小冊子を何百となく町や村、各教会、さらには各戸へまで販布しようとした。ツヴィングリは教皇および教会公会議の権威の否定と、ただ聖書の言葉への依存という点で、ルターと同じ見解に立っていた。

図11　フルドリヒ・ツヴィングリ

ルターと同様に彼は信仰義認を説き、善行の可能性、聖人の功績、贖宥券などを否認した。ルターと共に彼は聖職者の独身制および修道院制度を拒否した。彼はまたルターと同じく予定説を信じ、サクラメントの数の減少と修正、および母国語による礼拝の単純化を支持していた。

このように両者の間には共通点が少なくなかったが、また差異も少なくなかったし、とくにその時代にはそれらは誇張されて伝えられた。第一に、ツヴィングリはその受けた教育と信念とにおいて、はるかに人文主義的で、エラスムスの弟子だった。ツヴィングリがまだカトリック教徒だったとき、彼は分裂した魂の持主だった。教区司祭であり同時に人文主義者だった彼は、牧師館の一階を牧会の仕事に、二階を学問の探究にと分けて用いていた。彼は地理学・幾何学・哲学・宗教・言語学、さらにむろんのこと多くの古典作品と、広い範囲にわたる三百五十冊の蔵書を所有していた。彼は同時代の人文主義者、ことにエラスムスに深く傾倒していたので、エラスムスが一五一六年に出版したギリシア語聖書は彼を大きな喜びで満たし、パウロ書簡全部を原語で暗記したほどであった。ツヴィングリが改革へ転じたのは、このような勉学によってであって、ルターが体験したような魂の苦闘によるものではなかった。ここから両者の強調点が違ってきたのも当然である。ツヴィングリはエラスムスと違って厳格な予定論を受け入れたが、それは本質的にはエラスムス的な理由、すなわちそれが使徒パウロの書において明白に述べられているからであって、ツヴィングリ自身が人間の無力を実感したからではなかった。ツヴィングリはまたエラスムスから道徳の重視、および霊と肉の対比という思想を受け継いだ。その結果、彼は多くの点でカールシュタットがたどったのと類似した道を歩むこととなった。

もう一つの点で、ツヴィングリはルターともエラスムスとも異なる立場を示した。もっとも、この場合はエラスムスとの差異の方が大きかった。それは彼のスイス愛国主義だった。国際主義者だったエラスムスは、オランダの生まれであることを認めたがらず、教皇ユリウス二世がリグリア出身のイタリア人であることを自慢したときには軽蔑を隠そうとしなかった。ルターは彼の愛するドイツ国民への呼びかけという点で大きく異なっていたが、そのルターにしても福音と祖国との混同には甚大な警戒を払っていた。しかるに、ツヴィングリはそれほどに注意深くなかったのである。

ツヴィングリは、スイス兵が教皇の傭兵としてイタリア戦役（ユリウス二世とフランスとの争い）に参戦した際に、その従軍司祭だった。スイス人は他国の傭兵として従軍する間に無敵の風評を獲得し、次第にヨーロッパの列強に加わりつつあった。実際、仏王フランソワ一世がスイス軍を一度破ったときには、それが彼の目には大変な偉業と思われたので、戦場でメダルを印刻させて軍功を記念することにしたほどである。教皇自らはきわめて少数の兵力しか徴用できなかったので、スイスに目を向け、「アルプスの熊蜂」を喜んで利用し、「キリストの花嫁の敵を懲罰する神の民」と名づけた。しかしツヴィングリは間もなく傭兵制に幻滅を感じた。アルプスを越えた千六百人の彼の教区（グラルス）出身の兵士のうち、四分の一はロンバルディアの野に倒れ伏し、ツヴィングリは司祭としてこの悲報を寡婦たちに伝えなければならなかった（一五一五年のマリグナノの戦い）。生還した傭兵たちも多くは身体を損ね、懐中は豊かであったが道徳的には頽廃しきっていた。ツヴィングリはそれが教皇やフランスのためであろうと、またその反対であろうと、いっさいの傭兵制度に激しい非難を加え始めた。それが改革者としての彼の最初の登場だった。彼は確かに傭兵制度の道徳的悪弊に反対の声を挙げたが、たとえこの点で幻滅を感じたとしても、祖国や信仰のために武力を用いること自体には躊躇を感じなかったことに注目しなければならない。この点で彼は明らかにルターとは異なっている。それゆえに、ルターはツヴィングリをミュンツァーの亡霊の再現と見なしたのである。

ツヴィングリの改革活動を一瞥するならば、彼の原理がどのように実行に移されたかを知ることができるであろう。一五一九年、彼はチューリッヒの大聖堂教会での牧会を開始した。彼の改革は抗議というよりは、むしろ革新、あるいは彼が好んで用いた語を借りれば、復元だった。彼は年間の日曜ごとに朗読するように選定された聖書日課にもはや束縛されず、そのかわりギリシア語のテキストを自分の前の説教壇の上に置き、マタイ福音書全体を始めから終りまで講解説教すると宣言した。現代人のわれわれには、この宣言が惹き起こした興奮を実感することはほとんど不可能である。ツヴィングリの聴衆の中に、後にきわめて魅力的な伝記を残したトマス・プラッターという名の若い人文主義者がまじっていた。プラッターは古典語を熱愛していたので、日中は手細工によって生活を立てつつ、夜は勉学に励み、口に砂粒を含み、それがガツガツと歯に当たる音によって目を覚ましていようとしたほどであった。古代の英知を修得するのにかくも情熱を傾けたこの若者は、何世紀ものあいだ人々から隠されていた神の言が、完全に・まげられることなく説教壇から説かれるのを耳にしたとき、まるで髪の毛を掴まれて天に引き揚げられるように感じた、と記している。アメリカ大陸発見のニュースも、これほどの興奮をひきおこさなかったであろう。

聖書に基づく説教から、実際的な帰結が迅速に引き出された。当時の教会の慣習のあるもの、とくに聖像崇拝、レント期間の断食（肉食をしない）、聖職者の独身制の三つは、聖書的根拠を有しないと断定された。これらはすべて、ルターが常日ごろ比較的重要でないと見なしていた外形的事柄だった。ルターは最後には独身制を廃止し、食物規定を撤廃したが、聖像は保持され、暴力による破壊は厳しく断罪された。スイス諸都市における宗教改革はこれに対して、レント期間中に肉を食することから始まるのがまれでなかった。チューリヒでもそれが中心問題だった。印刷業者のクリストファー・フローシャウアーは、復活節までにスイス・ドイツ語の新約聖書を出版するのに必要な精力を得るために、肉を食べなければならないと公言した。違反者たちは市参事会によって審問されたが、記録は次のように伝えている。

（c）バルトロミュー・プール（パン屋）は次のように言った。聖灰の水曜日に、わたしと大聖堂付き教区司祭マイスター・ウルリッヒ〔ツヴィングリ〕、アインジーデルンの教区司祭マイスター・レオ・ユード、エッグの副牧師マイスター・ラウレンス〔ケラー〕、ハインリッヒ・アベルリ、パン屋のミヘル・ヒルト、およびコンラート・エッシャーは印刷屋〔フローシャウアー〕の家の台所に集まっていた。印刷屋は二切れの乾いたソーセージを取り出した。彼らはそれを切り分け、おのおの少しずつ食べた。大会堂の教区司祭マイスター・ウルリッヒ・ツヴィングリを除いて、全員これを食した。云々。

確かにツヴィングリ自身は食べなかったが、彼はこれをあえてした人々を公に弁護した。その結果、街頭で争いが起こり、この古い牝牛の国では、チーズやミルクが聖書よりも大きな関心を集めると言っておたがいに非難しあった。同様に聖像破壊が起こった。ツヴィングリの説教にすっかり心酔しきったあの青年プラッターは、教会から聖ヨハネの木像を盗み出したが、訪問者がやって来たのであわてて聖像をストーヴへ突っ込んだ。すると塗料がパチパチはぜ始めたので、プラッターはつぶやいて言った。「ハンス坊やよ、静かにせんかい」。司祭たちは結婚し始めた。他の司祭らが良心の痛みを取りさるために、結婚許可を求める請願をコンスタンツの司教に送ったとき、ツヴィングリもこれに加わった。聖職者の私婚はコンスタンツ司教区では広範に行き渡った習慣だった。ツヴィングリが、百人、いな千人に一人の司祭、修道士、修道女もまず貞節ではあるまいと断言したのに対し、司祭の一人はこのようなあからさまな弾劾を非難したが、それが真実でなければと願わざるをえなかった。ツヴィングリがチューリヒへ赴任したとき、彼は率直に自分の前非〔内縁の妻のあったこと〕を認めた。

これらすべての問題は、コンスタンツ司教の決裁を仰ぐために持ち出され、司教はチューリヒ市参事会と折衝を続けた。今回は一人の男と教皇との対峙ではなく、都市と司教の対立だった。教皇は傭兵制の利得を考えたので、スイスを離間させることを奇妙なほどに警戒した。したがって攻撃の矢面に立ったのは、コンスタンツの司教だった。しかし、後にツヴィングリがチューリヒ市民を説得して教皇への忠誠を拒絶させるに及んで、情勢は一変した。

チューリヒで導入されたあらゆる改革は、まずラート（Rath）、すなわち市参事会によって討議され採決された。したがって、市の長老のみでなく、ザクセン選帝侯とも折衝しなければならなかったルターの場合とは、状況が異なっていた。もともとスイスには領主というものが存在せず、土地の貴族たちによって統治されていた。このような状況のもとで、チューリヒにおける教会と国家の結合は、ドイツにおけるよりもはるかに住民の意思と密着したものとなった。

ツヴィングリの提示した問題を討議するため、三つの大討論会がチューリヒで開かれた。聖像・聖遺物・食物規定・聖職者婚姻のみでなく、他の論点、中でもミサや教会礼拝でのオルガンの使用などが間もなく問題とされるに至った。

最初の公開討論に、コンスタンツ司教は代表を送ったが、参加者としてではなくオブザーバーとして出席させた(1)。ツヴィングリはラテン語、ギリシア語、およびヘブル語の聖書が置かれた机の前に立っていた。市長は開会を宣し、ツヴィングリに対する告発を受けつけると述べた。司教代理が立ち上がって、自分の臨席の目的は討論のためではないと言った。彼はさらに続けて、古来の慣習は教会公会議の議を経ずに廃棄されるべきではないと主張した。「フランスやスペイン、イタリアはこの件についてどう思うであろうか。新約聖書では使徒言行録一五章に、教会公会議について記されている。さらに、ルーヴァン、パリ、その他の大学の意見も徴せられるべきではなかろうか」。

「しかり」とツヴィングリは割ってはいった。「そして、エアフルトやヴィッテンベルクの大学も」。ラテン・ギリシア・ヘブルの三語で彼らの前に置かれた机の上にあるもの以外は、いかなる審判者も必要ではない、とツヴィングリは明言した。改革者の教説は古代の慣習からの逸脱ではなくむしろ最も原初的なものへの復帰である、と彼は主張した。「しかして、これらの新しい教説とはいったい何であろうか。それは福音ではなかろうか。それは実に一五二二年の古さを持つ。あるいはまた使徒たちの教えであるのか。それはほとんど福音と同じくらいに古いのである……。われわれはすべてを福音という試金石と、パウロという火によって試し見るであろう」。別言すれば、改革者とは復元者であり、旧教会こそかえって革新者だというのである。

そのとき聴衆の中のある者が勢いよく立ち上がって、もし聖職者の独身制が何らの聖書的根拠も有しないならば、コンスタンツ司教はなぜ結婚した司祭を獄に繋いでいるのかを知りたい、と要求した。司教代理はこの嘲弄にひっかかって答えを余儀なくされ、彼自身が聖書に基づいてこの司祭を服罪させた、と言ってしまった。ツヴィングリは章節を示せと要求した。司教代理は教皇と教会公会議の権威へと転じた。市長は、司教代理が結婚したその司祭を突きとめたはずのや

図12　カトリックの礼拝と改革派の礼拝
左手では聖書に基づいて「主はこのように言われる」。
右手では数珠をまさぐりながら「教皇はこのように言われる」。

す、を差し出すことができないと判定した。市参事会はツヴィングリに有利な判決を下した。

三つの公開討論の結末は、チューリヒにおけるミサ聖祭の廃止、聖遺物の埋没、聖像の除去、会堂のオルガンの撤去、レント期間中の肉食許可、司祭の結婚許可（ツヴィングリ自身もこれに乗じた）として現われた。ここでの宗教改革はルターの場合よりも、はるかに端的に清教徒的だった。ルターが、ツヴィングリとカールシュタットの近似性を感得したのも理由なしとしない。このことはツヴィングリがサクラメントにおけるキリストの実在を否認したとき、いっそう明白となった。ここでもまた三つの論点が結びつけられている。すなわち、聖像と音曲の否定、および神はただ霊によってのみ礼拝されるべきである（ヨハネ四・二四）という理由に基づく、物質的な陪餐の否定である。ツヴィングリは英国清教徒の直接の先駆者であり、事実、彼らはチューリヒと緊密な連絡を保ったのである。

カトリックの慣習が廃止されるにつれて、それに取って代わる新しい形態が樹立された。教会の礼拝はほとんど完全にそのサクラメント的性格を失って、純然たる神の言の講解に近いものとなった。まず聖書がヴルガータのラテン語訳から朗読され、それから、旧約聖句についてはヘブル語からも読まれて差異が指摘され、ついで七十人訳、古代ギリシア語訳が対比される。初代教会教父たちの解釈が引用された後、説教において聖句の関連性、その力・権威・能弁・敬虔への有用性と効果・聖化・義と忍耐とが指摘される。それにもかかわらず、人々は教会へ出席しなかったので、参事会は条令を発して、説教時間中に橋・濠・路地などを徘徊することを禁止した。

なんぴとも偽って他の教会へ出席したと言えないように、三つの教会の礼拝はすべて同時刻に行われた。私見によれば、現代ほど多くの人が自ら願って教会に出席することは、かつてなかったのではあるまいか。

　これらの変革はすべて市参事会によって施行され、ツヴィングリ自身の地位もそれに依存するところが大きくなった。司教によって任命された期間が経過したとき、ツヴィングリは市参事会によって選任されることを意に介しなかった。これはザクセンにおける以上に緊密な、教会と国家の融合だった。ただし、チューリヒでは国家が比較的民主的に構成されていたという違いは存する。

　その他の相違点はもっと根本的だった。チューリヒはある程度まで、血と土地とに依拠する古代イスラエルに類似した神政政治的共同体へと変貌した。すべてのプロテスタント神政政治においてそうであったように、第一の問題点は予定論だった。予定された者は神の選民であるが、ここで誰が予定されているかという問いが起こってくるのは当然である。ツヴィングリはルターのように、予定された者が全く識別不可能だとは考えなかったが、反面ミュンツァーのように、情緒的体験を識別の基準にもしなかった。その基準は端的に信仰そのものであった。しかしてこの規矩は除外するためよりも、包括する目的のためにより適している。現在しばらくのあいだ信仰を欠いている者が、後にそれを授与されないとはだれにも断言できない。しかし現に信仰を有する者が選民を構成する点についてはまず確言できるのである。

異常な点は、ツヴィングリが、強制されてやむをえず教会に出席する者さえ含めて、チューリヒの全住民を神の選民と等置しようとしたことにある。もちろんカトリック教徒は除外された。彼らは市内に残留しても差し支えなかったが、市政にあずかることは許されなかった。しかしたとえ形式的にせよ、改革に賛意を表した市民はすべて包含された。ここにはまことに深刻な問題が潜んでいた。ツヴィングリは当初、信仰をきわめて個人的な意味に解釈する傾向を示していた。もし彼がこの方向に進んでいたならば、彼がやがて真の教会と共同体全体とを区別しなければならなくなったことに疑いはない。しかし内外からの圧力のもとに、数年を経ずして、彼は少数のカトリックを除いたチューリヒ全市を、主の選ばれた民の群れと考えるに至った。

　ツヴィングリの民族主義と人文主義は、彼がこのように考えるのをいっそう容易にした。強烈なスイス民族主義感情は、スイス都市の全住民を神の選民と等置するにあずかって力があったのであろう。またエラスムス流の外形的なものの軽視からして、彼はサクラメントを個人的信仰から切り離し、ちょうどユダヤ教がいくつかの儀式によってイスラエルの子らを区別したように、一つの共同体の中での成員たることの徽徴（しるし）と理解するに至った。ツヴィングリはまず洗礼の問題と取り組んだ。彼は、洗礼が信仰に依拠していると信じているような素振りを示さなかった。ツヴィングリにとって洗礼はきわめて些細な意義しか有しなかった。そしてまさにその理由で、彼は進んで幼児にそれを施した。彼にとって、洗礼は旧約の割礼に相当する社会への入門式にすぎなかった。

同じように、主の晩餐も信仰から切り離された。ツヴィングリに従えば、それは決して恩寵を導き入れる通路ではなく、単にしるし、また想起の手段にすぎない。それは受領者にとっては、第三者に対するほどの便益を与えない。なぜなら、それはある宗教共同体への忠誠の公的証言にすぎないからである。主の晩餐はまた旧約聖書と結びつけられ、イスラエルの民がパロの手から解放されたことを記念する過越の祭と対比された。これらの類比は単に表面的なものではなかった。あたかも割礼と過越の遵守がユダヤ人を民族共同体の一員としたように、洗礼と主の晩餐はキリスト信者を宗教的社会の一員として特色づける。それゆえに、教会は正当にも神の新しきイスラエルと呼ばれる。さらに言えば、細部にまでわたって純正な教会は、ただチューリヒにのみ見出されるので、ここに存在したのはいわば神政政治の橋頭堡だった。予定の試金石は信仰だったが、その信仰はひどく希釈されたので、スイス都市国家とほとんど同義となったほどであった。こうしてここでは、選民が選良《エリート》になる危険がつきまとっていた。

彼らがこの危険から救い出されたのは、常に不安定な政治的情勢のもとにおかれていたからであった。危機はきわめて切迫していたので、事実上チューリヒに残ったのは、自己の確信のために喜んで苦難を忍ぶ覚悟のある者に限られていた。そもそも、神政政治というものは攻撃的なものであって、しかも攻撃は常に反撃を喚び起こす。チューリヒ側の攻撃的精神の最初の現われは、プロテスタントの信仰を伝播するための伝道活動だった。それは北スイスでは成功を収めた。ベルン、バーゼルがプロテスタントに変わり、シャフハウゼン、ザンクト・ガレンがこれに続き、帝国自由都市コンスタンツもこれにならった。しかし南スイスでは伝道は不成功に終わった。森林州、すなわちウリ、シュヴィッツ、ウンターヴァルデン、ルッツェルン、およびツークなどスイス連邦の古来の中核は、強く旧信仰に固執した。カトリックと改革派の中間地帯では摩擦と暴力が勃発した。カトリック側は、聖像を破壊した一人のチューリヒ市民を捕えて火刑に処した。改革派側は、カトリックの迫害者を捕えて処刑した。カトリック側は戦争の気配を感じ取り、伝統的にスイスの敵だったハプスブルク家と同盟を結んで、プロテスタントに対抗しようとした。ついに改革派側の軍隊がカトリック同盟軍に戦いを挑んだ。

しかしまさに戦火を交えるに臨んで、スイスの国民的一致の感情が頭をもたげ、軍隊は休戦を約した。一方がミルクの桶を持ち出せば、他方はパンを取り出し、連邦国民は会食によって和解を確認した。オーストリアとの条約は、公衆の面前で剣によってちぎられた。改革派側は、このカペルの第一回和議（一五二九年）が彼らにカトリック領で伝道説教をする権利を確約したと考えた。相互理解がどのようなものであったにせよ、結果はそうではなかった。プロテスタントの宣教者は依然として妨害を受けた。オーストリアとの盟約を記した羊皮紙は確かに切り裂かれたが、秘密条項が依然として有効であることを示す形跡が明白となった。ツヴィングリは同盟にはただ同盟をもって対抗するほかないと考えた。もしもカトリックがハプスブルク家に頼るなら、プロテスタントがドイツのルター派に目を向けるのは自然の勢いであった。

新しい領域の獲得と新しい精神の結合とによって、情勢はプロテスタント側に有利に傾いていた。なぜなら、ヘッセンのフィリップ方伯（一五〇四―六七）がプロテスタントに改宗したからである。彼は若さに溢れ、精力的で、強い政治的関心を持っていた。さらに、彼はおのれの福音的信仰を証しする熱情に燃えていたので、一五二六年のシュパイエル国会では、金曜日に牛肉を食して見せたほどであった。ルター派もまた、皇帝とハプスブルク家の脅威を感じていたので、フィリップはあらゆる可能な援助を求められた。スイスとの同盟は相互の利益になることは明らかであったが、双方の神学者たちはまず信仰についての一致が得られないうちは、軍事同盟を祝福しようとしなかった。スイス側は、ルター教徒がいまだ教皇主義の残滓《ざんし》によって汚されている、ルターが聖餐においてキリストの身体と血とが物質的に実在すると主張し続けていることは彼がまだ片足をバビロンの地に残していることを示している、と考えた。地獄の混血児と同盟を結んで反キリストの手先に対する十字軍を起こす、などということがありうるであろうか。逆にルター派は、スイス人が分派、すなわちサタンの手下たるカールシュタットやミュンツァーと同じ穴のむじなであると信じていた。キリスト教世界の分裂者と盟約を結んでキリスト教界の改革のために剣を取るなどということが、いかにして可能であろうか。

　そもそもキリスト教界は改革されるべきか、あるいは剣にかけても守られるべきであるか、この点に関してルター教徒は深く心を悩した。ルターはかねてより、一般庶民はいかなる状況のもとでも剣に手をかけてはならない、と主張してきた。何よりも、剣は治安保持のために為政者のみに属すべきもので、決して信仰を守るために用いられるべきではない。もしも教会が攻撃を受

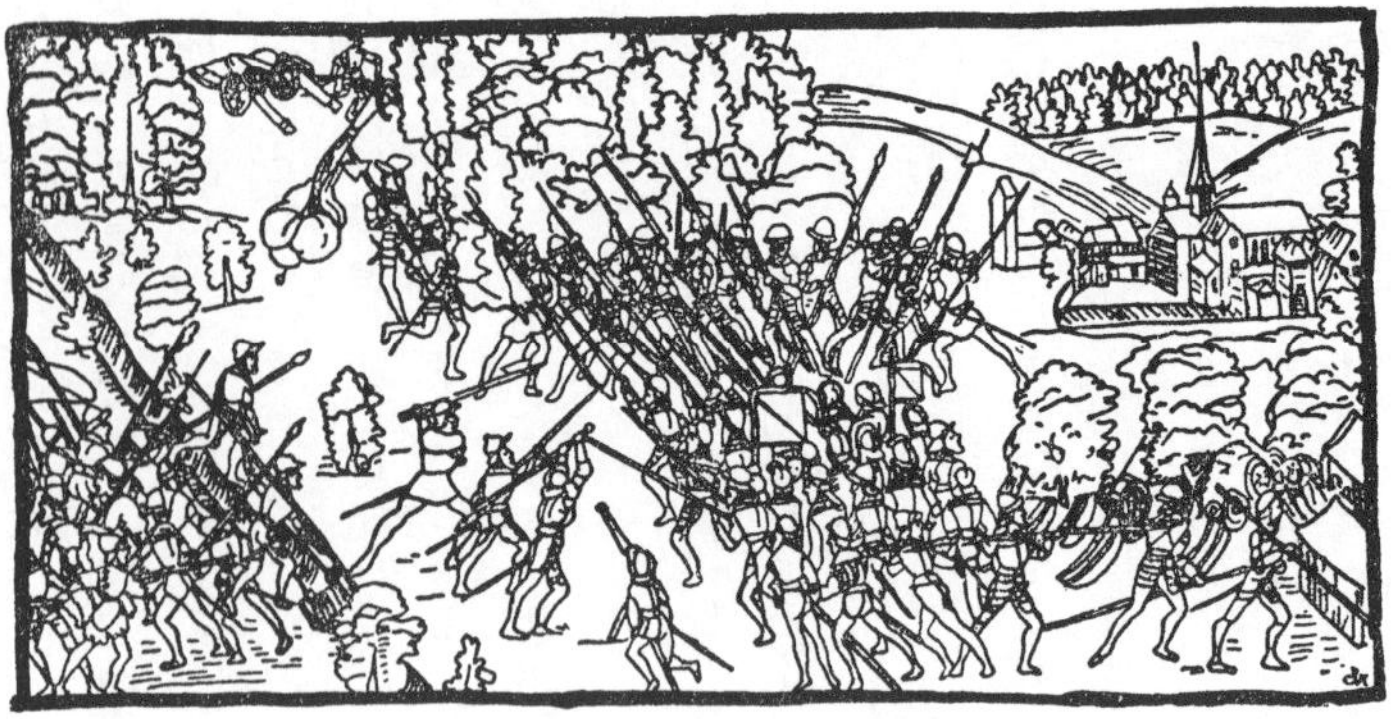

図13　カペルの戦い

けるならば、主の手が報復を果たすまでこれを甘受すべきである。ヘッセンのフィリップ方伯の慫慂と、スイス人の利益のためになら、この原則が破棄されても差し支えないものであろうか。このような情勢のもとで、ともあれスイス改革派と会談し、神学上の論議を交わすことは果たして賢明であろうか。他方、もし神学的一致が可能であるならば、それが政治的に悪用される恐れがあるというだけの理由で、一致そのものが拒絶されるべきであろうか。神学者たちは会談を開くことに同意した。

会談はヘッセンのフィリップ方伯の首府マールブルクで、一五二九年の秋に開かれた。まことに驚くほどの一致が得られたが、ただ一つの点で協調がどうしても不可能なことが判明した。それは主の晩餐の問題だった。こうして、キリスト教的愛の大いなる儀式は、今や対立・抗争の原因となった。しかしここですら、両方の側が期待した以上の見解の一致が見出された。

ルターはサクラメントにおけるキリストの物質的臨在を主張してやまなかったが、その本性が何であるにせよ、サクラメントは信仰を離れては受領者にとって何の意味もないこと、それゆえに、そこには全く魔術的な働きが存しないことを承認した。他方、ツヴィングリは聖餐式がキリストとの霊交であって、単なる追憶以上のものであることに同意した。この程度の一致が得られたうえで、ルター派は一致信条を提示したが、スイス側はそれがキリストの臨在を全く霊的であると明示していない、という理由から拒絶した。同時にスイス側はお互いをキリストにある兄弟として認め、陪餐を許し合うようにと提案した。ルターは一瞬同意を与えそうになったが、メランヒトンが彼に再考を促し、左派との協定は右派との協調の道を閉ざすこととなり、カトリックとの和解の望みを全く放棄することになると言ったので、ルターは思いとどまった。会談は結局結論の出ないままで終わり、いわんや軍事同盟は成立しなかった。

ツヴィングリとその同僚のスイス人たちは、カトリック諸州と対決するため帰国していった。ツヴィングリは依然として戦争だけが事態に結着をつける、そのためには改革派側が時と所とを選んで先手を打たなければならないと確信していた。しかしベルン市はあからさまに事を構えることを好まず、そのかわりカトリック領を経済封鎖し、小麦と塩とぶどう酒を断つことを主張した。ここに及んで旧教徒側が攻勢に転じた。八千の軍隊がチューリヒへ攻め込んだが、チューリヒ市は短期間にわずか千五百の軍勢しか集めることができなかった。彼らは援軍の来るまで持ちこたえようと、接近する敵を迎え打つために出撃した。ツヴィングリや牧師たちも軍隊と行を共にした。ツヴィングリは単なる従軍牧師としてではなく、冑と剣を帯びた戦士として戦場に赴いたのである。武装した聖職者、神の選民の指導者の姿は、聖戦に向かう十字軍兵士の姿だった――イスラエルのギデオン、(3) フス派のジシュカ、(4) あるいは鉄甲軍のクロムウェルのごとく。第二カペル戦役は戦場に五百のチューリヒ兵の屍を残して終わった。その中には二十六人の市参事会議員、ツヴィングリ自身を含む二十五人の牧師が含まれていた。彼は反逆者、また異端として扱われ、死体は処刑人によって四つ裂きにされ、遺骨は投げ棄てられた。悲報に接してもルターは態度を和らげず、かえってツヴィングリの死を、福音のために剣を取った者への神の裁きと解釈した。

しかし間もなく結ばれた平和条約は、スイスにおける宗教改革を根こそぎにはしなかった。すでに改革が成就された地域はそのままに残された。プロテスタント地域のカトリック少数派はそのまま認められたが、カトリック領内のプロテスタント少数派は容認されないこととなった。改革は縮少することはあっても、これ以上の拡大は許されない。しかし改革がともあれ存続を許されたという事実は、一面、属地主義の勝利を物語る。スイス連邦はこれから以後は二つの信仰告白を特色とするにいたった。一つの国内での一人の神、一つの信仰、一つの洗礼、という中世的一致は過去のものとなった。スイスはヨーロッパの来たるべき運命を予見させるものであった。

第5章　再洗礼派——隠遁の教会

改革派教会は、カルヴァンの指導下にあったフランス語圏スイスのジュネーヴで、最も影響力のある具体的表現を見出すこととなった。しかし、カルヴァン主義教会の動向は、第三の宗教改革、すなわち再洗礼派の台頭に注目することによって、いっそうよく理解されるであろう。再洗礼主義運動はツヴィングリ自身の周辺から、初代キリスト教の復元という目標を徹底的に推進しようとする努力の結果として起こったものである。[1]「宗教改革《リフォメーション》」という語は、普通ルターの運動に、「改革派《リフォームド》」という語はツヴィングリ、およびカルヴァンの運動に用いられるが、反対派によって再洗礼派《アナバプティスト》と呼ばれた一群の人々には「復古《リストレーション》」という言葉を適用するのが妥当と思われる。彼らの合言葉は「復元《リスティテューション》」であった。彼らは同時代人の誰よりもさらに根元的に聖書を探究し、初代教会の範型を見出そうと努めた人々であった。

再洗礼派の見解によれば、初代教会は心からの信仰者のみで構成されていた。したがって国家と手を結ぶどころか、かえって迫害され、蔑視され、棄却された殉教者の教会だった。「それゆえに」と再洗礼主義者は言った。「真の教会は謗《そし》られ、退けられ、打ちひしがれる」。これに対して、カトリックも、またルター派、ツヴィングリ派も応えて言った。「なるほど、教会は国権が敵対的だった時代には迫害された。しかしローマ皇帝の回心後は、なぜ敵対関係を続けなければならないのだろうか。国家がキリスト教となったからには、教会は国家と手を握り、社会全体を包含することができる」。再洗礼主義者は答えた。「皇帝が形式的に回心したからといって、国家はキリスト教化されない。この世はこの世にすぎない。もしもキリスト者が悪しざまに言われないとすれば、その理由は彼らが証しを捨てさったからである」。ある再洗礼主義讃美歌作者の歌詞は次のように言う。

「しかり」とこの世は言う、
「何もキリストと共に呻吟する必要はない。
彼はわたしのために死に、
そのわざによってわたしをこの不安から救い出された。
彼はわたしを贖い出された。
信仰によってこのことが分かる。
それ以外は何も必要でない」。

「ああわが兄弟よ、万事がさほどに結構ではない。
これをあなたに語ったのは悪魔である」。

再洗礼派の見解は、この世についての悲観主義と、教会についての楽観主義に依拠している。この世、すなわち社会全体は常に肉と悪魔の仲間であるが、教会は別の道を歩み、その交わりの中に主イエスの生と死とを例証しなければならない。教会は聖徒らの共同体である。彼らは完全ではないとしても、完全を目指し精いっぱいに努力するのである。彼らがルター派やツヴィングリ派に持っていた不満は、彼らの実生活が十分な改善・向上を示していないということであった。これに対して、再洗礼派は修道院制を再現し良きわざによって天国を獲得しようとしている、という反論が直ちに加えられた。再洗礼派はこれに答えて、「われわれは救われるために律法を満たそうとしているのではなく、信仰の果実を証示することによって、自分の信仰を証ししようとしているのだ」と言った。いずれにしても、再洗礼主義の核心は倫理的衝動だった。それゆえに、もしもカトリック教会がその徳性を改善しさえすれば、再洗礼派はその檻に戻ることにさほど大きな困難を感じなかったかもしれない。しかるにルターの場合は、自分のカトリック教会への反対はカトリックの生活志向に対してではなく、教義そのものに向けられていると断言した。
再洗礼派が厳格な道徳生活を希求し、しかもこれを実践したことには疑問の余地がない。彼らの敵対者の証言がこれを雄弁に物語っている。ツヴィングリは彼らについてこう言った。「初めて彼らと接したところでは、彼らの言動は咎められるところなく、敬虔で慎ましく、人を惹きつけずにはおかない。……批判的になりがちな者ですら、彼らの生活態度がひときわ優れていることを称揚するほどである」。ツヴィングリの後継者となったブリンガー（一五〇四―七五）によれば、再洗礼派は貪欲・驕慢・瀆神・淫らな会話・この世の不品行・暴飲・暴食をいっさい退ける人々であった。あるカトリック教徒は、再洗礼派の間には「いっさいの虚言・偽り・誓い・争い・粗野な言辞・暴飲暴食・外面的見せかけがなく、かえって謙遜・忍従・純真・柔和・廉直・中庸・ひたむきさがきわめて著しいので、あるいは彼らが神の聖霊を保持しているのではあるまいか、と疑いたくなるほどである」と言った。

これらの言葉からも、再洗礼派の謹厳な生活ぶりがうかがわれるであろう。アルコール飲料をいっさい慎む禁酒運動はこのグループから起こった。カトリック修道院すらも、全面的禁酒は要求しなかったのである。ルターが禁酒主義者でなかったことはきわめて確かであり、カルヴァンもノックス(2)（一五一三頃―八二）もそうでなかった。しかるに再洗礼派はこの方向へ進むこととなった。

そこで疑問となるのは、もし彼らがそれほどに模範的な生活を送っていたのならば、なぜチューリヒの神政政治体制が、フルドリヒ・ツヴィングリの全面的承認のもとに彼らに死刑の宣告を言い渡すに至ったのだろうか、ということである。なにゆえに、初期の指導者の一人フェリックス・マンツはレマン湖に沈められた（一五二七）のであろうか。なにゆえに、再洗礼施行者と三位一体を否定する者に死刑を課する、という古代のユスティニアヌス法典が再発動されたのであろうか。(3)再洗礼派は成人洗礼のみを主張したが、それが彼らのキリスト者にふさわしい生活態度を帳消しにし、彼らを不用な犬の仔のごとく抹殺するに足る理由となったであろうか。ついでながら、このユスティニアヌス法は、むかし聖アウグスティヌスの時代に、聖人だけの教会を設立しようと努め、彼らに同意したカトリック教徒に再洗礼を施した一群の人々、すなわちドナティストに対抗するために発布されたものである。(4)しかしこの慣例は彼らに対する弾圧の真因ではなく、問題はむしろ彼らのある者が治安の攪乱者だった点に存した。不幸にして、この法令に明示された犯罪は、治安の攪乱ではなく信仰上の逸脱だった。そして今やチューリヒにおいて、この時代がかった法令が、再洗礼派の国教会に対する批判を封ずるために再発動されたのである。

もっとも、再洗礼派とドナティストの間に見られる類似性は、単に表面的とは言えない。初期の再洗礼派は確かに治安の攪乱者ではなかったが、彼らは疑いもなく教会・国家・社会の全構造を転覆しようとしていた。彼らの教会論は、教会を共同体全体の教会というよりは、同信の徒の小集団と化せしめた。彼らによれば、キリスト教は、真にキリストと共に罪に死に彼と共に新しい生へと復活した心からの信仰者だけが到達できるような、高次の生き方を要求する。人がただ出生時に水に浸されたというだけの理由で、キリスト・イエスにある美徳を発現するに至るとはとても期待できない。洗礼は新生児に授けられるべきではない。それはキリスト教社会における成員たることのしるしでも、入門の儀式でもなく、すでに生起した内的新生の可視的象徴なのである。使徒パウロの明言するところによれば、洗礼においてわれわれはキリストと共に死に、また復活する（ローマ六章、コロサイ二・一二以下）のであって、この体験は出生の事実によってではなく、成人してからの回心と献身を通じてのみ意味がある。この体験をした者だけが教会を形成し、他の者はたとえ大海の水をことごとく注ぎかけられても、すべていまだこの世に属しているのである。したがって幼児洗礼は全く洗礼ではなく、単に「ローマ風呂に浸すこと」にすぎない。それゆえに、この人々を再洗礼者と呼ぶことは、彼らに対する誹謗になる。なぜなら、彼らが幼児洗礼を洗礼として認めないかぎり、彼らが洗礼を繰り返したとは言えないからである。彼らは自分自身をただ洗礼派（Baptist, Täufer）と呼び、再洗礼派とは言わなかった。この厭うべき名称は、彼らをドナティストを対象としたユスティニアヌス法令による処罰の的とするために、彼らに結びつけられたにすぎない。

さて、このいわゆる再洗礼派に従うならば、教会は「集められた交わり」（gathered society）――後に会衆派の間で盛んに用いられた用語を借用して言えば――であって、共同体が成人信仰者に限られてでもいないかぎり（再洗礼派の生活集団には、ときおりそのような事例が実際存在した）[5]、教会と社会全体と同一視することは許されない。ツヴィングリが必要な粛正を十分に行わなかったチューリヒのごとく雑草の生い茂った都市は、決して神の新しきイスラエルと見なすことはできない。教会は訓練、すなわちキリストにふさわしくない言動のゆえに模範とならないような者を除去することによって、清く保たれなければならない。しかも、宗教的追放（破門）だけが唯一の処罰であるべきである。それゆえに、国家権力は決して発動されるべきではない。こうして、信教の自由が再洗礼派の旗幟となった。彼らはそれを信条の中心教義とした最初の教会だった。

さらにまた、国家は社会のすべての人に関わり、教会は聖人のみによって構成されるかぎりにおいて、教会と国家とは分離されるべきである。国家創設の理由は人間の罪だったが、教会は救われた者のために造られた。このような立言は、中世社会の全機構の解体を意味するにほかならない。ルターやツヴィングリは、決してこのような極端にまで走らなかったのである。再洗礼派が、真のキリスト者は国家との紐帯を断絶すべきのみならず、この世は結局この世であって、ついにキリスト教化される見込みがないという理由から、国家とはいっさい何の関係も持つべきではない、と主張するに及んで、ルターやツヴィングリはいっそう後ずさりした。ルターはこの世がキリスト教化されないという点では同感だったが、それにもかかわらず、キリスト者は法外な邪悪を抑圧するために、為政者の職を引き受けなければならないと信じていた。再洗礼派は答えて言った、確かに国家は罪のゆえに罪を抑制する目的をもって神が定められたものであるが、それは罪人の統治に委ねられるべきである、と。

このような立場は政治生活からの隠遁を意味した。さらに山上の説教の倫理が字義どおりに受け取られ、すべてのキリスト者にとって必須とされたので、分裂はなおさら著しいものとなった。カトリック教徒も山上の説教を文字どおり受け取ったが、彼らの場合は職業上の分業、すなわち説教の厳格な規定をただ修道士だけに適用する、という方法でそれを保持した。ルターはこの分裂を退け、キリスト教道徳はすべての人に要求されると主張したが、しかも山上の説教を規範としてよりは、心の志向の問題と考えた。再洗礼派は山上の説教を字義どおり受け取る点ではカトリックと合致し、単一の道徳水準の要求に関してはルターと同意見だった。それゆえ、いわばすべてのキリスト者が修道士となった。もっとも、再洗礼派が結婚を退けなかった点では相違していた。同じように再洗礼派は戦争と死刑を否認した。どのような状況のもとにおいても、彼らは剣に訴えようとせず、また争いを法廷に持ち出さなかった。また、キリストが「誓うな」と言われたというので、彼らは宣誓しようとしなかった。彼らのある者はすべての財貨を共有した。

彼らの生活態度のすべては、あるスイス年代記者の次のような一文の中に要約されている。彼は再洗礼主義に改宗するまではいかなかったが、それに深い感銘を覚えてこう言う。「彼らの生活態度は全く敬虔・聖潔で、咎めるところがない。彼らは高価な着物を避け、高価な飲食物を蔑視し、粗末な衣服をまとい、頭は幅広いフェルトの帽子で被っている。彼らの言動は全く謙虚そのものである。彼らは武器――長剣も短剣も、刃のないパンナイフ以外のもの――は何も携えない。彼らは、これは羊の身辺にあるべきでない狼の衣であると言う。彼らはたとえ政府の命令であっても決して宣誓しようとしない。もし誰かが罪を犯すならば、群れから除外される」。

これはただに信仰の自由や政教分離のプログラムであるだけでなく、絶対平和主義と公生活からの完全な離脱の企図である。(6) 再洗礼派の大部分は革命的ではなかったが、少数の掠奪者が単に子どもに洗礼を授けずに放置したという理由で再洗礼派と言われたこともあり、初期の再洗礼派の中には、剣の放棄という原則を十分に徹底させなかった者も含まれていた。[7] しかしながら、大多数の再洗礼派は彼らの信条と直接に抵触しない事柄については、政府に恭順を守った。しかし良心がこれを命ずる場合には恭順を取り消し、いかなる刑罰をも甘受した。

このように、自らを屠殺者の前に引かれる羊と見なした者たちが、あたかも狼であるかのごとくに恐れられ撲滅された。確かに彼らは社会のあらゆる生活態度を問題とした。もしも彼らの数があまりにも多くなったならば、プロテスタントはカトリックに対抗して武器を取ることができず、ドイツ人はトルコ人に抗戦できないこととなったであろう。そして再洗礼派は、事実数を増し加えたのである。彼らはこの世全体には望みを抱いていなかったが、彼らの生活方式に人々を改宗させる可能性には決して絶望していなかった。このグループの一人びとりが宣教師と考えられ、男も女も家を離れて伝道旅行へと出でたった。カトリックにせよプロテスタントにせよ、国教会に属する人々は、男女両性の再洗礼派宣教者が、町や村に潜入してくるのを見て唖然とした。スイスやライン峡谷の村々では、再洗礼派がカトリックやプロテスタントを数の上で凌駕し始めた。このような見解を持った人々が増加することは、町の城壁を撤去するよりももっと大きな脅威を公序に対して及ぼすのではなかろうか。一五二九年、シュパイエルで開かれた帝国議会は、カトリックおよびルター両派の賛同を得たうえで、再洗礼派に対しては死刑を適用すべしと宣言した。

後の再洗礼派指導者の一人、メノー・シモンズ（一四九二―一五五九）は、その成り行きを次のように書き残している。

ある者は絞首刑に処せられた。またある者は非人道的な恣意によって拷問にかけられた後、処刑柱の絞索で扼殺された。ある者は火あぶりにされ、生きながらに焼かれた。ある者は剣によって殺され、投げ捨てられ、空の鳥がこれをついばんだ。ある者は魚の餌食とされた。他の者は困窮と苦難の中に家もなく、山や荒野、地の穴や洞穴をあてもなくさまよい歩いた。彼らは妻や幼児を伴って、国から国へ、町から町へと逃れまわった。彼らはすべての人に憎まれ、罵倒され、讒言され、誹謗された。

二千百七十三人の兄弟らの死を記録した後、ある再洗礼派史家は語を継いでこう言う。

なんぴとといえども彼らが体験したことを、彼らの心から取り除くことはできなかった。……神の火が彼らの内に燃えていたからである。彼らは神の真理を裏切るよりは、十度でも死に赴くほうを選んだ。

彼らは神の聖所から流れ出る水、しかり、生命の水から飲んだ。彼らが天幕を張ったのはこの地上ではなく、永遠〔の都〕においてであった。彼らの信仰は百合のごとく、彼らの信実は薔薇のごとく、彼らの敬虔と率直とは神の庭に咲く花のごとくであった。主の天使が彼らのために戦い、彼らが救いの兜を失うことのないようにした。それゆえに、彼らはあらゆる拷問と苦痛を恐れることなく耐え忍んだ。彼らはこの世の事柄をただの影にすぎないと考えた。彼らはかく神に近づき、神以外には何物をも知らず、求めず、願わず、愛さなかった。そこから、彼らは苦難の中にあって、彼らを苦しめる敵よりも大きな忍耐を有した。

彼らの置かれた状況は、ある再洗礼派讃美歌の中にみごとに描き出されている。

牧《か》うもののなき羊は、盲《めし》いてさまよい歩き、散りぢりに逃れ行く。
われらは家や故郷を捨てさり、
鳥のごとく夜中に逃れ歩く。
鳥のごとく、頭を覆うものは
ただ風雨と荒れ狂う天のみ。
われらのしとねは岩や洞穴。

われらは隠家《かくれが》を求めて木陰に潜み、
犬をもて追われ、狩り立てらる。
ほしいままに彼らはわれらを捕え、

仔羊のごとく縄をかけ縛りあげる。
われらは人々の前に曝しものとされる。
あたかも公安を乱したかのごとく。
われらは屠る者の前に引かれる羊のごとく見られ、
異端とそしられる。

あるいは重き鎖に繋がれ、
生きながらに朽ちはてる。
あるいは木に掛けられ、
扼殺され、斬首され、皮をはがれる。
人妻や乙女らは
密かに、また公然と沈められる。
彼らは恐れることなく真理を語り、
恥じることを知らなかった。
彼らは宣べ伝えて言う、
キリストが道であり生命である、と。
神よ、あなたの目の前に

図14　再洗礼派の殉教

一人の聖徒の死はいかに貴いことでしょう。

振り下ろされる杖のもとに気を失うとき、
われらはそこに慰めを見出す。
ああ神よ、ただあなたにのみ
この世の安らぎと憩いとがあります。
あなたを待ち望むものは
永遠に支えられ、祝福されるのです。

再洗礼派の集会に出席する勇気を持った者で、安楽に床の上で死ぬことを期待できる者は多くなかった。数年を経ずして、熱心な指導者の大多数は火や水や剣によって消しさられた。再洗礼派讃美歌集の作詞者欄に目を向けるならば、次のような注が見出されるであろう。「一五二五年水死刑。一五二六年火刑。一五二七年斬首刑。一五二八年絞首刑云々」。時には全会衆が捕えられることもあったが、主として指導者たちが狙われ、人々は牧する者もなく放置された。

そのとき、いささか常軌を逸した連中が登場した。不断に死の影におびえ、洞穴や人里離れたところに隠れ潜んでいた人々が、ミュンツァーのごとくに、天の鳥がやって来て迫害者の屍をついばむ夢、主がその聖徒らのため報復を果たそうと再臨する夢、また十四万四千の贖われた者が不信の輩を殺戮するために新しきエルサレムから出陣する夢を見始めた。果たして主御自身が独力でこれらすべてを成就されるものか、あるいは人が手を貸すべきものなのか、その点は不明のままで残された。キリストの再臨の日取りが定められ、新しきエルサレムとして土地が選定された。メルヒオル・ホフマン（一五〇〇頃―四三／四四）は、一五三三年にストラスブールで自分の三年間の投獄と、それに続く主の再臨を予告した。もっとも、成就したのは預言の前半だけで、ホフマンは牢獄に呻吟したまま、間もなく自分の徒党からすらも忘れさられた。しかし彼の思想はライン川を下り、一五三四年にはウェストファレンのミュンスターが新しきエルサレムとして選定された。ここで再洗礼派は初めて、そして史上ただ一度だけ――確かに暴力によってではあったが――市政府の奪取に成功した。状況の圧力のもとに平和主義は衰退しさった。再洗礼派は屠殺者の前に引かれる羊のごとき心備えをもって市場へ行進したが、もし万一彼らがそう決心するならば何をなしうるかを人々に想起させるため、剣で武装していた。しかるに聖霊の啓示は、彼らがなしえたかもしれなかった方を選ぶようにと指示した。カトリックとルター派は追放され、こうして聖徒の支配が始まった。

　やがて指導権は新約聖書のみでなく、旧約をも復元しようとする者たちの手に移った。彼らは新しき神のイスラエルと古きイスラエルの連帯性を強調する点で、ツヴィングリと軌を一にした。しかしそこから彼らは、預言者たちの異常さと族長たちの不道徳をも再現し始めた。オランダの再洗礼派の中には、しるしとして裸で歩き回る者が出た。他の再洗礼派はこれも同じく預言者イザヤをまねて、暖炉に近づき燃えさかる石炭を自分の唇に押しつけた。預言者イザヤのごとく、「災いだ。わたしは滅ぼされる。わたしは汚れた唇の……」（イザヤ六・五）、と言うどころでなく、その男はあまりにひどい火傷をしたので、それから二週間は物も言えないほどであった。ミュンスターでは、逸脱は、アブラハム、イサク、ヤコブの例にならった一夫多妻制の復活という形までとった。カトリックとルター派は、新しきエルサレムの絶滅に結集した。町は占領され、ダビデ、エノク、エリヤらの再来はことごとく拷問台に上げられ、剣で殺された。

　この醜悪な出来事によって、再洗礼主義の信用は地に堕ちた。はじめの十年間は恐るべき挑発にもかかわらず攻勢に出ることのなかった再洗礼派は、一握りの狂熱的信者が狼藉のかぎりをつくした結果、全運動が行きすぎた狂気の沙汰という評価で汚され、十九世紀に至るも宗教改革史家は、荒れ狂った聖徒らの逸脱行為を繰り返し語るのみであった。

　絶えざる監視にもかかわらず、再洗礼主義はついに絶滅せず、いくつかの行き過ぎも運動の性格を全体としては変えなかった。メノナイト派の創始者メノー・シモンズや、フッタライト派の祖ヤーコプ・フッターは、ミュンスターばりの跳ね上がり、すなわち一夫多妻、革命、主の再臨日の設定、などをいっさい退けた。再洗礼主義はその本来の原理、すなわちこの世から分離され、素朴・謹厳・貧困・柔和・忍従の中に、新約聖書的生活態度の追求に献身する人々の小さな群れ、という路線を回復した。メノーは「真のキリスト者は肉とその想いや欲を十字架につけ、心や口や全身を神の言のナイフで切り整えて、清からぬ思いやふさわしからぬ言動を取りさらなければならない」と明言した。人は金・銀・真珠・絹・ビロードや高価な飾り物で身を装うべきではない。剣はすきに打ちかえ、敵にまで愛を拡げなければならない。万人に慈善を及ぼし、信仰者はたとえその財貨を掠奪されてもこれを顧みてはならないと彼は教えた。

これらの人々は、ヨーロッパの大部分の国々に安住の地を見出すことができなかった。オランダやスイスでは少数の者が、かなりの程度の妥協という代価を払って生き残ることに成功したが、ドイツでは再洗礼派は全く殲滅された。これはドイツ史の最大の悲劇の一つであった。もしもルター教会が、小教派の批判と競合という刺激を受けることができたならば、あれほど自己充足的にも、また既存の秩序の盟友ともならなかったであろう。この意味で、英国教会が非国教徒（ノンコンフォーミスト）に負うところは、まことに大きいのである。再洗礼派が完全に根絶されたので、ルター教徒の間では、英国の非国教派がドイツの土壌から生え出たものであることに気づいている者はわずかしかいない。

それにもかかわらず、再洗礼派は生きのびた。彼らは辺境を探し求め、市民的文化、工業化、帝国主義、国家主義から超然として生きることによって、自己を保持した。彼らは社会的全体主義がまだ画一性を刻印し切っていない社会の周辺部を追い求め、こうして聖徒の共同体は妨害されることなく存続することができた。ポーランドとモラヴィアがしばしの隠れ家を提供した。寛容な貴族たちは、宗教上の信念をやかましく問題とすることなしに、土地耕作者を喜んで受け入れた。モラヴィアには国際的性格を帯びた宗教的共産社会が、約百人を単位とする小集団の形で建設された。その理想は、今日の共産主義のごとき生活水準の向上ではなく、フランシスコ会修道院のごとき貧困の中に、しかし家族ぐるみで平和に暮らすことにあった。修道院との近似性は、独身制の有無を除けば明白であり、事実、後にはシェーカー教徒がプロテスタント共同体に独身制を導入したのである(8)。しかしメノナイト派とフッタライト派は一度もそこまで行かなかった。それでも、彼らがいかに修道院主義と類似していたかは、対抗宗教改革の時代に、モラヴィアのある再洗礼派の一群が、流刑につくか、それともミサ聖祭を受け入れるという条件さえ呑めばその全生活様式をそのまま許容されるか、という二者択一に迫られたことがあったことからも証示されるであろう。カトリック教会は彼らを半ば修道院的共同体と見なしていたのである。

妥協を肯《がえ》んじなかった人々――そしてそれが大多数だったが――は、繰り返し追放を忍ばなければならなかった。西へ動いた者もあり、東へ向かった者もあった。米国のペンシルヴェニア州は、かなりの数の移民を受け入れた。他の集団は北ドイツを横切り、ポーランド、ハンガリー、トランシルヴァニアへ、さらにはロシアに達した。しかし十九世紀後半に起こった東ヨーロッパにおける新しい迫害により、彼らは西へ移動し、北米のマニトバ、インディアナ、ネブラスカ、さらに南米のパラグアイへと移住した。彼らは永遠のアブラハムであり、常に腰をからげて、行く先を知らずして旅立つ備えをしているのである（創世記一二・一以下、ヘブライ一一・八）。

米国西部の辺境では、再洗礼派は旧世界においてよりもいっそうよく、彼らの生活様式を保持している。過去四世紀にわたって、彼らがこの世のあらゆる不純から切り離され、彼ら自身だけの共同体生活を維持することに成功したのは驚くべきことである。アーミッシュ派(9)の人々のボタンなしの上衣、幅広い帽子、長髪などは、たまさかの社会との接触においてすら、彼らを弁別するのに役立っている。これら独特の外見は、ちょうどユニフォームのごとくに、この人々を区別し、また彼らを誘惑から守るのに役立つのである。彼らは現代社会のあらゆる侵食――鉄道・電話・自動車・映画・新聞、とくに漫画、あるいはトラクターにすら頑強な抵抗を示している。当然のことながら、公立学校も共同体生活に対する危険と見なされている。古来のしきたりは、隔離が最も徹底して行われているところ、そして反対が最も熾烈なところで、最もよく保持されている。

差別された集団は迫害によって成長するものである。それはゲットーのごときものを、それ自身の士気の維持のために必要とする。外界との接触や交歓は、知らず知らずのうちに同化作用を招来する結果に終わる。そうなると子女たちは他の人々と同じ服装をしたり同じ考え方を持ったりするようになり、そして「この世」へと出ていってしまう。分派はこうして教会となり、古い時代の証しはわずかに暖かい敬虔と、殉教讃美歌を懐古的に歌うことにおいてのみ存続することとなるのである。

第6章　ジュネーヴの改革派教会——カルヴァン主義

ツヴィングリ主義ですでにその特質を明らかにした改革派教会は、カルヴァン主義において第二の、そしてはるかに影響力のある現われ方を示した。この二つの類型は、一方はドイツ語圏、他方はフランス語圏スイスに成立したことからも知られるとおり、地理的には密接していた。当時のジュネーヴは独立した都市国家だったが、理念的にも両者の相似性は著しい。ツヴィングリもカルヴァンも、等しく宗教における外形的な補助の使用については、はなはだ否定的だった。両者は共に聖像を退けたが、ツヴィングリが音曲を棄却したのに対し、カルヴァンはただ制約を加えただけであった。聖なる神の国の概念も両人に共通だったが、カルヴァンはこれをいっそう大きな規模で考えた。しかし、ある点でカルヴァン主義はプロテスタント教会の他の二類型に類似している。主の晩餐を霊的交わりの手段と考える点で、カルヴァン主義はルター派と相似しており、またカルヴァン主義教会の詩編歌唱詠も、ルター教会のコラールから遠く隔たっていない。

同時に、教会を、確信した信仰者の共同体と考える再洗礼派の理念と、さらに著しくは、再洗礼派の厳格な教会訓練の要求は、カルヴァン主義教会の上に痕跡を残すこととなった。

このようにカルヴァン主義はルター派、ツヴィングリ派、再洗礼派などの要素を取り入れたが、なおいくつかの差異を示した。一つは国際的な伝播と影響力に関してである。その理由の一部分は、カルヴァン自身がジュネーヴでは亡命者の一人であり、ルターをザクセンに、ツヴィングリをチューリヒに結びつけたような、地域共同体への忠誠を欠いていた事情によるのかもしれない。もっともこの事実は、ルター教会が東方ではスラブ正教会によって、南方ではカトリックの対抗宗教改革運動によって、事実上発展の戸を閉ざされたという事情によって、部分的には説明がつくであろう。再洗礼派は国際的感覚を有し、彼らの生活集団は、しばしばドイツ人・チェコ人・イタリア人・ポーランド人などを包含していた。しかし再洗礼主義はついに一国全体の人心を捉えることができず、したがって国際的に影響を及ぼしたとは言いがたい。

最も大きな違いはカルヴァン主義の行動主義に見出される。ある程度まで、これは環境、すなわちカルヴァン主義者が否応なしに行動的たらざるをえないような状況のもとにあり、しかも現実に行動的でありえた、という事情に基づいている。彼らは多くの国々で少数派にすぎず、攻撃的でなければ屈服以外の道が存しなかったのである。この意味では、一五五五年のアウクスブルク和議以後その地位を保証され、その結果として弛緩しきったルター派とも、ヨーロッパの辺境に散らされて生き延びるのが精一杯だった再洗礼派とも異なっていた。

しかし、カルヴァン主義の特色をなす行動主義の最奥の理由は、理念の領域、ジャン・カルヴァンその人に由来する理念の中に求められる。彼はフランス人で、人文主義、カトリック、改革派、ルター派の区分がまだ截然としていなかった時代に、フランスで教育を受けた。彼はもともと人文主義者として訓練された。彼の思索の順序正しさと、彼の言辞の明晰さは、彼の古典研究の影響と見ることもできよう。カトリックの中でも、リベラルな人々は深く改革に心を寄せていたが、カルヴァンが交わりを持ったのはこの人々であった。彼らに対する王室の扱い方は、外的状況に対応していた。フランソワ一世自身は宗教的確信を持たない人文主義者だったが、教皇、トルコ人、シュマルカルデン同盟と、そのときどきの連合の必要に応じて手を結び、発生して間もないルター派運動にも、あるときは好意を示し、あるときはこれを抑圧した。弾圧がきわめて激しくなった一時期に、ジャン・カルヴァンはスイスのバーゼルに逃れ、辛うじて一命を全うした。彼はそこで二十七歳の若さにもかかわらず、プロテスタンティズムを知的に尊敬するに足るものとしたと言われる著作をものにした。このような評価はルターやメランヒトンをあまりにも軽視することになろうが、なんぴともカルヴァンに対し緻密にして統一あり、清澄な聖書講解者という栄誉を与えるにやぶさかでないであろう。カルヴァンの『キリスト教綱要』はそれから何世紀にもわたって、ちょうどペトルス・ロンバルドゥスの『命題集』がカトリック教徒のために果たしたと同じ役目を、プロテスタント教界の大きな部分のために果たすこととなった(1)。トマス・アクィナスの『神学大全』すらも、これとは較べものにならない。なぜなら、トマスの著は

図 15　教皇主義者対カルヴァン主義者

あまりにも大部で、しかも輻湊しすぎているからである。

『綱要』において、ジャン・カルヴァンは神・人間・教会に関する思索を展開した。そしてそれは、なにゆえにカルヴァン主義が、プロテスタンティズムの最も活動的な一派となったかを有力に物語る。カルヴァン主義の衝動力は、人間に関しては悲観論的であるにもかかわらず、神に関しては楽観論の立場を取ることに由来している。カルヴァンの人間論は、少なくともルターや再洗礼派と同じくらい陰鬱で、さらに覆滅的である。ツヴィングリでさえ信心深い異教徒に対しては、もっと寛容な心を持っていた。カルヴァンの描いた人間は、アダムの堕落の結果として知的に汚濁し、道徳的に腐敗している。もっとも、カルヴァンの見解では堕落は知的にも道徳的にも全面的ではない。なぜなら、古典古代の哲学者たちは、われわれの驚嘆を喚び起こさざるをえないような天才を示したし、非キリスト者の間にも、確かにさまざまな水準の道徳的偉業を見ることができるからである。カミルス[2]のごとき高潔な異教徒を、カティリナ[3]のごとき邪悪な異教徒と同列に置くことはできない。それにもかかわらず、神的真理の観点からは、神の啓示なくしては哲学者もコウモリやモグラより盲目であり、神の恩寵なくしては異教徒の美徳は華麗なる悪徳でしかない。この世は、「キリスト在《いま》さずしては豚小屋」だとまでは言わないとしても、決してパラダイスではないであろう。再洗礼派は同様の分析から、教会は必然的にこの世から遁走しなければならないと結論し、ルターはただやむをえざる参入のみを容認した。しかしカルヴァンはこの世の域内で決然たる行動に出るよう呼びかけた。

その理由はカルヴァンの神観念に求められる。ルターにとっての試金石は、「あなたの罪は赦された」というのであったが、カルヴァンにとっては、「もし神がわれわれと共ならば、だれがわれわれに敵しえようか」というのであった。カルヴァンもルターも、共に神の尊厳について圧倒的な感覚を有していた。しかしルターにとって、これは赦罪の奇跡を指し示すのに役立ったのに対し、カルヴァンにとっては、むしろ神意の確固不動さについての確信を与えることとなった。したがって『綱要』は、信仰義認を扱った部分に先立って、まず神の主権を論じている。

自らの約束を成就しうるこの神は、歴史の過程において完成されるべき計画を人類のために備えられる。ここにカルヴァンと彼に先立つ改革者の間の著しい相違が存する。彼は主の間近い再臨の期待を退け、最後の大審判を無限の未来へと移しかえた。ルターは彼自身の生前にこの世の終りが到来することを熱望したし、再洗礼派はしばしば年月日までも設定した。しかしカルヴァンは、主の間近い再臨という初代キリスト教徒の期待に終止符を打った聖アウグスティヌスの役割を再演することとなった。アウグスティヌスは歴史のドラマにおいて繰り広げられる継続的行為を展望し、教会と神の国とをほぼ等置する役割を果たしたのである。このようにカルヴァンは間近い主の再臨の大いなる日を、地上の聖なる神の国という夢に置き替えた。

神の国の建設は人間という代行者、すなわち神の選ばれた器たる選民に依存している。神は最初にユダヤの民を選ばれた。申命記講解においてカルヴァンは、イスラエルに対する神の計画を堂々と展開して見せた。神は力ある手と伸ばした腕とをもってイスラエルの民をパロの手から救い出し、紅海の乾いたところを導き、四十年のあいだ荒野を引き回し、約束の地の境界へと連れてきた。その地で民らは自らは掘らなかった泉、植えつけなかったぶどう園という嗣業を受け継いだのである。これはひとえに彼らが主なる彼らの神を忘れず、その掟を額の護符として両眼の間に結びつけ、子らのその子に至るという条件で与えられたものであった（申命記六・四以下）。

イスラエルの民はこの大いなる使命に失敗し、神はそれに代えて神の新しきイスラエル、すなわちキリスト教会を打ち樹てられた。しかしこの教会もまた変節し、今や僅少の選ばれた者、予定された民に呼びかけが与えられている。しかしここで再び、いかにして選民を識別するのかという問題が起こってくる。

ルターはそれを認知できるとは主張しなかった。ミュンツァー、ツヴィングリ、および再洗礼派はそれぞれ異なった識別法を持っていた。ミュンツァーは「霊によって」と言い、ツヴィングリは「信仰によって」と言い、そして再洗礼派は「生活によって」と言った。カルヴァンはルターと同様に絶対的な認知の可能性を否定し、再洗礼派のごとく雑草の混じらない麦だけの教会を形成しようと熱望した。カルヴァンは三つの暫定的な識別法を仮定した。それは信仰告白、廉直な生活、およびサクラメントへの参与である。このことは、カルヴァンがミュンツァーの識別法をあまりにも不安定かつ主観的であるとして全く脱却したことを意味する。ただしこれは後に、ニューイングランドのカルヴァン主義を悩ますこととなるのである。カルヴァンはツヴィングリ流の信仰による識別法と再洗礼派の生活による識別法とを受け入れたからである。これに加えて、彼は第三の識別法を用いた。それが彼を、ルターやさらにはカトリック教会にまで結びつけたのである。それはサクラメントにあずかることであった。

これら三つの識別法は、いずれも相対的に有形のものである。信仰の告白といっても、それは内的体験というよりは、むしろ信条の公共的表白、神との契約の公の宣言を意味し、高潔な生活とは、謹厳な立居振舞、ダンス・カード遊び・賭博・猥褻・泥酔などの忌避を意味すると解釈された。フランスのカルヴァン主義者は、彼らの迫害者の赤鼻を嘲弄し、自分たちの蒼白い顔色に誇りを感じた。このように彼らの生活は規律正しかったので、すべてのカルヴァン主義者が修道士であるという一般論も、十分に弁護されうるであろう。かくのごとく、再洗礼派の道徳水準との類似性はきわめて明瞭である。カルヴァンにとってサクラメントにあずかることは、ツヴィングリにおけるごとく単なる入門式、または社会の成員たることの公的証示以上のものを意味した。なぜなら、カルヴァンにとってサクラメントは、ちょうどルターにとってと同様に、神との聖なる交わりの通路であり、キリストおよび同信の兄弟たちとの交わりの表現だったからである。

これらの識別法に照らして、選びを確信している者は決して動揺することがない。何となれば、彼の選びの予定は「われわれに対する、神の永遠にして変わらざる善意に依存しており、この世のいかなる嵐にも動かされることはない。それゆえに、われわれはわれわれが耐え忍ぶように求められている惨状の重荷のもとに、われわれを支えるに役立つあらゆる堅忍と勇気を涵養すべきである。それによってわれわれはたとえ絶望の極みに追いこまれても、決して神への信頼を捨てないという真理を証しすることができるであろう」(4)。

このような確信はいっさいの憂慮を取り除く。いずれにしても、初期のカルヴァン主義者は自己の救済についての思い煩いに身を焼かれるようなことはなかった。この点でカルヴァン主義は、カトリシズムからもルター主義からも明らかに区別される。

ジュネーヴのカトリック司教サドレト枢機卿が、失った自分の教区民に宛てて抗弁書を送り、カトリシズムがより安全な救いへの道を提供するという論拠から、カルヴァン主義を放棄するように説いたとき、カルヴァンは応えて、人は自分の救いに心を奪わるべきではないと言った。人生の主要目的は自分を救うことでも、自分の救いについて確証を得ることでもなく、神を讃美することである。いずれにしても、人はすでに救われているか・棄てられているかのどちらかで、いかに心を煩わしても同じことなのである。

カルヴァンは、ルターの生涯をかけた信仰の苦悶に対し決してあからさまな不満を洩らしはしなかったが、次のような一文はこれに向けられたものかもしれない。カルヴァンは言う。「心の平穏なくして神に仕えることは不可能である。なぜなら、精神的な動揺に悩む者、心の中に神は恵み深くあられるか・あるいは怒っておられるか、神は自分の祈りを聴き入れられるか・退けられるかを問い続ける者、あるいはその結果として、希望と恐怖の間を揺れ動き、心配げに神に仕える者は、真摯に全身全霊をもって神に自らを委ねることができない。恐れとおののきから彼らは神を憎悪し、もし能《あた》うならば、神の存在そのものまでも払拭しさりたいとまで願うものである」。カルヴァンにとっては、予定論は言うべからざる慰めであった。なぜならば、それはあらゆる憂慮を除きさり、われわれを自分の救いについての思い煩いから解放し、その結果、人はすべての精力を主権者なる神への奉仕へとたゆみなく捧げうるようになるからである。それゆえに、カルヴァン主義は英雄的な民を育てあげた。

彼らの使命は、聖なる共和国という意味での神政政治、すなわち万人が神の栄光をその唯一の関心事とするような共同体の建設だった。それは教会や聖職者によって統治される共同体ではなく、さらに字義どおりに解された聖書とすら合致しない。なぜなら、聖書は確かに神の言を含むとしても、神は書物よりも大いなる方だからである。この聖なる共同体は、中世およびルターの理想だったがそれまで決して実現されたことがなかった。さらにそれは、高度に精選された共同体、すなわち信徒と聖職者、市参事会と牧師とがすべて等しく、同じ崇高な目的によって鼓吹されているところ以外では、決して実現されない教会と国家の並立主義を証示する。カルヴァンは十六世紀のだれよりも、この理想の実現に近づいた。

そのためには、カルヴァンは場を必要としたが、彼はそれをジュネーヴに見出した。ジュネーヴは当時はスイス連邦に属さない独立国で、つい最近カトリック司教とサヴォワ公を追放して、その支配から解放されたばかりであった。もっとも、この解放はすでにプロテスタントに変わっていたスイス都市ベルンの援助なくしては不可能だった。ジュネーヴ市民に改革が初めてもたらされたのは、ベルン市民がカトリック教会に馬を繋ぎ、聖人の像を壁から引きおろしたときであった。さらに、フランスの亡命者で、バアルの祭司に対して怒号したエリヤにも比すべき熱血の人、赤鬚のギョーム・ファレルがジュネーヴに到来して以来、福音的説教が始まった(5)。内戦はかろうじて回避され、ジュネーヴは宗教改革を受け入れた。領主と司教を放逐するために武器を取った多くの共和主義者は、福音のくびきに屈服するつもりが毛頭なかったので、ファレルは自分が大鍋の蓋を押え続ける役にははなはだ不適当だと感じていた。ジャン・カルヴァンが町を通りかかったのはこのころのことであった。彼は聖なる共和国の夢を抱いていたにもかかわらず、若年の神学者にすぎなかったので、動乱の中にある一都市を統治する務めには全く気が進まなかった。しかしファレルはカルヴァンに向かって、もし主の意志に従って献身しないならば地獄の火の中に落とされるであろう、と言って迫った。ジャン・カルヴァンはどうしてもこの懇望に抗することができなかった。こうして彼はこの地に留まることとなった。

それから彼は自分の計画を実現するために尽力した。ジュネーヴは神の新しきイスラエルとして、昔のイスラエルのごとく神と契約を結び、バアルの誘惑や、モアブ人、アマレク人、ペリシテ人、エブス人らの脅威に対し、ヤーウェ礼拝の純潔を守るために立ち上がる備えをなすべきであった。この対比は単なる思いつきではなかった。ジュネーヴもまた敵によって取り囲まれていたからである。サヴォワ公は一世紀もの間、ジュネーヴ市を回復する企てを放棄しなかったし、アルバ公はオランダ進撃の途上、立ちどまってジュネーヴを掠奪すべきかどうかを考えたこともあった。エズラやネヘミヤの仲間たちのように、カルヴァンの同僚たちは剣を手にしつつ、城壁の再建に労苦したのである。

市の内部では厳格主義的体制を導入する努力が払われた。それは今日の世俗化した文化では、たいていの人が些細事と考えるようになった事柄を中心にしたため、しばしば嘲笑の的となってきた。ジプシーに運勢を占わせたため、説教中に哄笑したため、教会で雑音を立てたため、礼拝中に煙草を吸い回したため、日曜日に賭けをしたため、祈祷文を暗誦できなかったため、それぞれに罰則が定められた。居酒屋は廃止され、修道院は簡易宿泊所に変えられたが、そこでは日曜はおろか、平日でも礼拝が行われた。その間、また午後九時以降はいっさいの飲物が供されなかった。もっとも、このような規定を論ずる場合、われわれはそれが中世の節倹立法の継続にすぎないことを忘れてはならない。カルヴァン主義者はこれを、彼ら特有の精力をもって強制しようと努めただけのことなのである。

礼拝の純粋さを守るための他の規定が、カトリック的慣習の残滓《ざんし》を一掃する目的をもって設けられた。ある鍛冶屋はミサ聖祭のための聖杯を作ったため、床屋は司祭の頭を剃ったため、ある男は教皇は善人だと言ったため、それぞれ罰せられた。ジュネーヴ市参事会は新生児にカトリックの聖人の名や、十字架《クロワ》、イエス《ジエジュ》、聖霊降臨日《パントコート》、日曜日《ディマンシュ》、聖墓《サンセピュルカー》といった名前を与えることを禁止した。

このような些細な事柄は、理想が死滅してしまって形骸だけが残ったときには、常に嘲笑の的となるものである。もっとも、これらはカルヴァン自身の時代にも、強烈な反発の対象だった。

ジュネーヴの共和派は「あのフランス人」（カルヴァンはそう呼ばれた）の鞭のもとにあることに強い抵抗を示した。カルヴァンとファレルは二年余の追放に処せられたが、カルヴァンは一五四一年秋に再招聘された。彼は聖なる共和国が、ただいっそう精錬された基盤の上にのみ実現されることを直ちに見抜いた。異論を唱える者は町から出ていかなければならない。カトリックの修道士たちは、カルヴァンの到来以前にすでに放逐されていた。修道女の一人の伝えるところによれば、市政府の代表者が修道院を訪れたとき、院長は自分たちを皆殺しにして修道院を没収するようにと言った。しかし官憲は結婚というもっと耐えがたい形の殉教を提案したが、これを受け入れたのはただ一人で、他の修道女たちは町を退去した。そのほかは、カトリック教徒も静穏を保つかぎり残留を許された。しかし、カルヴァンの亡命中すらも、参事会は市政府からカトリック教徒をいっさい排除しようと企てた。行政官のジャン・バラールが、「ミサ聖祭は邪悪なり」と言わなければ追放に処せられるだろうと警告を受けたとき、彼は答えて言った。「私には判断を下すすべもないが、『ミサは邪悪なり』と口にするのが市参事会の意志であるとすれば、私は神の慈悲を祈りつつそう言おう」。しかしこれでは十分でなかった。彼は無条件で「ミサは邪悪なり」と公言して、やっと留まることを許された。異端はカトリック教徒よりももっと厳しく取り扱われた。例えば、予定説の否定は追放を、霊魂不死と三位一体の否定は死を意味した。こうしてグルエ(6)は斬首刑に、セルヴェトゥス(7)は火刑に処せられた。道徳的・政治的根拠から政府に反対する者は厳しく処断された。路上での喧嘩は、国家への反逆と解された。指導階級の中でも、ある者は処刑され、あるいは追放された。改革に対して あからさまに反対する者は、すべて教会からも市からも排除された。ジュネーヴは選ばれた共同体に変貌しつつあった。

この過程は外部から聖なる共和国の心酔者に転入を許すことによって、いっそう促進された。亡命者はジュネーヴ市に殺到した。彼らはイタリアから、フランスから、スペインから、そして波状的に英国からやってきた。市当局はこれら外来者を寄留者、あるいはせいぜい客人以上の者と見なすことを長く躊躇したが、最後にカルヴァンの説得が功を奏し、亡命者は市民権を与えられた。ついには一万三千の旧来の市民に加えて、六千人もの亡命者が市に流入することとなった。このように反対者を追放し、支持者を受け入れることによって、ジュネーヴは聖徒の町に変わっていった(8)。

共同体全部を包含する教会と、救われた者だけから成る分派としての教会、という二つの理念はこのようにして綜合された。確かな信仰を持つ者だけが教会に属するが、反対者は市から退去してしまっていたので、ジュネーヴの全市民が教会に属することとなった。もしも破門を宣せられた者が六カ月以内に教会と和解しない場合には、市から放逐された。このような方法で、ただ武器が否認されず、また社会公共の生活が放棄されなかったことを除けば、ジュネーヴは再洗礼派の生活集団と類似したものとなった。

カルヴァン主義はジュネーヴから、フランス・オランダ・英国・スコットランド、さらにニューイングランドへと広がった。もっとも、これらの国々ではジュネーヴの範型は少なくとも初期には再現されなかった。一都市は選ばれた共同体へ変わることができたとしても、一国全体となると、これはきわめて難事であった。終局的には、カルヴァンの理想はスコットランドとニューイングランドにおいて最もよく実現された。フランス、オランダ、および英国では、カルヴァン主義はむしろ戦闘的な少数派、国民の他の階層に対立する霊的貴族階級――確かに、選ばれた者の共同体の中では、階層のない民主主義ではあったが――、主の選民の群れとなった。彼らは神のもとにある以外は、なにびとをも主権者と呼ばず、救いについて憂慮せず、不変の神意の確かさによって支えられ、この世の生の享受ではなく、ただ主なる神の栄光の例証にのみ献身し、聖なる共和国（le royaume de Dieu 神の国）建設のために、この世の王国を屈服させ、君侯を斬首し、荒野を開拓する以外には、何のレクリエーションをも求めない人々となった。

スコットランドの長老教会総会や、英国のクロムウェル護民官時代、またゴッシェン、ダン、カナン、ギレアデなどと名づけられたニューイングランドの町々は、数少ない成功の実例である。聖なる共和国は実現され、そして過ぎさった。しかしこの理想は、今日も生き続けている信仰、すなわち国家はもしもその政策の基調が、確かな信仰を持ち心に決するところのある少数の選ばれた者によって樹立されるならば、依然としてキリスト教的でありうる、という信念の中に痕跡を留めている。

第7章　自由探究の精神

十六世紀の宗教改革は、ルター派・改革派・再洗礼派のほかに、もう一つの明確な類型を産み出した。それはまことに無定形で変種に富み、かつ不明確なので、これを一つの運動と呼ぶよりは、傾向と言うほうが適切であろう。その特色をなす基調は神秘主義と合理主義である。この二つは共に既成のどの類型のキリスト教とでも共存できるが、しかも、もしその特性が誇張されれば等しく覆滅的な危険性を有するものであった。この二つの態度を代表する者は、十六世紀にはあまり多くなかったし、もしも数字が判断の基準となるならばあるいは省略しても差し支えないかもしれない。しかし、彼らの意義は、彼らが後に一世を風靡するに至るものの考え方の先駆者だった点に存する。自由精神の弟子たち――もしもそう呼んでもよいならば――は、とくに彼らがどのような教会の教説や儀式をも精神化することができ、また放逐されないかぎり、彼らが心やすく思った所にはどこでも留まることを好んだので、新しい教派の形成という意味では大きな役割を演じなかった。また彼らは外形には全く無関心だったので、たとえ放逐されても新しい組織を別個に形成するには至らなかった。唯一の例外はソッツィーニ主義である。いずれにしても、これらの傾向は超教派的だったと同様に、また国際的でもあった。したがって、彼らはあらゆる国にその代弁者を見出すことができたが、中でも際立っていたのは、スペインとイタリアからの亡命者たちであった。これは非妥協的なカトリシズムに反抗したこれらの人々が、プロテスタンティズムの保守的要素、またその不徹底な中間的性格に気づいて、しばしば自由思想の野へと出ていったことによるのかもしれない。

このような自由探究の精神にはぐくまれた神秘主義と合理主義とは、共に深くキリスト教の伝統に根ざしており、稔り豊かであると共に、また背教的でもあることも例証した。もし神秘主義が単純に暖かい個人的信仰心を意味するだけならば、キリスト教を生き生きと保つためには、これを欠くことができないのは明らかである。しかし、もしも神秘主義がもっと専門的な意味で、すなわち、人間的なものと神的なものとの合一を目的とする宗教類型、と考えられるならば、それは暗々裡にキリスト教にとっての補強ともなり、また危険ともなる。人が神性にあずかることができるという思想はペトロの第二の手紙（二・四）にも見出され、また使徒パウロも、「我らは神の中に生き、動き、存在する」と言った異教徒の詩人を好意的に引用することができた（使徒言行録一七・二八）のである。この考えに追従して、初代教会の神学者たちは、可死的人間も人間性を捨象し神性を獲得することによって祝福された不死性に到達できる、というギリシア的観念を取り入れた。人間が人間であり、神が神であるかぎりは、この傾向はキリスト教と全く合致する。しかし、もしも帰依者が神性の深淵に全く没入すると信じられるとすれば、ヘブル・キリスト教的伝統の特色たる主観・客観関係、すなわち我と汝という両極性は破棄されてしまうであろう。十四世紀のドイツ神秘主義者ヨハン・タウラー（一三〇〇頃―六一）は、神秘主義の方向へできるかぎり深入りしたが、その彼ですら、太陽の光のもとで燃えるろうそくの光という類比によってキリスト教的伝統を守ろうとした。ろうそくの光は依然として個々の炎ではあるが、その個別性は太陽の光の前には明らかでなくなる、というのである。このような神秘主義的傾向は、ルターには好ましいものとは思われなかった。彼には、弱くかつ汚れた人間が、至聖者の聖さの中に没入できるとは考えられなかったからである。また、カルヴァンにとっては、人間の神格化という考えそのものが瀆神的だった。しかし多くの左派改革者たちは、神秘主義の道に共感を覚えた。

キリスト教に対する神秘主義のもう一つの危険は、歴史を神話に転換しようとする志向である。キリスト教信仰は、神がキリスト・イエスにおいて現実に肉を取られた、聖書はこの独自の啓示の記録として独自の価値を有する、と教えている。しかし、神秘主義は神はいつでも近づきうると強調する結果、キリストにおける神の歴史的顕示を無意味にする危険を含んでいる。それでは主イエスの生涯は、人の心の内側で生起しなければならない出来事の、一つの比喩にすぎないこととなる。魂は新たに生まれ、罪に死に、新しい生に甦る。聖書は、書物なくしても生起しうる体験の証言としての価値はあるが、ひとたびそれが生起したからには、聖書なしでも差し支えないことになる。

神秘主義としばしば結びつけられる他の流れは合理主義である。暖かい、しかもしばしば法悦的な神秘主義者の歓喜は、冷静な論理的分析の的確さとは異質なものなので、この組合わせは奇妙に思われるかもしれない。しかし、この組合わせは領域の分担によって可能となる。理性の働きは、理性によって育成されるものをも含めてそれと競合する体系の非妥当性を明証することにあり、そしてそこで神秘的跳躍への踏台が準備されるのである。さらに、合理主義という言葉がいろいろな意味合いで用いられることをも、われわれは念頭に置かなければならない。例えばトマス・アクィナスのごとき厳密な整合性を持った体系もあるが、合理主義という語が本質的には非合理的な、いずれにしても反思弁的な態度に適用されることがもっと多い。啓蒙時代の合理主義は、「理性」という語を、万人が理解できる常識といった意味で用いた。このような理性の見方は、その視野が厳密に限定されないかぎり、キリスト教とは合致しない。キリスト教教理の大部分は、それ以外の領域に存するからである。しかしもしも、常識では容易に理解されないような宗教の要素は受け入れないという主張がなされるならば、常にこの世の賢者の笑い草だったキリスト教は、全く立場を失ってしまうこととなる。ときには、思弁を回避する者が論敵の用語を盗用して議論を交わし、きわめて的確な討論を重ねる結果、一種の合理的非合理主義を発展させ、根元的興味が思弁にあるかのごとき錯覚をさえ生み出すこととなるのである。

神秘主義と合理主義は、部分的には境界を分明にすることによって、または興味を共有することによって一つに結び合わされる。神学的精妙さに対する合理主義者の嫌悪は、信条的洗練ぶりに対する神秘主義者の無関心と軌を一にするのである。例えば『キリストのまねび』は、三位一体を喜ばせたてまつる道は思弁ではなく讃美によると明言している。もちろん神秘主義はそれ自体の思弁的興味を発達させることができたし、事実発達させた。それは神性の内部における三つの位格の関係についてではなく、存在と非存在の流入と再流出を対象としていた。しかし合理主義はこのような思弁には何の興味も示さない。もっとも、両者は主に人間が癒しがたいほどに宗教的存在である、という理由で結びつけられている。合理主義者が伝統的な信仰をいっさい覆滅させてしまったとき、生きる頼りとすべき何物も残されず、いきおい彼は永遠者との直接の接触を樹立せざるをえなくなるのである。

十六世紀の神秘主義と合理主義がともどもに解体しさった教理は、三位一体論、代理贖罪説、そして時には個人的霊魂不死説だった。三位一体論の教義は、神が同時に単一でありまた複数であると教える。一つの本質の内部に三つの位格――父・子・聖霊――が存する。三位格は全く一つであって、三人の神があるのではないが、しかも三位格はまた全く別々であって、神が未分化の一者だと言うのでもない。しかも三位格は、神性が普遍的であって、個別的顕現とは独立に存在すると断言する哲学的教説、すなわち実在論の基礎の上にのみその統一を保ちうる。三位一体論の教義は、存在をそれぞれの間には関係のない特殊な個のみから成ると考える唯名論哲学に基づいては哲学的に弁証されえない。この場合には、三つの位格は三人の別な神々になってしまうからである。後期スコラ学者は実際このように主張した。彼らは三位一体論の教義を論理によってではなく、ただ教会の権威に基づいてだけ保持できたのである。それゆえに、この権威が宗教改革によって弱体化したとき、十六世紀の合理主義者はこれら後期スコラ学者の武器庫から武具を借り出し、それをもってこの教義を粉砕しようとした。一方、神秘主義者は、神秘的思惟にとってきわめて受け容れやすい神性の深淵というものがそれほど容易に三つには分化しないという理由から反対の声を高めた。もしも新プラトン主義のごとくに、神格が深淵から流出するとすれば、いかにして三つの位格だけに止められようかと彼らは問うた。

次に代理贖罪説、すなわち、まず神の義がキリストの代理的死によって充足されないかぎり人の罪は赦されないという教説には、論理的な困難は含まれていない。ここで破壊的な役割を果たしたのは神秘主義だった。なぜならば、常に喜んで人間という一滴を受け入れる神性の大海は、この融合を成就するため何かの贖いを必要とするはずがないからである。神秘主義者は、神の聖さと人間の汚れについてはあまり鮮烈な感覚を有していなかったので、神に対して果たされるべき人間の道徳的充足の内的な必要を感じなかった。

霊魂不死の信仰は、霊魂が肉体を離れてしまってはどのような先験も類比も存在する可能性がないことを証示した心身問題の研究によって、危いものとされた。この教義はただ信仰によってのみ保持される。ここでは理性が信仰を解体する役割を果たすこととなる。しかし十六世紀には、霊魂不死の否認は決して普遍的な教説とはならなかった。

神秘主義と合理主義はそれぞれ別個に、または相ともなって、普遍主義の方向へ向かった。神秘主義は現実にすべての宗教の中に見出され、したがって、キリスト教をも単に多様で正当な神への道の一つにすぎないと考えることになる。合理主義はキリスト教教説をきわめて単純な水準にまで引き下げてしまうので、ストア主義や儒教とほとんど区別がつかなくなるほどである。ルネッサンスの宗教は普遍主義的理神論ときわめて近い関係にあり、キリスト教もそれがすでに昇華され変形されているという理由から、諸宗教の中で形式的な首座を占めるにすぎないと考えられた。意識的に信仰を放棄しようと企てたのではないとしても、ルネッサンスの神秘主義者たち、ことにフィレンツェの新プラトン主義学園の指導者たちは、ゾロアスター教の物語、神聖なるヘルメス・トリスメギストゥスの秘儀[1]、およびユダヤ教カバラ[2]の魅惑的な数の思弁、といった多くの宗教的体系の信条の底にある共通の真理を発見しようと努力した。そのような人々の間では、すべてのキリスト教の再合同と、さらには世界宗教会議といった夢が語られた。たとえキリスト教を骨抜きにするという犠牲を払うことになるとしても、「寛容」が合言葉となった。

これらの傾向の代表者はあらゆる国々に見出されたが、本書のごとき概説には、いくつかの実例を挙げるだけで十分であろう。ドイツからはセバスティアン・フランク[3]が挙げられる。彼は超党派的神について好んで語った。神の存在はまことに広大、また不可知的であって、わずかに二律背反的な用語によって語ることができるだけである。つまり神を人間の作った範疇に押し込めることは許されない。神についてのあらゆる立言は、その正反対もまた正しい。この神は選ばれた少数者にだけではなく、部分的にはすべての人に自己を啓示する。ここでは予定の教義の排他性が普遍主義に所を譲っているのに気づくであろう。それゆえに、フランクの次のような言葉を耳にしても驚くには当たらない。「人間の言葉で叙述することができるかぎりでは、神の言は流出、本質、注出、像、絵画、すべての被造物、とくに、へりくだった心における神の顕現にほかならない。それは初めから、すなわちアダム、アベル、ノア、ロト、アブラハム、ヨブ、トリスメギストゥス、ヘルメス、プロティノス、コルネリウス、その他あらゆる信心深い異教徒を教え、啓蒙してきた」。この普遍的有神論によって、フランクはいたるところに仲間を見出すことができた。

それゆえに、わたしはだれとでも心を通わすことができる。わたしはトルコ人、教皇主義者、ユダヤ人、その他すべての人の中に兄弟を持っている。彼らが現にトルコ人、ユダヤ人、教皇主義者、分派であり、また将来もそうであろうゆえにというのではないが……。一日が終わるとき、彼らはぶどう園に呼ばれ、われわれと同じ賃金を受け取るであろう（マタイ二〇・一以下）。アブラハムの子らは東からも西からも、いな路傍の石からも起こされ、神と共に天国の宴につくであろう。

かかる人物は許容されさえするならば、どこの教会でも安住できた。もっとも、当然のことながら、フランクはどこの教会でも受け容れられなかった。彼はカトリックの司祭から、ルター派の牧師となり、さらに牧師から平信徒になり、石けんを作って生活の糧とした。彼には新しい教会を創設する気が全くなかった。何となれば真の教会は、彼の言葉を借りれば、「キリストのすべての肢体の霊的・不可視的からだであり、それは一つの町や場所に外形的に集まるのではなく、一つ精神、霊、信仰において神から生まれるのである。われわれはそれを信ずるが、それは洞察と内的人間の目によらずしては見ることのできない共同体である」。このような教会の帰依者はかならず人々に退けられるもので、彼らの唯一の頼りどころは、自分自身の心を修道院とすることである。

フランスではギョーム・ポステル（一五一〇―八一）が好例として挙げられよう。この驚くべき人物は、古代東方の神秘的説話の扉を開こうとする衝動に駆り立てられていた。彼はまずヘブル語の勉強から始めた。フランス王は彼に、スブリム港に駐在するフランス軍の保護のもと東方へ旅行するよう命じた。探険の途上でポステルはヤコブの偽典福音書を発見し、アラブ語・シリア語・アラム語の知識を獲得した。あらゆる真理の単一性と、あらゆる信仰の究極的調和に対するルネッサンス的信念は、すべての宗教の融合を成し遂げようとする決心を彼に固めさせた。イエズス会が新たに創設されたとき、彼らが単純に「イエスの徒」たらんとしているということから、ポステルは惹きつけられるものを感じた。しかし修道会は、彼の思い上がった性格が会の本旨と合致しないことを見抜き、好誼を保ちつつも彼と訣別した。会がポステルに疑念を抱いたのは無理からぬことである。なぜならば、彼はその包括性への熱望のゆえに、ついには、キリストにおける神の啓示は男性を通じてなされたために不十分だった、とまで主張するに至ったからである。ところが今や女性神が、ポステルをヴェネチア時代の病気中に看護したヨアンナなる人物において自己を顕示した、と彼は主張した。幸いにして、宗教裁判所は彼を狂気と判断した。おそらくそれは事実だったのであろう。短い正気の間、六カ月にわたってウィーン大学でセム語の勅任教授をつとめたポステルは、異端の疑いのため職を辞せざるをえなくなった。彼がかろうじて宗教裁判の牢獄から救い出されたのは、教皇の死のおかげであった。彼はスイス改革中の過激派、ドイツの分派、さらにはオランダやバーゼルの再洗礼派とも密接な関係を持っていた。しかし彼はカトリックのフランスでは処罰を受けず、晩年はパリの修道院で文人たちの周りに集まる聴衆に地理学を講じつつ、七十一歳まで生きのびた。彼が死去したときには聖者の風格さえただよっていたという。ポステルは一生涯の間に多くの体系と縁を結んだので、彼の本質がいったい何だったのかを識別することはきわめて困難である。

ドイツやフランスの散発的な実例はこれで十分であろう。ところがスペインやイタリアでは事態が違っていた。これらの国々では自由主義の傾向が多くの人々を引きつけ、ついには集大成がなしとげられたのである。次に両国の宗教的状況を略述することとする。

スペインが国民国家的統一を成就したのは、グラナダの陥落（一四九二）以後のことである。

征服に続いて、キリスト教ローマ帝国の範型にならった「一人の君主、一つの信仰」の実現のため、強制的改宗が企てられた。ムーア人（回教徒）やユダヤ人を獲得するため、説得、買収、暴力などが用いられた。屈服しようとしない者は放逐された。新世界へ船出するコロンブスの艦隊は、旧世界の片隅へユダヤ人を護送する船とすれ違ったはずである。改宗者が以前の信仰を保持したり、またそれに逆戻りしたりする場合には、宗教裁判が国家政策と国威発揚の手段となった。スペインと正統信仰は同義語でなければならない。しかし、屈従的でない者を威嚇するための火刑の炎が燃えさかっていたからといって、全スペインが改革の息吹きに目覚めていた事実は否定されるべきではない。スペインにおいては、プロテスタント改革以前からすでにカトリック宗教改革が始まっていたのである。ヒメネス枢機卿（一四三六―一五一七）はルターに先立っている。

強制的改宗が行われたといって、すべての転向者が嚇され、不満を抱いていたと考えてはならない。かえってまさにこの集団の中に、われわれは信仰復興運動、預言、メシヤ主義などに顕された生き生きとした改革の熱情を見出すのである。異なった背景から別の信仰を抱くに至った者は、単に伝統として受け継がれてきた既成の形骸を受け入れたがらず、新約聖書自体にも存在するような忘我的要素を復元し始めた。このような人々の間では、プロテスタント改革は明らかに分裂的であるという理由から歓迎されなかった。それは、高い値を払って外国のくびきからようやく勝ち取ったスペインの統一と自由を台なしにしてしまうだろうし、長い間あこがれの的だったヨーロッパの中心部から、スペインを切り離してしまうことになるであろうからである。

ルター主義は受け入れがたかったとしても、エラスムス主義は貪るように受け入れられた。その理由は、一部分は政治的なものであった。エラスムスはオランダ人だったが、低地方はそのころスペインのハプスブルク家の支配下にあった。カール五世は好んでフランドル語を話したし、廷臣の多くは低地方の出身だった。この人々の間で、エラスムスは偶像的な存在だった。後に自由精神に発展した二つの傾向を彼自身がある程度まで自分の中に持っていた。エラスムスは「共同生活の兄弟団」で育てられ、彼らのスコラ哲学的思弁への蔑視と、宗教の外形的・儀式的表現に反対する精神とに共鳴を覚えた。彼は同時にキリスト教を単純で容易に把握でき、簡単に知解されるものとしたいという願いにおいて、合理主義者の一面も持ち合わせていた。彼は三位一体論のような面倒な問題の議論を非難し、むしろ最後の審判の日まで保留しておくように主張した。彼はキリスト教の根本資料に批評的諸原理を適用する達人だった。彼は普遍主義に基づいて、敬虔な異教徒たちを快く受け入れた。

エラスムスのほかにも、もっと明確に神秘主義的なオランダ語やドイツ語の著作が現われた。タウラーがスペインに紹介されたのはこの時期だった。一五二〇年代、ルターがドイツを席巻しつつあったころ、イベリア半島と新世界におけるスペイン領の人々の心性は、エラスムスによって形成されていた。スペインのベストセラーの一つは『エンキリディオン』（一五〇四）で、その中でエラスムスは、使徒パウロの遺骨を銀の器に奉献することのほうが、その全著作を通じて輝いている使徒の精神よりも大切だと考えるような手合いを嘲笑した。はるか離れたメキシコでも、エラスムスの著作がアズテク語に訳されて、住民の宗教教育に用いられていた。

しかし、この流行は一五三〇年代まで続いたにすぎない。ヨーロッパは鋭く対峙する二つの陣営に分裂しつつあった。エラスムス自身も宗教裁判所へ引き渡されるところを、カトリック領のルーヴァンから逃げ出してあやうく免れた。彼はバーゼルに避け所を求めたが、プロテスタントの行き過ぎは彼を再びカトリックのフライブルクへ追い返した。ところが、そこでも彼はカトリックの非寛容に嫌気がさし、ついにはバーゼルに舞い戻るにいたった。彼は常にスキラとカリブディスの両難[4]を避けようと願い続けたが、両者の間の開きは、最もか細い声にとってさえあまりにも狭くなってしまった。「あれかこれか」を決定すべき日がやってきた。そして、スペインはどこに立場を求めるべきかを明確に承知していた。

宗教裁判はその網の目を、すべての自由主義的学問にまで拡げ始めた。ときには、例えばトレドの大司教カランザ（一五〇三―七六）のごとき、戦闘的な正統主義者すらも陥れられた。彼はフェリペ二世のもとで異端狩りに登用され、自らトリエント公会議の教令決定をも助けた人物であるが、一五六〇年代には彼自身の正統性までが攻撃を受け、十七年の監禁の後ようやく釈明が受理された。アルカラ大学のベルガラ教授はおのれの廉直さを強く自覚していたので、宗教裁判所を侮辱する態度を示した。彼は包紙の上に果汁を用いて書いた手紙によって外界との接触を保ったが、彼の計略は見破られ、異端としてではないとしても、法廷侮辱の廉をもって四年の監禁に処せられた。一五三〇年代になるとエラスムスの著作は禁書目録[5]に載せられ、ホルバインの描いた彼の木版画像は、宗教裁判所の書記によって抹殺された。こうしてエラスムス主義者は屈服し、イエズス会が勝利を占めた。

それにもかかわらず、スペインからは、自分の生まれた国より遠く離れた地でも法外な影響を残した少数の亡命者が現われた。第一には、ミゲル・セルヴェトゥス（一五一一―五三）である。彼は厳格な正統信仰を奉ずる家庭の出身で、寺禄付きの司祭だった彼自身の兄は、後に弟のミゲルを宗教裁判の網に誘いこむために進んでピレネー山脈を越えたほどであった。フランス在学中にセルヴェトゥスは三位一体論の問題に行き当たった。彼の関心は実際的だった。なぜなら、彼の判断によれば、この教義がムーア人やユダヤ人の回心にとって根本的な障害となってきたからである。それゆえに、彼がプロテスタントの影響のもとに数人の学生と共に聖書を研究し、聖書の中には「一つの本質の三つの位格」といった教説に関しては一言半句も見出されないことに気づいたときの驚きと安堵感とは、いかほどであったろうか。そこで彼は、この教義がどのようにして成立したかを調べようと思い立ち、後期スコラ学者の著作を研究し始めた。唯名論者と呼ばれるこれら哲学者は、真の実在は相互に無関連な個の寄せ集めにすぎないという見解に立ち、たとえ教会が決定を下したという理由で神はひとりであると神学的には考えなければならないとしても、哲学の観点からは神性の三つの位格は三人の神々と考えざるをえないと主張した。プロテスタント的な批判精神の浸透によって、教会的権威に対するセルヴェトゥスの信仰はゆらぎ出し、哲学にとって虚偽に見えるものを神学の権威において受け入れるということは不可能になった。

図 16　三人の別人のように描かれた三位一体

彼は頽廃期のスコラ学を貪り読み、その酸化作用は三位一体論の教義を侵食しきったのである。彼には三位一体が聖書の中で明証されているとは思われなかったし、また彼の目には、これこそがスペインの宗教的統一に対する最大の障害として映ったのである。

彼自身の見解は諸説の奇妙な混淆で、イエスを他の人間と同じひとりの人としようとする近代人の願いとはほど遠いものであった。彼が否認したのは端的に神の子の永遠性そのものであった。彼の言うところによれば、御子は永遠の言葉と人間イエス・キリストとの、ある特定の時点における結合だったゆえに、永遠ではない。その結合の後に、このキリストは世の光、すなわちすべての被造物を可視的なものとする光明の内在的形式となったのである。セルヴェトゥスの宗教の核心は、キリストを人間の次元に引き下げることではなく、人間をキリストの次元まで引き上げることにあった。古代のギリシャ教父神学者たちと同様に、彼は人間が人間性を脱ぎ捨て、神の人、すなわち永遠の神の子と一つになることによって神性を獲得するときのみ、死への定めを脱して不死性を着ることができると考えた。ところが、このような考えは、カルヴァンに従えば、三位一体論の否定よりももっと忌まわしいものであった。なぜならば、カルヴァンにとって神は全くの超越的存在であって、このような人間と神との混同は、考えることすら許されない瀆神行為だったからである。セルヴェトゥスはこのような思弁を、幼児洗礼の否認と原始キリスト教の復元という夢に結びつけた。もしも命からがら逃げ出さなければ、セルヴェトゥスはこれらの異端説を、カトリックのフランスにおいても火刑柱の上で償わなければならなかったであろう。しかし彼は同じ刑罰をプロテスタントのジュネーヴでこうむることとなった。セルヴェトゥスの死後、カルヴァンはセルヴェトゥスの所説がイタリアで拡がっているという報せを耳にした。もし刑死しなかったならば、セルヴェトゥスはその地に赴いたはずであった。

実際にイタリアへ行ったもう一人のスペイン出の改革者は、皇帝付きの秘書官の兄弟で、エラスムス主義者でありながら、タウラーのような人々から直接に体得した深い神秘主義を身につけたホアン・バルデス（一五〇〇頃―四一）であった。イスキア島にある自分の集会所で、バルデスは修練会を開いたが、それにはイタリア貴族や、教会の高位者、洗練された高尚な趣味を持つ婦人たちなどが列席した。バルデスは彼らに対し霊的父親として臨み、いっさいの外形的見せかけの虚栄――修道院的な禁欲生活や、肉体の刻苦をすら含めて――について談論した。真に大切なのは霊の輝きだけであり、われわれを神から引き離すのは、ほかならぬわれわれ自身の頑固な我欲なのである。キリストの犠牲によって神を宥める必要はない。あの犠牲の目的は神の義への負債を払うことではなく、かえって負債を返済しなければ罪が赦されないと考えているために神のもとに至ることを妨げられている人々の粗野な考えを満足させることにあった。神の義に関する人間の憂慮を宥和するため、神はその御子を世に送って罪の赦しを得させられた。このような考え方が、代理贖罪という教義を根底から危くすることは明らかである。

セルヴェトゥスやバルデスの教説が流れこんだイタリアは、ローマ教会に対してははなはだどっちつかずの態度を示した。ある意味でローマはイタリアの栄光であり、ルネッサンスによってまばゆいばかりに新しくされたこの都市国家には、アルプスの北から巨額の富が流入していた。教皇庁を廃絶することは、イタリアの最大の光を消滅させることを意味した。同時に、教皇庁の法外な主張は憤激の的だった。都市国家はしばしば教皇と論争をかわし、ときには戦いを交えた。中世末期に小分派はことに北イタリアで猖獗《しょうけつ》をきわめたが、その精神は決して消え失せてはいなかった。十六世紀におけるカプチン会(6)の発生を一瞥するがよい。彼らはともあれローマ教会の檻の中に留まったカトリック修道会であるが、しかも彼らは、かつて分裂的なフラティチェリの徒を産み出した霊的フランシスコ派の文献から多くのことを学び取ったのである。初期のカプチン会修道士たちは、聖フランシスコの掟をどの教皇の回勅よりも重要視した人々の精神を、そのままに受け継いだのである。

イタリアはまたルネッサンスの母でもあった。偽文書の暴露者ロレンツォ・ヴァラ(一四〇六―五七)の批評的精神(7)が栄えたのもここであったし、フィレンツェ学園の神秘主義的傾向が涵養されたのも同じくここにおいてであった。このようにイタリアは宗教改革の到来に先立って、分派主義的・合理主義的・神秘主義的傾向を併せ持っていた。このような土壌に、ことに北イタリアにルター主義は根を張った。十六世紀末にカプチン会修道士の努力によってカトリックに再改宗した者の数から推定すると、ルター主義運動は当時の資料に基づいてわれわれが考える以上に広範囲だったに違いない。

しばらくの間、教会の高僧の間にもルターとエラスムスの奇妙に混合した思想にかぶれた者があった。ある者はただに途方もない道徳的紊乱《びんらん》を確認して、これを改革しようとするだけではなく、教理の面でもルター的な信仰義認論に同調するに至った。しかしスペインと同様に、イタリアにおいても徐々に明確な区分線が引かれるようになった。一五四一年、プロテスタントとの最後の会談が開かれた（レーゲンスブルク会談）。枢機卿コンタリーニ（一四八三―一五四二）は信仰義認の教説に譲歩したが、彼の業績は否認され、帰国の後、彼は間もなく世を去った。翌一五四二年、ローマに宗教裁判所が設置され、一五四五年にはトリエント公会議が始まった。スペインにおけると同じくイタリアでも、自由主義者は、たとえ枢機卿といえども、宗教裁判所の地下牢に呻吟するようになった。

こうして、イタリアの自由主義は三つのグループに分裂した。ある人々は修道院に隠遁したり、教会の儀式や教説をそれぞれの流儀で精神化して、自分の心の修道院に逃げ込んだりした。しかしそれが許されたのは、早く世を去った人々だけであった。宗教裁判官が巧妙さを増すにつれて、いかなる姑息な手段も許容されなくなり、死か亡命かの選択が厳しく迫られるようになった。

イタリア型の宗教改革が恒久的に生き残ったのは、ただ亡命者たちの間においてであった。そこではすでにイタリア・ルネッサンスの特色をなし、さらに明確にはスペイン人のセルヴェトゥスやバルデスによって形成された神秘主義および合理主義の思想が顕著だった。もっとも、イタリア人は共同体の形成という点で、スペイン人に優っていた。それはイタリアにおいて著しく残っていた分派の影響によるのかもしれない。北イタリアには反三位一体論的、また再洗礼派的理念を特色とする秘密結社が数多く散在した。このようにして、ラテン系諸国の自由精神は、北方ヨーロッパの左派グループへ惹きつけられていったのである。

もちろん、この時代にはカトリック領域にもプロテスタント領域にも、このような思想を抱いた者が避け所を求めることは不可能だった。新大陸への移住の機会が開かれる前は、ヨーロッパの東の辺境だけが唯一の避難所だった。そこでは近代的な国民国家においては圧殺されてしまったような多様性が、封建制の残続のゆえにまだ可能とされていた。ポーランドの貴族たちは、もし自らが欲するならば国王の威嚇に気兼ねすることなく、被迫害者に保護を与えることができたのである。

そこでポーランドは、反三位一体論と再洗礼派的思想を種々の度合いで混淆した人々の有力な中心地となった。この国における宗教運動は、ファウストゥス・ソッツィヌス（一五三九―一六〇四）（あるいはソッツィーニ）の名からソッツィーニ派として知られることになった。[8] イタリア人の入国を容易にしたのは、ポーランド女王ボナ・スフォルツァ（彼女自身が疑いもなくイタリア人だった）の好意だった。彼女の保護のもとに、イタリアとの間の文化交流が推進されたが、同じ通路を経て異端説も流入した。もっとも、これらの宗教集団が作り上げた共同体の結合の程度は、それほど強固なものではなかった。ファウストゥス・ソッツィヌスが自身は破門・放逐されたその当の教会の公認された代表者となっている、というのはいささか変則的である。神学的には彼は一般に合理主義者として認められている。彼は三位一体論の教義に対する古来からのスコラ学者による攻撃を、セルヴェトゥスから継承し、バルデスと同様に代理贖罪説を退けたかぎりにおいては、まさしくそうであった。一般には神秘主義の傾向は見逃されているが、ソッツィーニ派の偉大な信仰告白であるラコヴィア信仰問答は、人生の主要目的を不朽・不死の獲得と断言している。これは東方正教会にはきわめてなじみ深く、西方でも神秘主義者にときおり現われた思想の遺物である。それは人がキリストを通じて神に近づき、その結果不死という神的特性を獲得するため、キリストを人間に近寄せようとする努力を特色とする。社会倫理の面では、ソッツィーニ主義は、誓言を退け戦争を忌避する点で、再洗礼主義と軌を一にする。

ソッツィーニの運動は、ポーランドばかりでなくハンガリー、モラヴィア、トランシルヴァニアなど、ハプスブルク家や、ときにはトルコに領属する国々にまで足掛りを得た。プロテスタントによって追い出されたこの人々は、カトリック教徒よりはむしろ異教徒の支配を選んだ。彼らの方が寛容の精神に富んでいたからである。このようにして、ヨーロッパの辺境諸国ではプロテスタンティズムはある意味で反ヨーロッパ的となり、宗教のみならず政治の領域でも、ヨーロッパを二つの陣営に引き裂く傾向を生んだ。自由探究の精神は組織化された運動としては見るべきものを残さなかったが、批判的探究、神秘主義的敬虔、および信教の自由などの点で、他のプロテスタント教会にも刻印を残すこととなった。啓蒙時代に至っても、これらの人々は忘れさられたままで、記念碑といったものも多くは建てられなかったが、それにもかかわらず啓蒙思潮がこれら先駆者に負うところは少なくない。

第8章　ルター主義公認のための戦い

ルター主義教会というカトリック教会の一つの敵対相手（四つとまでは言わないとしても）の出現は、単に宗教面のみならず、中世の社会的・政治的生の全構造を攪乱することになった。その過程に輪をかけたのは、たまたま同じ時期に、神聖ローマ帝国が国民国家主義の発生によって解体したという事情だった。これもまた、カトリック教会の普遍的統治を切り崩す役割を果たすこととなった。宗教改革のはるか以前に、大部分のカトリック国では国民国家主義が教会を圧服し、それを国家的統一の目的に利用していた。フランスのガリカニズムとは、教会禄の叙任や教会の富の配分が、ローマよりもパリによって決定される仕組みのことである。同様にスペインにおいても、国王はときには教皇の訓令に背いてまでも、教会の事柄に介入し、宗教裁判すらも国民的栄誉の手段として国家に奉仕するよう強要した。全体の趨勢から言えば、たとえこれらの教会が霊的にはローマに隷属し続けたとしても、外形的な事柄に関しては国民教会の形成へと向かっていた。

しかし、新興国民国家が教皇庁を制肘《せいちゅう》するに余念がなかったとしても、それぞれの領内で一つ以上の信仰を許容するつもりは毛頭なかった。一つの信仰、一人の王、一つの法（une foi, un roi, une loi）の原則は、どの健全な政体にとっても依然として規範的なもので、スウェーデンや英国のようにローマと手を切った国々でさえも、カトリックの少数派はいわずもがな、一種類以上のプロテスタンティズムを容認する気は全く有しなかった。ただ一つだけの新しい信仰が保護を受け、他はすべて禁圧されたのである。国民国家はこの意味で、中世的体制の小規模な複製にほかならなかった。それゆえに、もしも人民のある者がカトリックであり、他はルター派であるような場合、きわめて厄介な問題が生じた。さらにもしもツヴィングリ派、カルヴァン派、再洗礼派、ソッツィーニ派などが加わった場合には、いっそう面倒なことになった。例えば、アウクスブルク市には、十六世紀中葉に四つの派、すなわちカトリック、ルター派、ツヴィングリ派、およびシュヴェンクフェルト派（スピリチュアリスト改革者の一人だったカスパー・シュヴェンクフェルト〔一四八九―一五六二〕の名前から）が混在していたのである。

相争う信条が並立することは宗教的緊張を高めるが、それに起因する政治的危機の高まりは、いくつかの方法のどれかによって緩和することが可能だった。究極的には最良の策は、完全な信教の自由だった。一五七三年のこと、ポーランドではルター派、カルヴァン派、およびフス派が同調に失敗しながらも、お互いに異なる道を行くという点で意見が一致したとき、この理想はほぼ達成された。「相異なることに同意する者の平和」（Pax Dissidentium）という語が彼らの協定に与えられた。しかしポーランドにおける勢力均衡は、対抗宗教改革によって間もなく覆された。ようやく次の世紀になって、オランダと英国がこの方策に近づいたが、それでも解決策の中に許容されるべき変種の数には依然として制約が加えられたままであった。

十六世紀においては、意見の相違を認め合うということは一般的でなかった。そうなると、いきおい他の二つの方策の中から一つを選ばなければならなくなる。その一つは「領主の信ずる宗教をその領地の宗教に」（cuius regio, eius religio）という原則、すなわち、ある領域の宗教は為政者によって決定されるべきだという原理に則って、領域を分割する方法である。いかなる対立的信仰にも公礼拝を守る権利は認められないが、異なった信仰を持つ者は自分の信仰を認めてくれる領域に移住する自由を与えられる。ドイツは最後にはこの原理に従って分割され、アメリカ植民地も異なる信仰告白がそれぞれ違った州領を作り出したので、いやおうなしにこの方策を採択せざるをえなくなった。アメリカ合衆国憲法でさえ国教会の設立を禁止するに留まり、各植民地が自由に政教一致策を持続することは容認したのである。この状態は地域によっては一八三〇年代まで続いた。

第三の解決策は包括主義（comprehension）である。それは他の二方策の特色を幾分かずつ備えている。それはある領域ではただ一つの宗教だけを公認するが、しかも転住者の数を抑えるために、きわめてわずかな要求を課し、できるだけ多くの人民を満足させようとする試みであった。

教理的・典礼的要求は次第に削減され、ついには極端なやかましやだけが和合を拒絶することになる。そして合意をいっそう容易にするために、最低線として必要な教義すらも曖昧さの衣に包まれ、その結果すべての人が広量の精神に基づいて、それにおのおの内容を読みこむことができるようにされた。カール五世がアウクスブルクの和議で試みたのもこの解決策だったが、これは間もなくぐらつき、そして失敗に終わってしまった。後のエリザベス女王の試みはもっと徹底的で、カトリックの反対者やプロテスタント分離主義者の非協力にもかかわらず、はるかに大きな成功を収めた。

紛争や戦役が続き、課題の解決が失敗に終わり、常に多少の齟齬をきたしたりしたため、われわれの論述も国別、信条別になされなければなるまい。おおまかに言って、ドイツとスカンディナヴィアでの争いはルター主義の公認、フランス、オランダ、スコットランドでは、第一義的には、カルヴァン主義の公認、そして英国ではカルヴァン主義の色合いを帯びた中庸の道の公認のためであった。しかし、イタリアとスペインでは、カトリックの真正の競争者の現われる可能性はついに全く生じないでしまった。東欧諸国、ポーランド、ハンガリー、モラヴィア、およびトランシルヴァニアにおいては、多くの小教派がほとんど均等の立場で相争った。

この章においては、前置きとしてまずスイスの状況を述べ、それからドイツや北欧諸国におけるルター派教会の争いを論ずることとする。そして次章においては、カルヴァン主義諸教会の戦いを取り上げるであろう。

前に述べたことを要約するならば、スイスにおいてまずチューリヒが、ついで他の北部諸州が宗教改革に踏み切ったとき、連邦は分裂の危険に曝されていた。カトリックはハプスブルク家に、そしてプロテスタントはドイツのルター派にそれぞれ援助を求めた。その結果は一五二九年と一五三一年の二度にわたる内戦だった。二度目の戦いでツヴィングリは生命を落とした。その結果結ばれた和平条約は、予測されたよりはプロテスタントに対し寛容だった。そこで、スイスにおいては属地主義の原則が採用された。すなわち、宗教改革がすでに成就された地域ではそのままに残されるが、カトリックの少数派は許容されなければならない。他方、カトリック地域においては、福音主義伝道者の活動は中止されなければならず、プロテスタントの少数派は容認されない。カトリック領スイスにあるロカルノの全住民が一五五〇年代にプロテスタントに転向したとき、この和平条約の危惧すべき結末が明白となった。スイス連邦議会には、プロテスタント州とカトリック州の代表者が一つの単位として集まっていた。彼らの前に置かれていた問いは、プロテスタンティズムがこれ以上カトリック領へ浸透することを禁じたカペルの和議を、どのようにして強制できるかということであった。法規は、カトリック教徒がその領域で、血の粛清をもってプロテスタントを一掃しても差し支えないと定めている。このような事態を回避するため、プロテスタントの中には、ロカルノ住民全部の追放を提案する者もあった。しかしチューリヒは、おのれと同じ信仰を告白しているという理由から課せられるどのような処罰にも反対だった。連邦議会の中の同僚たちも、そのような責任の放棄は仔羊を狼に投げ与えるに等しいと指摘した。

結局は全住民がチューリヒに移住し、定着することとなった。ペスタロッチ[1]の一族がドイツ系スイス人となったのは、このような事情によってであった。小規模ながらも、このスイスの試みは、移住権（ius emigrandi）に基づく属地主義的解決を予測させるものであった。こうして連邦の政治的統一は救われた。

ドイツで問題となっていたのは、第一にマルティン・ルターをどう扱うか、またヴォルムスの勅令を強要すべきかどうかであった。そしてルターの信奉者が数を増すにつれて、問題は二つの対立する信仰告白をめぐるものとなった。もっとも、皇帝自身〔カール五世〕はこの問題に心を迷わすことは決してなかった。彼は次第に自分をスペイン王、またハプスブルク家の首長というよりは、聖なるカトリック教会を改革し、復元し、保護する使命を天から与えられた世界的君主の役割を担う、と考えるようになった。もっとも、カール五世の手はいつも塞がっていた。彼はローマ自体がこの使命の達成にとって妨げであることに気づいたとき、たじろぎを覚えた。世界的君主を目指す彼の

図17　皇帝カール五世

大望は、決して教皇たちの推奨するところでなかったし、皇帝の保護のもとに教会公会議を召集・開催し、それによって、改革を推し進めようという彼の計画も歓迎を受けなかった。帝国の首長と教会の首長との対立は、一五二七年にローマ市が皇帝軍によって掠奪をこうむり、教皇自身が虜囚となるほどに激しかった。カールはしばらくの間、教皇をおのれの意のままに扱うことができたが、それも長くは続かなかった。なぜなら、結局のところ監禁された教皇は真の教皇ではないし、カールもまた、もしも優勢を保とうとするならば、かえってそれを放棄しなければならないこと、聖ペトロ〔の後継者〕をうまく利用するには、もっと巧妙な方法によらなければならないことに気づいたからである。

もう一つの障害は、ときおり英国によってそそのかされたフランスだった。この両国は、ハプスブルク家がスペイン、ナポリおよび低地方で固く根を張り、さらに帝位の尊厳にも助けられて全ヨーロッパに覇を唱えるのを看過する気は毛頭なかった。フランスは絶えず北イタリアを獲得し、ライン川の左岸を支配し、低地方諸国でのハプスブルク家の勢力を弱める政策を取ってきた。フランスがドイツ皇帝の全ヨーロッパに対する宗主権を確認したのは、手ひどい敗北を喫してから後のことで、しかもそのような全面的隷属状態は長続きするものではなかった。

第三の重大な脅威はトルコ人だった。彼らは地中海沿岸を荒らしまわったばかりでなく、この時代には長くウィーン郊外に陣を張り続け、ハンガリーを衛星国として支配していた。カールは異教徒を追い払って全ヨーロッパを統一する十字軍を起こそうという熱情に燃えていたが、教皇は自らの名でしばしばそのような訴えを発していたにもかかわらず、実際には皇帝の十字軍を支持するどころか、ときにはフランスとトルコの同盟に自分も加わりかねない有様だった。

カールはもともと自分が世子として継承した国々さえも、絶対的な確かさをもって当てにすることができなかった。スペインではときおり秩序の混乱が国を動揺させていたし、最も悪質なプロテスタンティズムである再洗礼主義がオランダに簇生《そうせい》し、オーストリアにまで浸透しつつあった。カールが皇帝として君臨したドイツでは、相争ういくつかの流れが見られた。一方では、ドイツ人は帝国に対し深い畏敬の念を持ち、ルター派の反抗も良心の咎によって常に阻止されがちであったが、他方ではハプスブルク家への嫉妬が存在し、最もカトリックに忠誠な君侯たちでさえ、異端の峻厳な取り締まりがハプスブルク家に何らかの実益をもたらしそうに見えるときには、これを差し控えるのであった。こうした多くの複雑な事情から、カールは二十五年間というもの、ドイツ国内の異端撲滅に全力を傾注することができなかった。いずれにしても、彼は十分な実力がないのに極端な手段に訴えるほど無思慮な統治者でなかった。その結果、彼の解決策は強要と妥協の両極の間を往復することとなった。このように長く逡巡を続けるうちに、ルター主義はますます勢力を増強し、ついには妥協だけが唯一の現実的な道となってしまった。

一五二〇年代には、問題は少なくとも形式的には、ルターをどう処分するかであった。皇帝の臨席なしに会合したニュルンベルクの帝国議会は、「能うかぎりヴォルムスの勅令を強要する」という曖昧な表現で満足するほかなかったが、それは実際的には、福音主義に移った領邦が自由に勅令を無視してもかまわない、ということであった。次の帝国議会は一五二六年に、シュパイエルに召集された。その間にも、問題は一人の個人から党派へと移ってしまっていた。ヘッセンのフィリップ(2)の指導下に、政治的プロテスタンティズムが成立し始めていたからである。彼らはもしも介入が企てられるならば、必要に応じて武力にでも訴える固い決心を定めていた。シュパイエル帝国議会は、各領主が「神と皇帝とに責任を負う仕方で」振舞うべきことを宣告した。これは事実上はどう見ても属地主義の主張にほかならない。このような事態が三年間も続く間に、ストラスブール、アウクスブルク、ウルム、ニュルンベルク、コンスタンツなどを含む南ドイツの多くの都市がルター主義を受け入れてしまった。しかし次の国会が一五二九年、再びシュパイエルに召集されたとき、フイリップはカトリック側の偽装策を誤認し、伝統的な敵であるフランスやボヘミアに和議の手を差し伸べるようなこととなったため、福音主義の立場は弱体化した。祖国に忠誠な多くのドイツ人の心は離反し、その結果、帝国議会はカトリック側に有利な形で属地主義を是認した。すなわち、ヴォルムスの勅令は各領邦で施行されるべきであるが、それは教会公会議が召集されるまで暫定的であること、ルター主義を騒乱なしには鎮圧できない地域では許容されるべきこと、というのであった。ルター派領域では宗教の自由の原則がカトリック少数派に適用されるべきであるが、同じ原理はカトリック領内の少数のルター派には適用されない。このような不公平な取り決めに対し、福音派は抗議を発した。これがプロテスタント〔抗議者〕という言葉の起源である。しかし、この語は呼び名としてはあまり適切ではない。なぜなら、それはプロテスタンティズムが根本的にはなにものかに対する反立に依存している、という印象を与えるからである。反対者たちは自らの宣言文において「われらは抗議（同時に「公言する」という意味を含む）し、神の言に逆らっては何事もなしえないことを神の前に公然と証言すべきである」と断言している。したがって、強調点は抗議というよりは、証言におかれるべきなのである。

この休戦状態とでもいうべきものは、わずか一年しか続かなかった。その間、ヘッセンのフィリップは軍事同盟の伸張を望み、ルター派とスイス人との合同を策したが、これに失敗した。他方、皇帝はフランス軍と教皇とを打ち破り、ドイツの宗教問題を処理するため自由に帰国できる状況にあった。彼はまず手袋をはめた手で下手に出、もし不成功に終わるときには鎖帷子《くさりかたびら》で武装して拳《こぶし》を振う決心を固めていた。問題は一五三〇年、アウクスブルクに召集される帝国議会で解決されることになっていた。これは教会の公会議ではなく、本来的には神学者の集まりでもなかった。ルターは依然として帝国の追放令のもとにおかれていたので、出席することができなかった。神学者側の主導権は、アウクスブルク信仰告白を執筆したメランヒトンの手にあった。この告白は、ルター主義とカトリック主義は究極的には分かりあえるという望みのもとに、両者の間のあらゆる共通点を強調する試みであった。しかし教義の面では、信仰のみによる義認が主張され、実体変化説は否定された。

問題はどれほど多くのプロテスタント諸派が、アウクスブルク信仰告白を承認するかであった。しばらくの間は、それは全ルター派の共通の叙述でさえなく、わずかにザクセン派だけの告白のように思われた。しかし最後にはヘッセンのフィリップをも含めて、すべてのルター派がこれに加担した。ただしスイス側は別個の告白を提出し、南ドイツ諸市もこれに倣った。一五二九年のシュパイエル帝国議会においてルター派の同意を得たうえで極刑による処罰を宣せられていた再洗礼派は、当然のことながら全く意見を述べる機会を与えられなかった。こうしてプロテスタントは共同戦線を張ることに失敗した。しかし、少なくともルター派は一つとなった。

ローマ・カトリックとの共通点をことごとく数え上げようという協調的精神も、教皇庁を宥める効果を産まなかった。実体変化の否定だけでも、アウクスブルク信仰告白は受け入れがたいものであった。神学者たちが対立を回避するため、できるだけのことをなし終えたいま、君侯たちが信仰を公に告白するときとなった。彼らは決然たる態度でこれを果たし、プロテスタンティズムはただに牧師や大学教授、または信心深い小集団の事柄にとどまらないことを明らかにした。各領邦の平信徒領主たちも、信仰のためには「富も妻子も、このかぎりある生命さえも惜しまない」(ルターの有名な讃美歌の一節)ことを示した。ブランデンブルクのゲオルク大公は、コルプス・クリスティ行列[3]に加わらないなら処罰すると皇帝に威嚇されたとき、こう答えた。「私が神の言を取り上げられ、神を否むように要求される前に、私はひざまずき、そして首を打ち落としてもらうであろう」。結局のところ、カール五世にはこのような極端な手段に訴えるつもりはなかった。皇帝は一年間だけアウクスブルク信仰告白を黙認することに同意した。もしもその後もルター教徒が屈しないならば、彼らは剣の刃を味わわなければならないはずであった。重要なのは、これらの出来事を通じてルター派が一つとなったこと、平信徒の指導者たちが旗幟を明らかにしたこと、そしてそれがカトリック教会の敵手として、少なくともしばらくは公認せざるをえなくなったことである。

しかしながら、この解決が決定的に承認されるまでには、もう十五年の歳月が必要だった。一年の猶予期間が終わったときにも、皇帝は彼の以前の脅迫を実行に移すことができなかった。事実、彼が問題をもう一度取り上げたのは、さらに十年以上もたってからであった。そしてそのときですら、彼は手いっぱいで、無理強いよりは妥協の方が賢明に思われたのである。皇帝は長いあいだ教会公会議の必要を説き続けてきたが、教皇がいつもこれを妨げていた。しかし教皇も俗権の法廷であるドイツ帝国議会に教会の事柄の討論を誤って委ねてしまったことの愚かさに、ついに気づき始めた。それは一五一七年、第五ラテラノ公会議が終わったときからであった。それからほとんど四半世紀も経った一五四一年、教皇はレーゲンスブルクに教会公会議を召集することに同意した。プロテスタントもカトリックもこれに出席し、果たして和解が可能かどうかを見きわめることになった。カトリック側の指導者が、エラスムス的傾向をもつイタリアの進歩主義者の一人、枢機卿コンタリーニ（一四八三—一五四二）であり、プロテスタント側の代表が、スイス人とルター派の間の調停的役割をもって知られたストラスブールのマルティン・ブツァー(4)だったので、実質的な望みがなかったわけではない。信仰義認という枢要な教義に関しては、コンタリーニ自身がこれを受け入れる用意のあることを表明したので――もっとも、彼の理解したところがルター派と全く同じであったかどうかは別問題であるが——越えがたい問題とはならなかった。しかしプロテスタント側が実体変化説を否定したことは、重大な困難をもたらした。さらにアウクスブルクのときのメランヒトンと異なって、ブツァーは執拗に教皇の権能を否認し続けた。結局、合同は失敗に終わり、コンタリーニが与えたいくつかの譲歩すら、彼のイタリア帰任後に棄却された。傷心の調停者はそののち間もなく世を去ったが、それは束の間の望みの最後の偉大なる代弁者の終焉にほかならなかった。

ローマにおいても進歩主義者の時代は終わった。一五四二年、ローマに宗教裁判所が開設された。対抗宗教改革のカルヴァンともいうべき非情のカラッファが、一五五五年にパウロ四世として教皇の冠を受けたが、彼は不道徳と異端の撲滅に等しく使命を感じていた。彼の支柱となったのは、新たに創設された修道会だった。カプチン会は団長のオキーノ[5]が改革側に亡命して以来、厳重な統制を布いていた。テアティン会[6]は牧会と禁欲的苦行に献身した司祭より成る修道会である。最も際立っていたのは、あらゆるエラスムス的要素を一掃したスペイン改革の頂点をなすイエズス会だった。教皇はトリエントに教会公会議を召集した。会議は二十年にわたって続いたが、その間、次第に教皇の統制のもとに置かれるようになっていった。

宗教上の食い違いを合意によって解消するいっさいの望みは、決定的に吹き飛んでしまった。十六世紀につぎつぎと試みられた三つの方策の中で、Pax Dissidentium（相異なることに同意する者の平和）はカール五世にとって最も推賞しがたいものであった。なぜなら、寛容の精神ほど彼の抱いていた前提からほど遠いものはなかったからである。さらに属地主義もほとんど同じくらい、彼の世界的君主としての野望を毀損するものであった。こうして包括主義が、やむをえない妥協の形で残ることとなった。この解決策の性格を明らかにする前に、カール五世はそれを強制できるような体制を整えておきたかった。そのため彼は軍事的攻勢の準備に取りかかった。彼の冒険は、フランス、スコットランド、デンマーク、スウェーデン、ユーリッヒ・クレーフ、さらにトルコが皇帝に対抗して同盟を形作っていたおりのこととて、よしんば英雄的とは言えないとしてもまさに大胆不敵なものであった。バイエルンを除く全ドイツがすでに改革を受け入れたか、または今にも受け入れようとしているように思われた。ヘッセンのフィリップの指導下にあったプロテスタントは、一五三六年に至ってついにルター派とスイス派との間に一致信条を見出し、シュマルカルデン同盟という恐るべき軍事機構を作り上げた。同盟側が自国領内で行動できたのに比し、カール五世はスペインから軍隊を移動させなければならなかった。それにもかかわらず、皇帝は外交、戦略、さらに単なる幸運によって、敵を四散させるのに成功した。

皇帝は敵の野心を利用し弱点を衝くに機敏だった。ザクセンのモーリッツ（一五二一―一五五三）は、選帝侯の栄誉をザクセンの他の家系から自分のものとするという賄賂によって籠絡され、中立を約した。ヘッセンのフィリップは重婚という醜聞によって無力になっていた。それは帝国国法を破ることだったため、彼は皇帝の慈悲を懇願せざるをえない立場にあった。レジスタンスの主導権はザクセン選帝侯（ヨハン大度侯）に帰したが、ザクセンでは武力反乱の正当性への疑義が、全面戦争への発展を妨げていた。

何らかの信念に基づいたものにせよ、または単なる非効率のせいだったにせよ、シュマルカルデン同盟は皇帝軍を粉砕する好機をむざむざと逸してしまった。それに続く消耗戦では、皇帝の側が長続きすることを示した。彼の軍隊は疾病によって損害をこうむったが、彼のほうがシュマルカルデン同盟よりも給与の支払いにおいてうわてであった。一五四五年の十一月までに、同盟軍は崩壊しさり、南ドイツ諸都市はつぎつぎと降服した。北の方では実際の戦闘が事を決した。ザクセンの選帝侯ヨハン・フリードリヒは捕えられて死刑を宣せられたが、後に判決は終身刑に変えられた。ヘッセンのフィリップは君侯として処遇されることを期待して投降したが、かえって捕虜となった。

カール五世は仮信条協定（インテリム）と呼ばれる文書において、彼の包括主義政策を公にした。これは恒久的な解決策が教会公会議によって決定

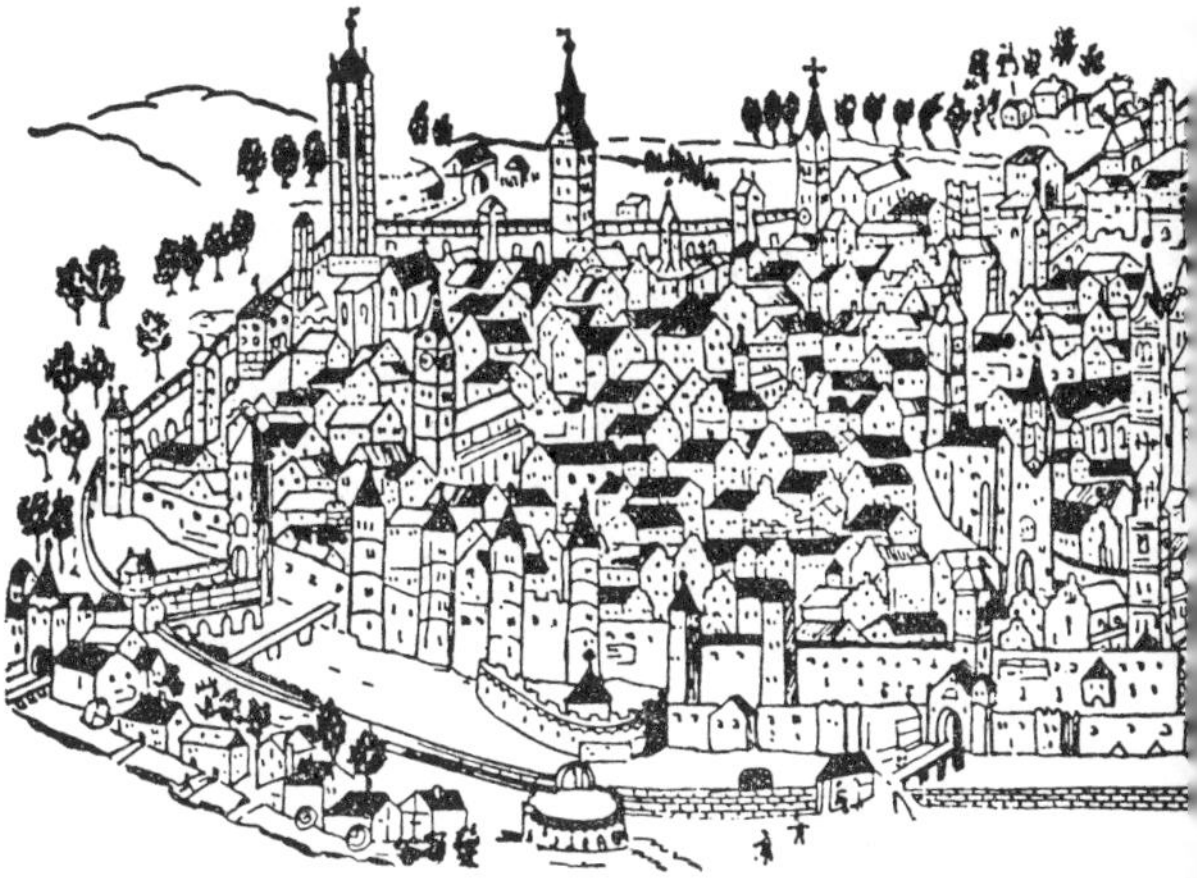

図18　16世紀のアウクスブルク

されるまでの、暫定期間《インテリム》だけ有効とされたので、このように呼ばれている。プロテスタントはただ二つの譲歩しか引き出せなかったが、それも教義的というよりは、実際的分野においてであった。すなわち、ミサ聖祭において杯を平信徒にも与えることと、司祭が結婚しても差し支えない、という二点である。

　プロテスタントはほとんど最後の一人まで、このような包括主義のたくらみと関わり合うことを拒絶した。ルターはすでに世になかったが、彼の教えは深く根を下ろしていたので、南ドイツの四百人の福音派牧師は、屈従よりは生活の資を捨てるほうを選んだ。多数の者が、ブツァーのように亡命した。牧師を失っても会衆は依然として集会を守り続けた。端的に、宗教改革は政府の機関によって上から民衆に押しつけられた制度ではなく、人間の力をもってしては根絶できないような信仰の表出だった。ザクセンのモーリッツにしても、捕えられた君侯たちに対する取り扱いに憤慨し、一度は約束した中立を投げ棄て、疾風のように皇帝軍を急襲したので、皇帝はいっさいの夢を打ち捨てて逃げ出し、ようやく一命を全うしたほどであった。

宗教問題の全面的解決は失敗に終わった。カールは帝位を辞してスペインのとある修道院へ隠遁し、わずか二年後にやってきた自分の葬儀の予行演習をして日を送ることとなった。錯綜したドイツ問題を解きほぐす役目は、皇帝フェルディナント（一五〇三―六四）に委ねられた。今や残された唯一の解決策は属地主義だけであった。そしてそれが一五五五年のアウクスブルク和議の原則となった。キリスト教ヨーロッパの歴史で初めて二つの信仰告白、すなわちローマ・カトリックとアウクスブルク信仰告白によるルター派とが、法律上対等な公認を受けることとなった。もっとも、ツヴィングリ派、カルヴァン派、および再洗礼派は除外された。一五五二年までに個人の手に移った教会財産は、そのまま合法化された。この後は各領地の信仰は領主の決定によることとなり、少数派は移住の自由を認められた。ただし二つの重大な問いに対する答えは曖昧なままで残された。カトリック側は、もしも教会領が将来プロテスタントに転向することがあっても、その財産はカトリック教会の手に留まるべきことを主張したが、プロテスタントは同意しなかった。逆にプロテスタントは、ルター派がカトリック国で容認されることを期待したが、これは明記されなかった。このような曖昧さは、プロテスタントの中でもルター派だけに信教の自由が許容されたこととあいまって、後に三十年戦争（一六一八―一六四八）勃発の遠因となった。しかし、ともあれ何らかの進展が得られたことは事実である。こうして教会的統一の大原則は破れさった。どのような統一にせよ、その崩壊を醜聞・罪過として慨嘆する者にとっては、結果は悲しむべきものとしてしか映らないであろうが、普遍性よりも自由を尊ぶ人々は、ここに信仰の自由への一大進歩を認めるであろう。

こうしてドイツのルター派は、カトリックと並ぶ平等の地位を獲得した。スカンディナヴィア諸国では、ルター教会がカトリック教会に代わって国教会となった。もっとも、根底的な動機は政治的なものであった。それは、名目だけはローマ教皇の宗主権のもとにあるにせよ、またはそれと手を切っているにせよ、国教会の設立という時代思潮の一局面だったからである。ここで教理の果たした役割は、教会の資産を横領し聖職者の任免を意のままにしようという国王側の努力と較べれば、数えるに足らない。その結果は、一五二七年スウェーデンにおける最初のプロテスタント国教会の設立となって現われた。それは英国国教会の設立に先立つこと満六年だった。もっとも、こう言うことは、純真な宗教的関心の存在を全く否定することではない。十六世紀初頭には、ヨーロッパの他の諸国と同様にスカンディナヴィア諸国にも、カトリックともプロテスタントとも提携できる、色合いの未分化な改革者が多数存在していた。後者が勝ちを占めたのは、おそらくドイツと地理的に近いという事情によるのであろう。スカンディナヴィア諸国にはただ一つの信仰告白しか存しなかったので、ルター教会は単に国教会となっただけでなく、信条的に分裂していたドイツにおいてよりも、はるかに国民と密接した宗教となった。教会と国家の結びつきがこのように緊密だったにもかかわらず、スカンディナヴィアでは英国のように国王が教会の首長とならなかったので、教会は大幅な自主性を保つことができた。ルター主義の信仰が人民によって統治者に押しつけられたスウェーデンでは、領主によって地域の信仰が決定されるというアウクスブルク和議の原則が逆転された。最終的な解決が与えられたのは一五九三年のことであったが、そのとき名目上の国王はローマ・カトリック信者、摂政はカルヴァン主義者だった。しかし国民はアウクスブルク信仰告白の採択を成しとげたのである。

デンマーク、スウェーデン、ノルウェーが一人の国王のもとにあったにもかかわらず、その結合が緩かったことは、スカンディナヴィア型の解決に到達する段階を複雑なものとした。スウェーデンにおいては、ローマ教会からの解放運動がデンマークに対する独立のための闘争と結びつけられた。一五二〇年代のデンマーク王はクリスチャン二世（一四八一―一五五九）であったが、彼はルネッサンス型の専制君主で、一方でプロテスタントに秋波を送りつつ、他方ではカトリック的定義に従って異端を迫害することのできるような人物だった。彼は学芸の保護者、またカトリック・ミサ聖祭の擁護者だった。彼はまた、スウェーデンでも絶対権を得ようと固く決心した拡張主義者だった。反対運動は粉砕され、王は謀略によってその地位を確かなものにしようとした。約八十人の反対派が恩赦を約束され、宴席に招かれたが、その場で捕えられ、にわか作りの裁判を受け、異端の廉《かど》をもって処刑された。しかし一五二〇年のストックホルムの血の洗礼は、はなはだ強い反発をひきおこし、その結果クリスチャンはスウェーデンに対する支配をいっさい放棄せざるをえなくなった。代わってスウェーデン生まれのグスタフ・ヴァサ（一四九五―一五六〇）が王位に即いた（一五二三）。血の粛清の理由が、少なくとも見せかけは異端の嫌疑だったので、犠牲者の中には数人の司教が含まれていたにもかかわらず、スウェーデンのカトリック教会に対する反感はいっそう熾烈なものとなった。もっとも、このことを別としても、グスタフ王が教会財産の没収によって国家の財政を賄おうとしていたことには疑問の余地が存しない。彼はそれを事実やりおおせた。同じ頃に、ルター派の説教者たちが迎え入れられた。ことにオラーフ（一四九三―一五五二）とラルス（一四九九―一五七三）のペトリ（ペーテルソン）兄弟が著名である。オラーフは聖職者の結婚という点ではルターに先立っていたし、ラルスはルターにならって、一五二六年に聖書のスウェーデン語訳を完成した。決定的な転換は一五二七年に起こった。われわれはこの年をスウェーデン国教会設立の年と考えても差し支えない。教会の資産は国王の手に帰し、収入の道を断たれた修道院は衰退の一途を辿った。国王は高位の聖職者たちの決定事項に対して拒否権を持ち、彼らを任命する権限こそ持たなかったが、罷免することはできた。改革的説教が許され、純粋な福音が学校で教えられるようになったが、監督（司教）制は廃止されなかった。転移は徐々に、また暴力沙汰なしに行われた。もっとも、スウェーデンは一五九三年まで公式にはルター主義ではなかった。

奇妙なことに、デンマークではスウェーデンの反徒たちを異端の廉《かど》で虐殺した当のクリスチャン二世が、まさに同じ時期にルター派の説教者たちを自分の国に招いていた。短期間ではあったが、カールシュタットもヴィッテンベルクからやってきた。クリスチャン二世は教会の国教化の方向へ急速に進んだが、一五二三年に反乱が起こり、国外へ追放された。その後継者として即位したフレデリク一世は、カトリック教会の保護を誓約したが、たちまち教皇と対立し始め、諸分派を容認するに至った。一五二六年、彼は自分の王女が、かつてドイツ騎士団[7]の総長で、後にその所領を世俗化して最初のプロイセン公となったブランデンブルクのアルブレヒトと婚姻することに同意した。アルブレヒトを夫とすることは、背教の修道士と結婚するのと同じくらいの悪事であった。次第に国王は自分がどれか一つの党派をとくにひいきにしているのではなく、万人のために宗教の自由を願っているのだと言い出した。その結果、ルター派は大いに伸張し、一五三三年に国王が死去したときには、カトリック教徒が信仰の自由を要求していたほどであった。その後継者クリスチャン三世（一五〇三―五九）の治下、一五三六年にはもう一つのプロテスタント国教会が設立された。ノルウェーはデンマークの属国だったので、教会問題の解決についてもデンマークに倣った。

同じように、スウェーデンの保護領だったフィンランドもその頃ルター主義に転じた。フィンランドは文化的にきわめて遅れていたので、その最初の偉大な改革者マルティン・アグリコラは、文字を創出するだけでなく、それを読めるように人々を教育しなければならなかった。このようにどの北欧諸国においても、宗教改革は大きな文化的原動力となった。

スウェーデンにおいてもデンマークにおいても、結局は同じような結果に終わったところを見ると、スウェーデンでは教会の改革が国家の独立のための闘争と時を同じくして起こった、という事実はさして重要でない、と考えざるをえない。プロテスタンティズムとの関係のあるなしにかかわらず、国民国家主義の力はきわめて強大で、たとえローマが霊的事柄に関しては恭順を保ちえたとしても、富や権力を奪取されるに至るのは当然の成り行きであった。実際問題として、スカンディナヴィア諸国では、カトリック的敬虔の多くが生き残った。教会の礼拝は依然としてミサと呼ばれた。同時に、その基調をなしたのはルター主義だった。このことが最もよく知られるのは、マルティン・アグリコラの次のような文章である。「わたしの罪は大きく、かつ頭の毛、地の草、樹木の葉、岸辺の砂粒、大海の水滴、空の星ほどに多いが、わたしは絶望に陥らない。わたしは大いなる贖宥券箱、すなわち神の恩寵と溢れるばかりの慈恵に頼りきるのである」。

第9章　カルヴァン主義公認のための戦い

カルヴァン主義公認のための戦いの大部分は、ルター派諸教会とは異なった地域で起った。改革派の信仰は最後にはプファルツやヴュルテンベルク地方にも浸透したが、主な領域はフランス、オランダ、スペイン、および英国だった。これらすべての国においては、政治的状況がどれほど違っていたとしても、本質的な問題は同じであった。それは一国一教会という昔ながらのやりかたを、社会的な混乱を招くことなしに放棄できるかどうかという問いであった。

カルヴァン主義がジュネーヴ以外の地で、この問題と最初に直面したのはフランスだった。ここでは、全体の趨勢は中央集権化の方向だった。そもそも国民国家主義が最も早く現われたのは、フランスにおいてであった。その領土は、人種・言語・地勢など自然の境界線がやむをえない限界をつけるところまで、つぎつぎと中央政府の統制のもとに入れられていった。かくてドイツ帝国に対しても教皇庁に対しても、不羈《ふき》の独立精神が保持された。この点で、中世的統一は強固な国内統治のために引き裂かれてしまった。問題はこの政治的統合の過程が、教会的分裂と両立しうるかどうかにあった。フランスで（どのような理由からかはよく分からないが）ユグノーと呼ばれたカルヴァン主義者たちは、自分たちの信仰がローマ・カトリックに取って代わることができるのなら、喜んで従来の体制を受け入れるつもりであった。これが失敗に終わったとき、彼らは自分たちのために信教の自由を要求したが、それは政治的一元主義のただ中に宗教的複数主義を持ち込む結果となることに気がつかなかった。彼らは、自分のための信仰の自由の要求が、国家の向かいつつあった絶対主義的傾向と合致しうるかどうか、疑問視せざるをえなくなった。もしそうでないとすれば、果たして国家がこのような方向に進むことが容認されるべきであろうか。これらの問いに対するカルヴァン主義者の回答は、後に理論的側面としてもっと詳しく論じられるであろう。本章ではむしろ順を追って出来事を述べることとする。

カルヴァン主義者の取った方策は、国政の局にある統治者の態度に応じて変化した。フランスにおける闘争の歴史は、国王の代が替わるたびにその輪郭を変えたのである。一般的に言って、国王たちの関心は王室とフランスにあり、一人としてとくに深い信仰を抱いていたわけではない。革新者たちをきわめて苛酷に迫害した国王たちにしても、その理由は宗教的な狂信というよりは、一国一宗教制だけがフランスの安定と両立しうるという確信からであった。そして最後に、ほかならぬ一宗教の強制そのものこそが国家の安定の妨げであることが明らかになったとき、彼らは進んで信仰の自由の擁護者となった。特定の信条の勝利よりも、フランス一国の利害を重要視す

フランス王家の系図

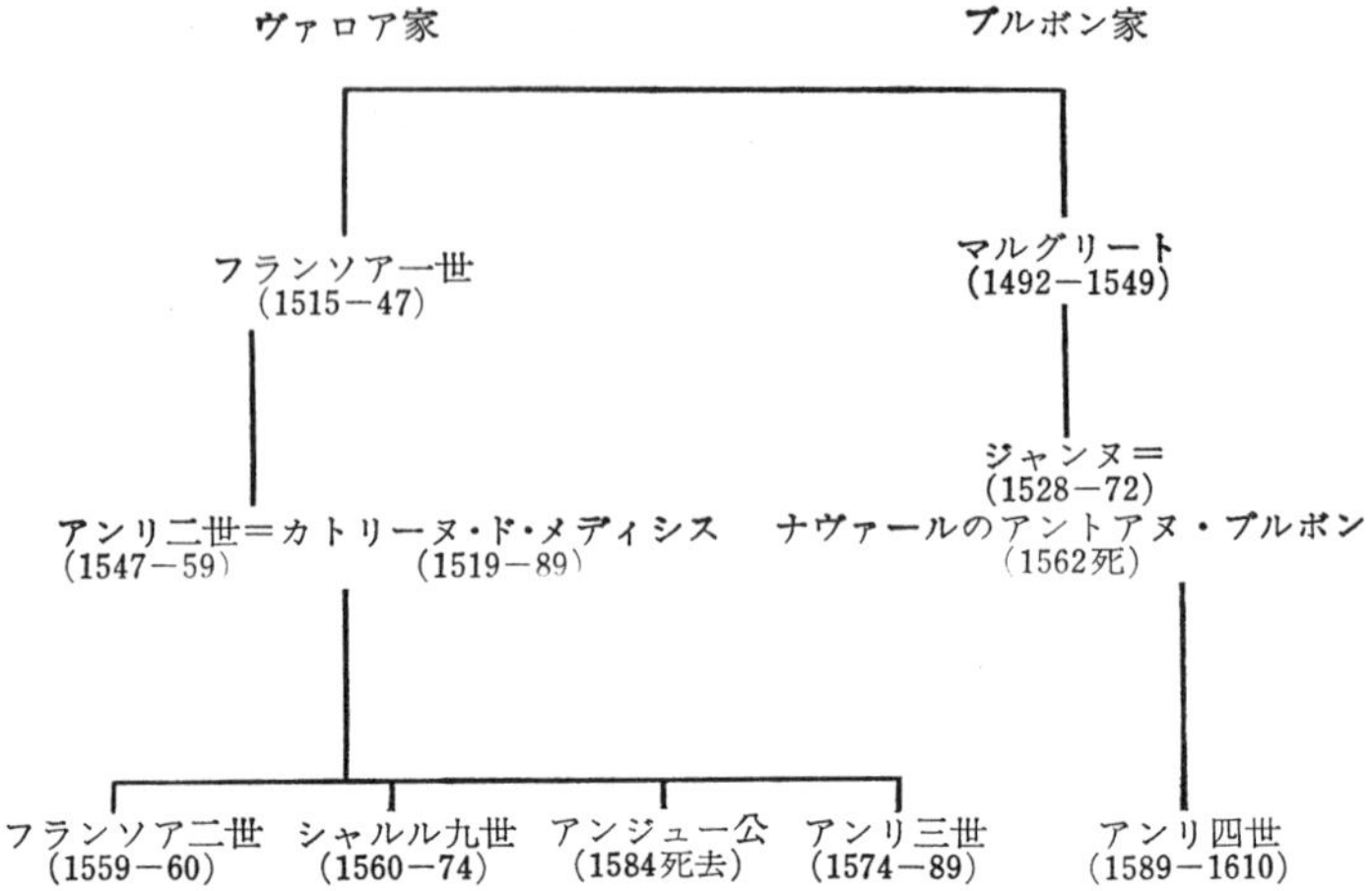

るこのような態度は、政治優先論（politique）と呼ばれる。国王が改革を支持したり、これに反対したりするのに対応して、カルヴァン主義者はときには国王支持に、ときには革命論に切り替わった。

フランス王室の家系図は、以下の戦乱の経過を辿るのに役立つであろう。

前述のごとく、フランソワ一世のもとにおいては宗教的状況はいまだ機が熟せず、スペインやイタリアで時を同じくして栄えたようなエラスムス流のカトリック福音主義と、ドイツから流れ込んでいた福音主義の間の区別も明確なものとなっていなかった。しかし一五五〇年代になると、自由探究の提唱者たちは嫌疑の的となり、他方、その間にフランスのプロテスタント教会は、幸運にもジュネーヴ市に有力な拠り所を見出したフランス人亡命者によって特色づけられつつあった。迫害の的だった人々が、もしも国境まで無事に辿りつくことさえできれば、そこには隠れ家が待っていた。ジュネーヴには、カトリック諸国に派遣される伝道者を養成する神学校があり、さらにカルヴァンが諸君主や貴族、殉教者たちに次々と手紙を書き送るにつれて、それらは慰めと励ましの源となった。カルヴァンの熱望はフランス全体を改宗させるか、少なくとも公認を獲得し、もっと広い行動範囲を得ることにあった。

アンリ二世のもとにあったフランス王室は、このような成り行きを絶対に阻止する決心を固めていた。フランソワ一世の示した動揺は、スペインのフェリペ二世に匹敵する容赦なさによって取って代わられた。各地の聖職者、宗教裁判所、一般の裁判所、とくにパリのパールマン（Parlement）など、あらゆる機関が異端の撲滅に動員された。ついでながら、フランス語のパールマンは議会ではなく、裁判所を意味する。山積する事件を処理するために特別法廷が設置されたが、多くの火刑の宣告を下したため、一般に「火炎の部屋」（La Chambre Ardente）と呼ばれるに至った。最初の三年間に五百名が逮捕された。国王はルター主義への共鳴の疑いをかけられた牧師を宮中の会議に招き、それぞれの言い分を述べ立てるように求めた。アンヌ・ド・ブール(1)は毅然として自分の信仰が聖書に基づき、聖書が裁判官たるべきであると明言した。彼の見るかぎりでは、ルター派の教えは聖書と合致しており、これに対して教皇の教えは人間の作り事に基づいている、と彼は言いはなった。彼はこのような発言を火刑柱で償わなければならなかった。国王は処刑を目にして嗜虐的な悦楽を味わった。一五四九年、国王のパリ入城に際して派手な行列が計画され、パリのパールマン議長を先頭にして僧衣や緋色の袈裟に身を飾った一行が、キリストの茨の冠の聖遺物に従って聖シャペル教会から行進した。国王や他の顕官も行列に加わり、全員ノートル・ダム寺院のミサに列席した。司教公邸での宴会が終わると、処刑の引き回しが始まった。この日には六、七人が火刑に処せられた。その一人は国王付の仕立屋だったが、彼は国王を見つけると、じっと非難のまなざしを向けたので、国王は幾晩も亡霊を眼前から追い払うことができなかった。もっとも、彼はそれによって新たな処刑を見物することを止めはしなかった。競技中に受けた傷がもとで国王が死去したときでも、正統派は鼓舞され、非正統派の激怒は解けないままであった。

その子フランソワ二世のころになると、各派の路線が判然としてきた。争いはことに貴族階級を中心にして行われたが、一方は熱狂的なカトリックで、他方は一歩も譲らないプロテスタントだった。この両者に狹まれた王室は、一方を他方と噛み合わせることによって自己の地位を保持しようと計った。カトリック派の首領はギーズ家で、代表的人物はフランス国軍の指揮権を持つギーズのフランソワ公、財務の実権を掌握するその弟の枢機卿ロレーヌ、スコットランド王に嫁いだ妹のマリ、その娘（フランソワやロレーヌの姪）で後にスコットランド女王メアリとなったが当時はフランス王妃だったこれも同じマリ、などであった。この一家は、フランスの安全がカトリック信仰の堅持にかかっていると熱烈に信じていた。フランソワ公は臨終に際して、万人がそれぞれの良心の主であるゆえに彼はなんぴととの宗教にも関心を示したことはない、と断言した。

図19　ド・ブールの処刑

しかしながら事実は、この新しい信仰が分裂と反乱をもたらし、政府と法律とを変革しようと謀っていることに気づいたとき、彼は無頓着に見過ごすことができなかったのである。ギーズ家の人々はプロテスタントが王位に即くのを妨げるためなら、必要とあらば王位の継承者を退け、自らフランスの統治者になる覚悟までしていた。彼らはまた国外勢力の援助や、ドイツまたはスペインの傭兵を用いるにやぶさかでなかった。

現王家に取って代わりフランスの分裂をも意に介しないようなギーズ家の態度は、逆にユグノー派が国王を内紛の勝利から救い出す使命を与えられた愛国者、また国王派であるかのごとく見なすことを可能にした。しかしながら事実は、ユグノーはギーズ家にもまさって宗教問題を第一義的に考え、シュマルカルデン同盟やスウェーデン王、英国などに援助を求める用意があり、実際ル・アーヴルを援助の見返りとしてエリザベスの手に委ねるつもりさえあったのである。どのような道を取るにせよ、それは深刻な良心の悩みを伴っていたし、いかなる種類にせよ武力抵抗は重大な関心事であった。約三十年にわたって、フランスのカルヴァン主義は無抵抗主義に立った。牧師の一人はカルヴァンに手紙を送ってこう言った。「神はその僕らの灰から実を結ばせることができるが、行きすぎや暴力沙汰はただ無益に終わるでありましょう」。

しかし、もしも国王が一党派によって瞞着されているとしたら、何とかしなければならないのではあるまいか。カルヴァンの見解によれば、王位継承で次席にある血続きの王族によって企てられる反抗なら、いかなる行動も正当化される。彼らの側の反抗は、下位の為政者は上位の為政者を抑制しても差し支えないという定式とうまく一致する。そのころこの地位にあったのは、ブルボン家出身のナヴァール公アントワヌだった。彼の妃ジャンヌは、フランソワ一世の妹マルゲリート[2]の娘だった。マルゲリートは初期のエラスムス的改革者のサークルに属し、弾圧の犠牲者を救うために介入したことも一再に留まらなかった。彼女の娘ジャンヌはカルヴァン主義への高潔な改宗者で、多くの亡命者がナヴァールの彼女の宮廷にかくまわれた。彼女は夫のナヴァール王がユグノーの首領となることに異論を持たなかったが、王は虚栄心が強く、付和雷動的で、簡単に買収されて中立を約束してしまった。ひとたび合法性の道が塞がれてしまうと、カルヴァンは反乱に好意を示さなくなった。

シャティヨン家の統領ガスパール・ド・コリニも、その弟アンドロも共に、フランス貴族中最も傑出した人物と言うことはできなかった。確かに彼らはジャン・カルヴァンの『キリスト教綱要』によって育てられた、信念を持つ人々であった。彼らの肖像画は誠実な人物のもつ直截で明朗な容貌を示している。折しも彼らはユグノー側の最初の軍事的冒険、すなわちギーズ家の勢力を削ごうとして企てられたアンボワズの陰謀に加担すべきかどうかで迷っていた。陰謀は失敗に帰し、計画者たちは処刑台の露と消えた。カルヴァンはただ神の審判をここに見るのみであった。彼は、宗教改革がかような仕方で成功するよりは千回でも失敗する方がまだましだと考えた。しかしシャティヨン家の統領たちは、攻勢に転ずる好機がやってきたのではないかと考え始めた。ギーズ家がロレーヌから五千の傭兵を導入し、さらにもう二千をドイツから期待していたからである。ブルボン家は陰謀には直接関わり合いがなかったが、ギーズ家は競争相手を除きさろうとしていたのである。しかし、これらの陰謀は国王の急死によって中止された。

フランソワ王の後を継いだのは未成年の幼弟シャルル九世であった。このときから摂政皇太后カトリーヌ・ド・メディシス(3)の影響が強くなった。たとえ彼女がユグノーの描いたような残忍かつ不誠実な怪物ではなかったとしても、彼女は同郷のイタリア人マキャヴェリの心酔者だった。マキャヴェリがその政治論を献呈したのは、彼女の父親だった。彼女の関心を占めていたのは、彼女の家、また嫁ぎ先のフランス国、そしてそれにも優って彼女自身のことであった。彼女は夫や長子の在世中は手の及ばなかった権力を、大いに享受した。カトリーヌは国内でも国外でも平和を熱望していた。彼女は今や敵対する貴族たちと結びついた対立的党派の間の、眼前に迫った内戦を何とかして回避しようと努力した。彼女はまたスペインや英国との戦争も避けようとした。そのために、彼女は相争う宗派や家柄をたがいに噛み合わせて戦わせようとした。彼女は政治中心論者だったのである。もしも彼女が人間的誠実さということの意義を弁えていたならば、たぶんこれに成功したことであろう。

彼女の第一の措置は、切迫した衝突を和解の道によって回避する努力だった。そのために彼女はポワシィの討論を招集した。カルヴァン主義者を代表して、テオドル・ベザ(4)がプロテスタント側の言い分を自由に申し立てる機会を与えられた。それによってベザはただにカトリックとの協調に失敗しただけでなく、ルター派と仲違いすることにも成功してしまった。なぜなら、彼はきわめて率直な表現で、主の晩餐における単なる霊的交わりというカルヴァン主義の教理を開陳し、キリストのからだは、天が地と異なるごとく、パンとぶどう酒とは異なっていると主張したからである。もちろんのこと、このような基盤に立った協定は問題にならなかった。これにもひるまずカトリーヌは寛容政策を押し進め、一五六二年一月には勅令を発して、ユグノーが市城壁の外で公同礼拝を、また城内で私的集会を持つ自由を容認した。こうして、カルヴァン主義はよし制限つきであったにせよ、フランス国内での公認を獲得した。

しかし実際には、これが宗教戦争の発端となった。あるイギリス人がその前月に本国へ書き送った手紙の中で、次のような観察を下している。「ここには新しい火と、くすぶり続ける生木とが、逆風にあおられてさかんに煙っています」。このイギリス人は、宗教改革が封建貴族、豪農たち、および諸都市に強力な支持者を持っていることを知っていた。全般的に言って、手工業者はユグノー、農民たちはカトリックだった。カルヴァン主義がフランスの宗教になる可能性は十分にあったが、ギーズ家としてはこのような事態をやすやすと甘受するつもりはなく、一月の勅令によって革新論者たちに与えられた権利に譲歩する気もなかった。武装した護衛を連れたギーズ公が、たまたま納屋で礼拝を守っていたユグノーと出会ったとき、公は彼らに退去を命じたが、彼らは「教皇主義者、偶像崇拝者！」と叫び返した。石が投げられ、公の武装兵は発砲し、六、七百人の礼拝出席者のうち六十三人を殺した。これが戦乱に火を点ずることとなった。コリニとアンドロはギーズ家と正面きって対決した。それまで抑えられていたユグノーたちは、同じく暴力に訴え始めた。もっとも、彼らは虐殺ではなく、サクラメントを冒瀆し、教会堂や聖像を破壊する手段に出た。

三回の戦争が区切りなしに断続した。戦いの終りの和議のたびに、一月の勅令に類似したことが再確認された。一五六二年から一五七二年までの十年間にわたって、散漫な戦いが続き、双方の側の残虐行為は激化した。ここに及んで、穏健派が台頭した。このような状態をいつまで続けることができようか。フランスがドイツの傭兵とスペインの傭兵とによって引き裂かれてもよいものだろうか。兄弟相食《は》む争いに血を流し、その結果スペインがフランスの窮状から甘い汁を吸うことになってもよいものだろうか。司教の一人さえ世論に訴えてこう言った。「わたしがカトリック信者に向かって、『半年前のあなたの信仰は何でした』と問うなら、彼は『わたしはカトリックの信仰を奉じていました』と答えるであろう。そうしたらわたしは彼にこう言うだろう、『公同の信仰を打ち砕き、暴動をひきおこし、同胞たちを掠奪し絞殺することを許すような宗教を、あなたはカトリックと呼ぶのですか』と。同じ質問を改革派信者に向け、そして彼が自ら改革派に属することを認めるならば、わたしはこう言おう、『聖壇を覆し、聖器を瀆し、神に聖別された人々に対し胸の悪くなるような乱行をあえてする権利をあなたに与えるとは、何という恐るべき改革であろうか。あなたがたは双方とも、ふさわしくない名称を放棄すべきである。キリスト教信仰は、強盗の職とは何の関わりもないものだからである』」。

暴力沙汰や勝敗の決まらない戦争に対する反感を利用して、カトリーヌ・ド・メディシスは新たな和解策を持ち出した。その内容は、二つの信仰が、ヴァロワとブルボンの両家、つまり、カトリーヌの娘とナヴァールのアンリの結婚によって固く結ばれる、ということにあった。アンリは母親のジャンヌによってユグノーとして育てられ、当然その信仰を抱いていた。彼は深い確信を持った人物というにはほど遠かったが、とにもかくにもユグノーであった。さらにギーズ家とシャティヨン両家が、結婚式に列席するためパリに招かれるならばもっと良策だった。しかし太后の側の和解のジェスチュアは、新たな葛藤に火を点ずるだけの結果に終わった。宗教問題は私的な確執によって複雑なものとなった。前の戦争の間に、ギーズ公フランソワはユグノーの一人

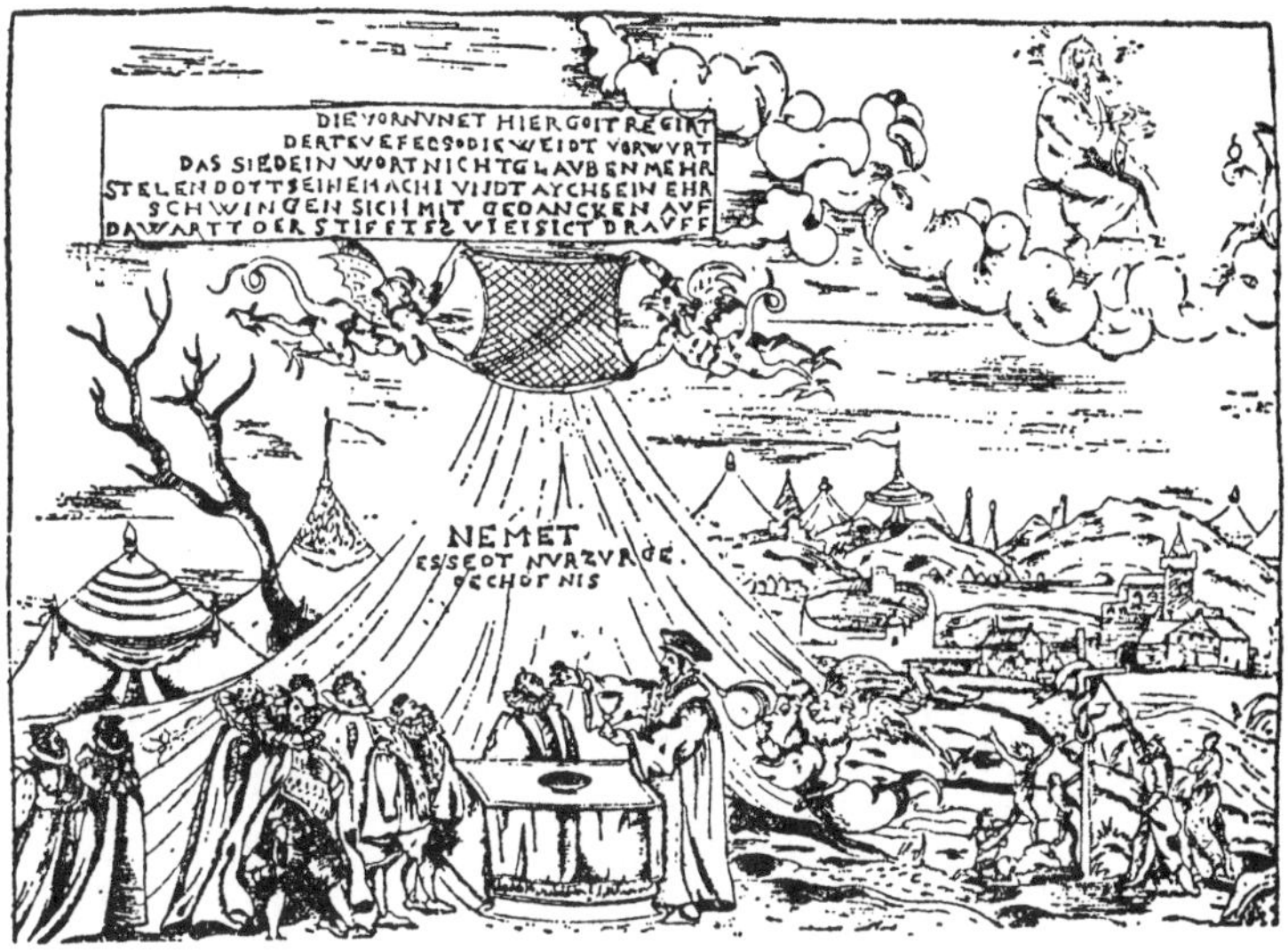

図20　カルヴァン主義による聖餐式の揶揄
ルター派の風刺画家がカルヴァン派の牧師の司式する聖餐式を描いている。「ただ記念としてのみ、取りて食せよ」とある。その耳には悪魔がふいごで風を送り込んでいる。上の銘題は悪魔が合理主義をもって世界をたぶらかしたと言う。右上に示されたキリストは、神の玉座に鎖でつながれている。これはキリストが天にあって聖餐式のパンやぶどう酒の中には存しないという、カルヴァン主義者の主張に対する愚弄である。右下の荒野における青銅の蛇はキリストを象徴する。

によって暗殺されたが、殺された公の息子でその後継者だったアンリは、コリニが陰謀の黒幕だったと信じていた。これとは別に、カトリーヌ自身も、次第にコリニに嫉妬を抱くに至った。コリニの人望が段々と、カトリーヌの息子シャルル九世をしのぐようになったからである。彼女はまたスペインとの対外戦争によってフランス国内の統一を計る、というコリニの考えに賛成できなかった。婚姻の祝宴のおりを捉えて、ギーズ家はコリニの暗殺を企てたが失敗に終わった。カトリーヌは脅威を感じ、クーデターがひとたび企てられたからには成就されなければならない、そしてまたコリニの信奉者たちが警戒態勢を取っているからには、コリニを殺すだけでは十分でない、と判断するに至った。コリニの徒党も一掃しなければならないのである。シャルル九世は同意を与えた。聖バルトロメオの大虐殺が起こったのは、一五七二年八月二十三日のことであった。当時の人々は、約一万人がパリで殺害され、同じような大量殺人が地方でも行われたと推測している。教皇はこの出来事を祝して、メダルを鋳造させた。

このような暴力行為は人々に厭悪の念を抱かせた。フランス南部のラングドク州は政治優先論者の手に帰した。もしも一五八四年のアンジュー公の死によって、ユグノーのナヴァール公アンリが王位継承者にならなかったならば、彼らの計画はもっと早く目的を達していたかもしれない。しかしギーズ家の人々はこの継承を認めようとはせず、これを阻止するために一連の戦いをひきおこした。これはギーズ家のアンリ、ヴァロワ家のアンリ現国王、およびナヴァールのアンリの三人から、三アンリ戦役と呼ばれる。ギーズ家の最初の打つ手は、国王の身柄を抑えることであった。国王はこれをかわし、逆にギーズ公の殺害をもって報復した。

このような残虐行為は、穏健派のカトリック教徒すらも離間させることとなり、いきおい国王アンリ三世は、ナヴァールのアンリのもとにあるプロテスタントと手を握らざるをえなくなった。生き残った二人のアンリ（ヴァロワ家とブルボン家）はそろってパリに進軍した。パリ市を包囲する間に、殺されたギーズ公の姉妹の手下が攻城軍の陣中に潜入し、国王を暗殺した。こうして残されたナヴァールのアンリが王位継承を目前にするに至ったが、カトリック側はアンリの宗教を理由にして即位を拒んだ。彼はパリを陥落させるため、まる十年間も頑張らなければならなかった。国内ではカトリック側の抵抗が、国外では低地方を通じてのスペインの介入が、彼の即位を妨げた。最後に彼は、武力によって成功しなかったことを、改宗によって成就しようと決心した。彼は気軽にローマ教会に帰順した。いずれにしても、彼は彼の母親が感じていたほどの重要性を宗教に認めていなかった。彼もまたその意味で政治優先論者であり、その根本的関心事はフランスにあったのである。今や彼は南フランスから当てにすることのできる支持によって、その地保を確かなものとした。

彼はフランスに平和をもたらした。王は宗教問題の解決を急ぎ、勅令を発布したが、それによってフランスのカルヴァン主義はドイツのルター派のごとく公認宗教となった。一五九八年のナント勅令は、なんぴともその信仰のゆえに干渉をこうむることはないと保証するものであった。私的な礼拝はどこででも認められ、公同礼拝も約三千の貴族の所領を含めて、指定された場所でなら許されることとなった。ユグノーは完全な公民権を与えられ、大学や学校、病院に入ることを許され、あらゆる公職に就くことができるようになった。彼らは裁判所に代表を送り、教会の集会も完全な自由を享受することとなった。国王の許可さえ受ければ、政治問題を討論することさえ差し支えなくなった。これらの利権格守の保証として、ユグノーは二百の武装都市の支配を許されたが、これは失策だった。なぜならば、プロテスタントはそれによって国家の内の国家となり、国家的統一に対する潜在的脅威となったからである。

ナント勅令が有効だったのは、わずか八十七年間だった。一六八五年、フランス王室は絶対主義の絶頂に達し、ルイ十四世（一六三八―一七一五）は宗教的複数主義の脅威を、一つの信仰、一人の王、一つの法（une foi, un roi, une loi）の原理に戻ることによって除去しようとしたからである。もっとも、後に後継者たちは彼の非妥協性を断頭台の上で償わなければならなかった。

低地方諸国では、プロテスタント公認のための闘争は、スペインに対する解放戦争と期を同じくして行われた。カール五世はたとえプロテスタントを無視することになっても、人口の大多数を占めるカトリック教徒の親愛の情を引き止めようと辛苦した。帝は低地方で育ち、ときには帝国全体の利益に反してまでも彼らを煽動したこともあった。一五五五年に彼が退位したとき、ブリュッセルの人々は涙を流した。しかし彼の嗣子のフェリペ二世は全く異なっていた。彼は父帝のようにフランドル語ではなく、スペイン語を話し、オランダをスペインの国策の道具として操縦することにのみ関心をもっていた。法外な税金を課し、スペイン軍を駐留させ、スペイン人官吏を任命したフェリペは、スペイン流の宗教裁判の導入には動じなかった人々までも離間させてしまった。人々は激昂し、一時は全国土が抵抗運動に立ちあがりそうな様子だった。そして反対派の精神的支柱となったのは常にカルヴァン主義者だった。

しかしながら低地方の宗教的状況は、ポーランドやそれ以東の国々を除けば、どの国よりも輻湊していた。その理由は恐らく、いまだ高度の政治的中央集権化に至っていない国々では、一般にどのような種類の分派に対しても、不断の抑圧を加えることができず、したがって宗教的多様性が生じやすい、ということにあるであろう。宗教改革のはるか以前から、オランダはこの点で長い伝統を持っていた。オランダは、エラスムスよりも前にエラスムス的だった。実際のところ、エラスムスがエラスムス的だったのは、彼がオランダ人だったからである。エラスムスが教育を受けた「共同生活兄弟団」は、長い間にわたって聖書的ヒューマニズムを涵養してきた。オランダはまた聖餐形式論（サクラメンタリズム）の発祥地だった。その象徴主義的聖餐解釈がツヴィングリの見解に決定的影響を及ぼしたコルネリウス・フーン[5]が活躍したのもオランダだった。このような背景に照らしてみると、一五三〇年代のオランダが再洗礼派運動の最大の中心となったことも驚くにあたらない。

この間にルター主義の浸透が始まった。ルターの教説をまず信奉したのは、アントワープで商業に従事していたマラーノと呼ばれるスペイン出身の改宗ユダヤ人だった。ルターの著作が始めて焚書に処せられたのも、最初のルター派殉教者を生んだのも、ここ低地方諸国においてであった。一五六〇年になって、カルヴァン主義の大挙侵透が起こり、終極的には北部諸州を支配するにいたった。そこで、フェリペ二世が王位を継承したころ、低地方には少なくとも三つの教派、すなわちカトリック、ルター派、カルヴァン派が相争っていた。さらに、何千という再洗礼主義者が処刑されたり追放されたりしたが、それでもかなりの数の者が生き残り、小さいながらも第四派を形作っていた。同じ程度の力を持ったかくも多くの教派の存在は、カトリック教会がただ一つの競争相手とだけ対決すればすんだ国々においてよりも、宗教的寛容の問題をいっそう複雑なものとした。問題解決への最大の障害の一つは、プロテスタント諸派相互の間での非寛容だった。一時はカルヴァン主義者を制圧するために、ルター派とカトリックが軍事的に協力したほどである。

なぜカルヴァン主義が最後に優位を占めるに至ったかに関しては、憶測の域を出ない。北部諸州はドイツと境を接していたのだから、ルター派が優勢になる可能性もあったはずである。反対に、カルヴァン主義はなかなかに積極的で、ドイツにおいてさえ著しい進出を示し、プファルツ地方では確固たる地歩を占めた。標準的なカルヴァン主義の信仰告白である「ハイデルベルク信仰問答」が生み出されたのも、この地においてであった。ドイツ本土でも、例えばヴュルテンベルクはカルヴァン主義の手中に帰した。カルヴァン主義がオランダで成功を収めたのは、それが抵抗運動の宗教として他よりも適していたという事実によるのかもしれない。カルヴァン主義の行動主義、また専制政治に対する武装抵抗の合法性をめぐって彼らが初期に抱いていたすべての疑念を、フランスではいっさい脱却しさったこと、そして神の国を地上に樹立することによって、神の栄光を顕わそうとする英雄的な献身――これらは彼らをまさに「スペインのうじむしども」を国内から一掃するグループへと変えたのである。

この表現そのものは、後に大反乱の指導者となったオランイェ公ヴィレム（一五三三―八四）の口から出たものである。不思議なことに、彼は皇帝カール五世のお気に入りで、皇帝の退位式の際にはその腕を支えたほどであった。しかしヴィレムが人質としてフランス宮廷に抑留されている間に、彼は幻滅を味わった。ある日そこでフランスのアンリ二世は、フランスとスペインの間に結ばれた条約の秘密条項を不用意にも彼に示した。それはもちろん、オランダを含むおのおのの領土内での異端の絶滅を目的としたものであった。国王が彼にこれを示したのは、彼がすでにこの条約について熟知していると国王が考えたからに違いないと判断したヴィレムは、強いて平静を装った。ここから彼はヴィレム沈黙公と呼ばれるようになる。もっとも、実際には彼は六カ国語を自由に操ることができたのである。彼が「スペインのうじむしども」を国土から一掃しようと決心したのは、その時のことであった。

もしも相争う異なった信仰告白がプロテスタントを共食いに追いこむことさえなければ、ヴィレムは彼らの援助を当てにすることができた。フェリペ二世とアルバ公[6]の戦慄すべき蛮行の後には、全人民の支持を想定してもよさそうな時期があった。しかしそれでもオランダのような小国が、国外からの援助なしにスペインの重いくびきを払い除けることができるとは、ほとんど期待できなかった。ヴィレムはドイツのルター派と折衝を重ねたが、彼らはカルヴァン主義者がアウクスブルク信仰告白に署名しないかぎり、援助を与えようとはしなかった。彼はさらに英国と交渉したが、エリザベス女王はいわゆる「海の物乞い」(ヴィレムの旗を翻してはいるものの、本質的には海賊)に隠れ場所を提供することに同意しただけであった。ついで彼はフランスに目を向けた。コリニは自国の内政問題を国外戦争によって解消させ、スペインのうじむしどもを放逐するのに大乗気だった。しかし、これこそはまさにカトリーヌ・ド・メディシスが望んでいないことであった。この点に関するコリニの野心が、彼の暗殺の企てと、聖バルトロメオの大虐殺の原因の一つであった。こうしてフランスからの助力の望みは全く失われてしまった。ヴィレムは非常な窮況に陥ったが、だれか有力者の援助を借りなくては成功は覚つくまいと警告されたとき、彼は答えて言った。「わたしがこれらの迫害されたキリスト信者の保護の任に立ち上がったとき、わたしはあらゆるこの世の権力者の中でも最も強力なお方、すなわち万軍の主と同盟を結んだ。もしそれがみこころならば、主はわれわれをお救いになるであろう」。

ヴィレムが成功するかどうかは、いくらかは彼が全国民の一致した支持を獲得し、それを維持することができるかどうかに懸っていた。そのためには、彼は宗教問題の解決が可能であることを証示しなければならなかった。多くの同時代人の目には、彼自身の立場もアンリ四世と同じくらい政治中心的に見えたが、ただ現実には彼は正反対の方向へ進んだ点で、アンリと異なっていた。ヴィレムは順にカトリック、ルター主義者、そしてカルヴァン主義者となった。この転身がある程度までは日和見主義だったのは事実である。彼は深い宗教的信念の持ち主であったが、信条の上での機微には関心がなかった。この点で、彼もエラスムスの伝統の申し子だった。カルヴァン主義が彼の心に訴えたのは、それが上位の為政者に対して下位の為政者が、人民の良心と諸権利を守るために戦っても差し支えない、という教説を強力に支持するものだったからかもしれない。ヴィレムは自らが反乱の指導権を握ることを、彼が王家の出身であり、アントワープ伯、ブラバント議会の一員、ホーランドおよびゼーランドの太守、そして金毛騎士であるという根拠によって正当化しようとした。

しかし彼の行動がどれほど正当化されようとも、宗教上の争いをどう解決するかという問題は、依然として残されていた。彼は進んで実験に取りかかった。彼は一時は属地主義の原則を極限まで押し進め、それぞれの町にユダヤ人は言うにおよばず、カトリック、ルター派、カルヴァン派、メノナイト派などの礼拝所を設けることを提案した。それはまるですべての町に五つのゲットーを設けるようなものであった。これはもちろん実地に試みられることなくして終わった。別の機会に、彼は完全な宗教的寛容を定めた勅令を発布するのに成功した。一五七八年のアントワープの和議は、完全な信仰の自由を認め、「信教の事柄に関しては、各人は神に対し責任を持つ仕方で自由であるべきである」と宣言した。プロテスタント教徒がカトリック国で容認されるように、カトリック教徒もプロテスタント国で容認されるべきである。しかしながら、この取決めは双方の側の不寛容によって妨げられて、長続きしなかった。

最後に、属地主義的解決だけが、唯一の実現可能な方法であることが明らかとなった。スイスと同じく、低地方も連邦制だったが、宗教問題は分裂の危機をもたらした。スイスは幸いにもハプスブルク家によって実際には占領されず、連邦の政治的統一を乱すことなしに領域の区分を成し遂げることができたが、低地方ではそれほどうまくいかなかった。ホーランドやゼーランドなど北部諸州ではオランダ語が用いられ、生活・文化の上でもドイツや英国に近かった。ここは大方カルヴァン主義になった。ブラバントやフランドルなどの南部諸州ではフランス語とフランドル語が用いられ、文化的にもフランスに近かった。南部では貴族および高位聖職者など、特権階級の力が強かったのに対し、北部では企業心に富む商人たちが主導権を握っていた。加えて、島嶼や水路の多い北部は防御に容易だった。これらの点を考え合わせると、低地方が究極的にベルギーとオランダの二国に分裂したのは、自然の成り行きであった。一五八一年、オランダ共和国は独立を宣言した。それにつれて、宗教的区分に応じた人口の入れ換えがいくらか行われた。

ベルギーではカトリック教会が国教会として残った。宗教の自由については、一七八一年にヨゼフ二世（一七四一―九〇）の勅令が不承不承ながら受け入れられるまでは、もはや口にされることがなかった。オランダではカルヴァン主義が、しかもきわめて厳格な形で、国教となった。その緩和策は法制上の実際的撤廃によってよりは、処罰の実刑を軽減する方法で行われた。

カルヴァン主義が優位を占めた他のヨーロッパの地域は、東欧のポーランドだった。そこではカトリック、ルター派、フス派、ソッツィーニ派、さらに再洗礼派が共存した。前述のごとく、一五七三年に三つのグループ、すなわちルター派、カルヴァン派、およびフス派が相互に公認し合う協定を結んだが、彼らの協定はカトリックの攻勢の前に潰《つい》えさった。ハンガリーやトランシルヴァニアでは、再洗礼主義と並んでカルヴァン主義が浸透した。ハプスブルク家のもとにあるよりも、トルコの支配下にある地域のほうが万事好都合だった。これら三派のうちカルヴァン主義だけが生き残ったが、それは恐らく教義や社会倫理の面で、他ほどに過激でなかったからであろうが、また武力による抵抗を試みることに躊躇しなかったことにもよる。

　カルヴァン主義はスコットランドにおいて、ヨーロッパの他のいずれの国におけるよりも確固とした地盤を獲得した。オランダにおいてさえ、カルヴァン主義は、アルミニウス派、レモンストラント派[7]、さらにある程度までメノナイト派と競合しなければならなかったが、スコットランドでの分裂は、カルヴァン主義者の間での内輪もめにすぎなかった。ここほどにカルヴァン主義が国民の性格と国家の運命を大きく変えることになった国は他に存しない。カルヴァン主義はスコットランド人を作り変えたのである。中世には彼らは牧畜よりも掠奪をこととし、悪評高い粗野で無秩序な国民だった。あるスコットランドの詩人は次のような物語を残している。

　あるときキリストが聖ペトロとアージルの地方を歩いておられた。そこでペトロは主に向かって、「馬のふんからスコットランド高地人《ハイランダー》を創造されてはいかがでしょうか」と言い出した。高地人ができ上がったとき、主は彼に言われた。

「おまえは今からどこへ行くのかね」。

「主よ、わしは低地へ下って行って、牛を盗もうと思いますだ」。

「カールや、おまえは牛を盗むというのかね。おまえはくびり殺されるだろう」。

「主よ、かまうものですか、そのために毎月一回ずつ死なねばならないとしても……」。

それから間もなく、キリストは御自分の短剣がないのに気づかれた。(もっとも、キリストが短剣で何をされていたのかは別問題である。)高地人が振り返ったところ、短剣は彼の肩掛けから転り落ちた。そこで聖ペトロは彼を咎めて言った。

「おや、おまえはろくなことをしない。おまえは新しく造られたばかりなのに、もう盗みを働くのだから」。

「はん」と高地人は言った。そして彼方の教会を指して誓った。

「わしが何とかして盗みをして過ごせる間は、決して働くまい」。


宗教改革はこうしたことすべてを一変させた。スコットランド人は違った国民になった。この変革は『教会訓練規定集』(8)で身を固めた新しい教会によって成しとげられたのである。

スコットランド人の政治的運勢に関しても、宗教改革は同じように重要だった。さもなくば、スコットランドが英国と一つになることは決して起こらなかったであろう――もちろん、英国がカトリックへ復帰するようなことでもあれば別だったが(9)、この時代には宗教上の著しい相違がある場合には、政治的統合は考えることさえできなかったのである。両国が共にカトリックであるか、あるいはプロテスタントであるか、どちらかでなければならなかった。同じ理由で、長老主義と英国国教会というプロテスタント内部の差異が、後に英国の内乱の重要な因子となった。一つの領域は一つの信仰しか持つべきでないし、持つこともできないという原理は、依然として支配的だったので、英国人は『祈祷書』[10]をスコットランド人に押しつけ、反対にスコットランド人は「ウェストミンスター信仰告白」[11]を英国人に強要しようとした。清教徒闘争の性格は、部分的には二つの教会制度の相違によって決定された。スコットランド人は他のヨーロッパ人と共に、宗教の本質を信条に求めたのに対し、英国人は礼拝式文に中心をおいた。神学そのものに関しては、ほとんど何の論争もなかった。英国人は神学をやかましく言い立てなかったのである。そこで教会政治の仕方と典礼が相剋の場となった。

スコットランドにおける宗教改革は、ジョン・ノックス（一五一三／一五―七二）という一人の人物の名前と密接に結びついている。ルターやカルヴァンの個人的影響を考え合わせると、このこと自体は別に信ずべからざることではない。奇異の念を抱かせるのは、ノックスが一五五九年まで頻繁にスコットランドを離れていたにもかかわらず、その不在中にもあれほど圧倒的な役割を果したという事実である。ノックスはミサ聖祭が刑事犯罪であると宣言されたときに、政治の衝に当たる任を引き受けた。彼が決定的な役割を果したのは、改革運動が反対勢力の反撃によって危機にさらされた革命の第二の局面においてであった。宗教改革の最初の局面は、このような無秩序な国で特別にありがちな聖職者の職権悪用に対する人々の反感が高まり、フランスの王妃となったメアリ・スチュアートの地位が、スコットランドをフランスの属国と化する危険があったときに、特別に尖鋭となった。それは親英・反仏感情の波、そしてこの世の富を度外視して福音を宣べ伝えた改革者たちの真に福音的な説教などの輻湊した産物だった。エドワード六世の時代には、英訳聖書が車で何台となくスコットランドに持ち込まれ、またローマ教会を攻撃し、新しい信仰を慶祝する民謡の類いは、英国よりもスコットランドに多く流布した。ある同時代人は多少の驚きをこめて、次のような観察を記している。政府が宗教改革に好意的な英国では人民が「頑固」であり、逆にスコットランドでは「統治者は最も凶悪であるが、国民全体は一般に品性が高く、われわれのいと聖なる信仰に対してきわめて好意的である」。

さて、この革命的性向を形作ったのは、ジョン・ノックスその人だった。彼は改革者の中でも、最も不撓不屈な一人だった。ノックスを単なるこけおどしの狂信者として片づけようとする者は、彼の出現の時期が甘美な幻の最後の一片も消え失せてしまった時期であったことを、まず想起しなければならない。一五六〇年と言えば、聖バルトロメオ事件には先行するとしても、ローマの宗教裁判所開設、シュマルカルデン戦役、トリエント公会議の開会、イエズス会創設の後のことである。ジョン・ノックス自身も厳しい教条的訓練を受けた人物だった。彼は改革者ウィシャート(12)の処刑のころに、初めて公然と宗教改革に参与し始めた。彼の最初の職務は、ローマ、フランス、およびスコットランドを代表する枢機卿ビートン(一四九四頃―一五四六)の暗殺をきっかけとして起こった、エディンバラ籠城の従軍牧師の仕事であった。フランス海軍の来寇によってノックスは捕虜となり、一年間ガレー船の奴隷として苦役に服したが、それは肉体の衰弱と、乙女マリアを崇拝せよという不断の嘲弄の連続だった。彼は大陸のカトリシズムを地のままに見たのである。釈放されたのち、彼はエドワード六世治下の英国で職を得たが、折しも英国では改革が次第に過激の度を増し加えているときであった。メアリ女王の即位と共に、ノックスは大陸亡命を余儀なくされ、ジュネーヴとチューリヒでさらに鍛練を受けることとなった。そこで彼は神がその選民を通して神の国を地上に建設される、という当時のカルヴァン主義者の驚嘆すべき雄図の虜となった。個人的な不遇と、以前の同労者たちの火刑の報せによって態度を硬化したノックスは、大陸の朋輩たちよりももっと非妥協的となり、神意を妨げる統治者に対して反乱を起こす正当性を主張するに躊躇を感じなかった。バアルの祭司に対したエリヤと同じ憤激の情を、ノックスはカトリックの偶像礼拝者に対して抱いた。彼の目には、神の言の裏づけなしに制定されたミサ聖祭は偶像礼拝にほかならず、またキリストの唯一の犠牲を危くする瀆神行為と思われた。一度たりともミサにあずかることは、毒杯を仰ぐよりも邪悪に見えたのである。[13]

ノックスがすでに契約で結ばれた人々の指導の役割を果たすため、スコットランドへ帰ってきたのはこのような気持ちを抱いてであった。同じ年にメアリ・スチュアート（一五四二―八七）は夫の死によってフランス王妃でなくなり、スコットランド女王として帰国し、私設礼拝堂でミサ聖祭を執行させた。若く美しい女王と、弾劾演説に熱弁をふるう改革者の間で交わされた論戦は、事の真相を全く忘れはてた現代人には、ノックスへの共感を誘うものではない。しかしノックスにとってミサは害毒の源であるのみでなく、女王が執り行わせるミサは、厳粛な誓約の廃棄、ブラディ・メアリの統治を想起させる政治の出現、スミスフィールド刑場の炎の再現への不気味な序曲と思われたのである。不品行は言わずもがな、女王の信じられないほどの愚行は、結局は彼女の英国亡命を余儀なくし、女王は長い獄中生活の末に、エリザベス女王に対する大逆罪に巻きこまれて刑場の露と消えた。

この間にノックスは、ジュネーヴのように反対論者を国外に放逐したり、外部の助力を仰いだりせずに実現できるかぎりで、スコットランドをカルヴァン主義の国に作り変えてしまった。スコットランドは国外追放や外国勢力の導入を決して行わなかった。スコットランドの採った政策は、弾圧ではなく十分に訓練された者の模範による少数者支配だった。教会自体は主の晩餐の聖餐台を中心として形成され、厳格な審査を経た者だけがこれにあずかることを許された。社会に対する教会の働きかけは、平信徒の指導力の比類ない発展と、それが教会総会を通じて国民生活に及ぼした影響とによって大いに助長された。この後、スコットランドと長老主義は切っても切れない関係となった。

第10章　英国教会の包括主義と中庸の道

宗教的自由の問題の第三の注目すべき解決策は包括主義の道で、宗教改革時代の英国にその最も良い範型を見ることができる。この方策は一定の政治的区分の全住民がその中に包含される、という意味では属地主義的解決である。しかしてその眼目は、どれほど多くの住民が疎外されようとも特定の信仰告白を厳しく強要するというのではなく、最小限の、そして曖昧な要求を課することによって、一つの教会の中にできるだけ多くの住民を包含しようという点にある。属地主義は統一を犠牲としても真理を強調し、逆に包括主義は真理を犠牲にするというのではないとしても、少なくとも明確さを犠牲として統一を強調しようとする。それはどこかのグループが議論の的になっている問題に関して、何か声明文を起草しようとするときの様子に似ている。もし多数意見と少数意見が共に公にされるならば、問題の所在は最も判然とするであろうが、もしただ一つの文書だけが作成される場合には、叙述はどうしても言質を与えないように用心深く、たぶん曖昧模糊としたものとなることであろう。

十六世紀の英国がなにゆえにこのような解決策を取りえたかというと、この時期には英国が信条の問題に関して感情的に興奮していなかったからである。英国では次の世紀の清教徒革命までは、ルターのドイツやコリニのフランスの状況が再現されなかった。英国からは独自の信仰告白も、神学的大著も生まれ出なかった。英国における教会改革の最も代表的な著作は、リチャード・フッカー(一五五三/四―一六〇〇)の『教会法規定』であったが、これは神学ではなく教会政治を問題としている。英国教会の神学は一種の混合物で、「中庸の道」と呼ばれることを誇りとした。

このころの英国人の生活のリズムは、落ち着きを要求していた。それ以前には、ウィクリフやロラードの徒[1]など、分派や異端のひきおこした騒乱が続き、さらにバラ戦争[2]による政治情勢の混乱は目に余るものであった。したがって英国は何よりも安定と秩序を欲していた。そして、それは内部の分裂と外国の介入に対して、独立国としての地位を確かにしようと努める新しい国民国家主義によるのが、何よりも良策だった。新しい国民国家――スペイン、フランス、英国など――が、たとえ公然と手を切らないまでも、何とかして制御しようとその当時努めていた外的な干渉勢力の一つが教皇だった。スペインでは教皇庁の抗議にもかかわらず、宗教裁判が国家の機関へと変貌した。フランスではフランス中心主義(ガリカニズム)に基づいて、ローマへの金の移出、ローマへの上訴、ローマによる聖職者任命などを抑制する効果をあげていた。英国では、ウルジ大司教（一四七四頃―一五三〇）その人が、ローマとの断絶に先立って、英国がどの程度の独立を成就したかを示す象徴である。彼はその一身の中に英国教会、ローマ教会、英王国を兼ね備えていた。彼はヨークの大司教、教皇の枢機卿また駐英特使であり、同時に英王国の宰相だった。そして彼がこのような地位にあったのは、その任命・昇進・罷免がすべて国王の意のままになる王の従臣としてであった。そのようなわけで、ローマと訣別することなしに、きわめて高度な教会の国民主義化が可能だった。

もしも教皇庁が真に国際的な機構としての性格を保持し、競合する各国の間の問題を公平に処理していたならば、英国もこの程度の自主性で満足していたことであろう。しかし事実はそうではなかった。ヴァチカンは十六世紀の第二四半期のはじめころには、スペインの支配に屈従していたからである。神聖ローマ帝国皇帝カール五世は、キリスト教世界の二人の首長〔教皇と皇帝〕をめぐる中世以来の争いを蒸し返したが、その結果、一五二七年ローマ市は皇帝軍によって掠奪をこうむり、教皇は皇帝の捕虜となり、後には釈放されたが、依然として皇帝の勢力下に置かれるようになった。さて、カール五世は国際的には皇帝であり、同時に国王としてはスペイン王であるという奇妙な身分にあった。したがって教皇が皇帝に屈従することは、スペインの支配に甘んずることにほかならなかった。スペインへの隷属が英国の国家的利益に反することが明らかである場合でも、英国は教皇に従属しなければならないのであろうか。一世紀半ほど前に、同じような状況が起こったときにも、教皇庁との別離はほとんど必然と思われた。そのときはフランスがアヴィニョンの教皇庁を支配していた。当時の皇帝バイエルンのルートヴィヒは反抗的となり、謀反を起こし、そして長い間聖務禁止処分のもとに置かれた。英国では異端のウィクリフは床の上で死ぬことができたが、それは英国の統治者たちがアヴィニョン教皇の威嚇を意に介さなかったからにすぎない。教皇庁がローマへ帰還しなかったならば、スペインは言うに及ばず、ドイツや英国もやすやすと教皇庁への恭順を撤回したかもしれなかった。ヘンリー八世の時代には、強盛を誇り、手に負えなかったのはスペインだった。フランスはフランス中心主義を堅持し、ドイツはすでに宗教改革によって分裂していた。しかし、英国の場合は他のいずれとも異なっていた。

英国と教皇との論戦の近因は、国王の婚姻を廃棄しようとする企てであった。その他の事柄はたいていすでに処理されていたので、もしもローマからの分裂が起こるとすれば、それはほとんど必然的に婚姻問題に関連したものになるはずであった。英国はローマの法制的・財政的侵食を巧みに阻止していたので、ドイツのように英国を「教皇の個人的牝牛」と呼ぶことはできなかった。しかしながら、婚姻が教会のサクラメントの一つであり、そして教会の権威が全く棄却されないかぎり、この点に関して教会の権能を否認することは穏当でなかった。ところで、ヘンリー八世の問題は欲情ではなく王位継承だった。彼は婚姻の便益を抜きにして欲望を満足させる術は知っていた。彼にはすでに庶子が一人あったのである。しかしそれは王妃から生まれた王位の継承者ではなかった。そして一五二五年までに、ヘンリー王はまだ三十三歳にすぎなかったが、カサリン王妃はすでに四十歳になっていたので、嗣子誕生の望みは失われてしまっていた。王妃の五人の子はことごとく死産であるか、生後数カ月を経ずして死去していた。ただ一人の生き残りはメアリ王女だったが、王位継承戦争をひきおこしたのは、ほかならぬそれ以前のただ一人の女王だったので、女性の彼女では英国の問題解決にはならないと思われていた。バラ戦役によってすでに荒廃していた国土においてこのような惨害を繰り返すことだけは、どのような犠牲を払ってでも避けなければならなかった。テューダー家の人望は国王たちが国内の無秩序に終止符を打つのに成功した、という点にかかっていた。それがいま王妃に王位継承者が生まれないというだけの理由で、いっさい台なしになってもよいものだろうか。正確な意味での離婚は許されるべくもなかったが、もし結婚そのものを無効とするような欠陥を見つけることさえできれば、婚姻を解消することは不可能でなかった。この場合、それはあれこれ探しまわる必要がなかった。なぜなら、カサリンはヘンリー王の亡兄の妻であり、しかもレビ記はこのような結びつきを呪詛しているからである。「兄弟の妻をめとる者は、汚らわしいことをし……男も女も子に恵まれることはなく死ぬ」（レビ記二〇・二一）。当然ながらこの問題はヘンリーとカサリンの結婚のときから十分にわかってはいた。しかしそのときにはこの成婚が絶対に必要だったので、障害を取り除くために教皇の特免が求められた。十六歳のカサリンが十四歳のアーサー王子に嫁ぎ、そして半年も経ないうちに王子が死去したというのが実情だった。持参金の支払いがまだ全部終わっていなかったので、花嫁の父親フェルナンドはすでに支払われた分の返還を要求し、反対に花むこの父親ヘンリー七世は未払い分を催促した。ヘンリーは、高齢にもかかわらずシュネームのアビシャグ

（列王記上一・三）を抱いたダビデのように、カサリンに振舞おうとした。しかしもっと簡便だったのは、カサリンを王の次子ヘンリーと結婚させる道だった。ヘンリー王子はカサリンよりも六歳年下であった。これも教皇ユリウス二世の特免によって可能となった。しかし結局嗣子ができないというのは、教皇が神の呪いを取り除けようとする越権行為をあえてしたことを証示するのではあるまいか。そして、特免に何か欠陥のあったことさえ発見できれば、現教皇は前任者の決定を覆すことも可能ではないだろうか。ヘンリー八世のこのような申立てを、王のアン・ブーリンに対する執心をごまかすための偽善だと考える者があるとしたら、離婚の噂が流れ始めたときには、アンは年齢わずか七歳にすぎなかったことを想起すべきである。ヘンリーは、聖書の呪いが彼の結婚に暗い影を投げかけていると真剣に信じていた。当時の医学の知識は、不妊の責任を疑問の余地なくヘンリー王自身の疾病と結びつけるところまでは進んでいなかったのである。

問題の解決にはとくに困難がなさそうに思われた。教皇クレメンス七世に請うて特免を取り消し、婚姻はそもそもの初めから無効だった、と宣告してもらえばよいわけである。教皇が前任者の決定を取り消すように頼まれれば、多少の困惑を感ずるとしても、とくに道徳的な理由からこの申し出に憤激するいわれはなかった。しかしながら、教皇は重婚を勧めた。しかも教皇はヘンリー王の申し出を引き受ける気は十分にあり、枢機卿のウルジとカンペッジョ（一四七四―一五三九）の二人に事件の審理を委嘱した。それだけでなく、審理はローマではなく英国で行われるはずであった。あらゆる理由から、ヘンリーは教皇が物わかりの良さを示してくれるものと信じていた。実際、もしもカサリンがスペイン王にして神聖ローマ帝国皇帝、そして教皇庁の陰の実力者だったカール五世の伯母でさえなかったならば、事実そうなったことであろう。教皇猊下は当事者双方を満足させようと努力し、カンペッジョを通じてカサリンが修道院に退くように画策したが、彼女はこれを拒絶した。彼女はさらに英国領土内での法廷の権能を認めず、また彼女とアーサー王子との結婚は完遂せず、したがってヘンリー王との結婚にとってどのような障害も存在していなかった、と主張した。教皇に残された唯一の道はただ静観するだけであった。判決の一寸のばしがもはや許されそうもなくなったとき、カンペッジョはイタリアでは夏の酷暑の間、教皇庁裁判所も休廷するゆえに英国でも休むべきだという理由で、一五二九年七月から十月までの休会を宣した。

ヘンリー王は事態の収拾を自分自身の手で計る決心をした。もっとも、これはテューダー家の一員としての彼にとってさえ、重大問題だった。何となれば、王室はこれまでにないほどに絶対専制的だったが、しかも人民の意志を全く無視して行動することは、いかなる君主にも不可能だったからである。当時の英国は個人的敬虔と反聖職主義の暗合を特色とした。一五四〇年という後の時期でさえ、英国で印刷された本の非常に大きな部分が、『善き生き方と善き死に方について論ず』*The Traytte of god Lyvyng and Good Deyng*（一五〇三）、『死についての教え』*The doctrynall of dethe*（一五三二）、あるいは『完全への巡礼』*The Pilgrimage of Perfection*（一五二六）といった、カトリックの信仰修養の手引きの類いであった。それと共に、聖職支配、および教皇主義に対する反感も強かったが、ウィクリフの時代以来燃え上がり、または燃えつきたような異端的傾向はきわめて微小にすぎなかった。どれほど広範囲だったかは推測するすべもないが、ロラード運動の残党が生き残っていたし、「キリストの兄弟」と呼ばれる一群の人々は、大胆にも英語の福音主義著作を国外で印刷し、英国へ密輸入する手助けをしていた。ケンブリッジ大学では十数人の教師たちが、すっかりルター主義に傾倒し、彼らがしばしば集まった居酒屋は「小ドイツ」と呼ばれたほどであった。このグループから何人かの著名な殉教者が出た。しかし彼らも数は多くなかった。一般庶民の感情は次のざれ歌によってよく知られる。これはあるときヘンリー王がルターを非難した際に、それを讃えて作られたものである。

有毒な龍が、わが領土に害悪を流した。
それから幼い毒蛇どもが生まれ出た。
その有毒な自負は、多くの国民を害し、
わが国民の多くはそれに刺された。

その龍の名は何ぞ、
恥ずべきかな、ルターこそその名。
その巣はドイツにあり、

そこで彼は思い上がり、自負心にふくれ上がる。
彼はのぼせ上がり、猛《いき》り立つ、
すべての真のキリスト信者に逆らって。

ああ気高きヘンリー王よ、
汝、高貴の家に生まれし君主よ。
汝の領土を隅なく探せよ。
この分裂のやからを
矯正の鞭もて打ち従えよ。
彼らの夢見ることは恥ずべきことなり。

さて王よ、信仰の擁護者（Defensor Fidei）よ、
この名を汝に贈る。
輝かしき評判に充ちた名を。
されば、真の信仰の説教者を、
また熱心な教師を、助け援けよ。
この心おごりし悪党どもに反対して。

ヘンリー王は、教皇の三重の冠だけを引きずり落ろし、三位一体論やその他の伝統的教義に手を触れないかぎりは人民から大きな反撥を受けることはないだろうと狡猾に計算をめぐらした。貴族の位を持つ英国の聖職者たちはもっと御しがたいかもしれなかったが、もし彼らの特権が教皇の侵害から保護され、彼らの歳入が王家の収入に繰り入れられるようなことがないかぎり、彼らは国王の意に添うであろう、と王は憶測した。ヘンリーは衝撃を巧みに按配し、第一回の衝撃が吸収されてからはじめて第二撃を加える、という方策——それは従来、専制君主によって用いられ、破滅的な結果を生むこととなった——をもって仕事に取りかかった。ウルジはすでに罷免されていたが、彼の傲慢さのためにこの失脚を悲しむものはなかった。次に国王は、聖職者の士気をくじく仕事に取りかかった。ヘンリーは驚くべき図々しさをもって、聖職者たちが国王の同意なくしてローマへ上訴することを禁ずる、「教皇尊信罪」(Praemunire) と呼ばれる古い法律に違反した、と言い立てて彼らを非難した。彼らの犯した違反とは、彼らがウルジを教皇の代理として認めたことであった。もっとも、国王自身も衷心から同意を与えたのは事実である。聖職者たちは黙って屈服した。聖職者会議自体が、国王の同意なくしても立法する権限を放棄することを決議した。さらに、ヘンリー王は教皇を打ち倒す武器として、教皇の歳入を削減する裁量権を彼に認めるように要求した。聖職者たちは反対したが、議会は同意を与えた。

それからヘンリー王はローマとの訣別に備えて、これに代わるべき教会体制の整備に取りかかった。英国国民の教会首長の職責を果たすべき人物としては、カンタベリの大司教が最適だった。その地位は人間的にも柔軟性に富む人物によって占められなければならない。現任者が死去したとき、トマス・クランマー（一四八九—一五五六）が抜擢された。彼はルター主義への傾向を帯びた真面目な改革者だった。彼はヘンリー王の離婚問題に関して、教会法学者だけではなく、各大学にも意見を述べるよう求めるべきであると主張して、初めて注目を浴びるようになった人物である。ヘンリー王はこの計画に飛びつき、直ちにクランマーに命じてヨーロッパの諸大学の意見を徴せしめた。クランマー自身も婚姻の解消には賛成だった。彼はそれゆえに、大司教たるにふさわしい人物だった。教皇はクランマーの見解を熟知していたが彼を聖別し、彼も遠からずして教皇を否《いな》むようになるかもしれないことを承知しつつ、忠誠を誓った。「内心の保留」[3]の原理がこのような場合の窮況を救ってくれた。

ヘンリー王の準備の最終段階は、聖職者がローマに上訴することを禁じ、万一教皇が破門や聖務禁止令を発しても、教皇の呪詛を無視し、サクラメントを執行するよう聖職者を義務づける法令を議会から獲得することであった。こうして王は準備万端整えた。本来的意味での決裂の第一歩は、ヘンリーとカサリンの婚姻は無効であったと宣言する「王位継承令」の発布だった。以後カサリンはアーサー王子の未亡人と呼ばれ、国王の愛する妻アンは王妃となり、彼らの間に生まれた王女エリザベスが後継者となるはずだった——もっとも、結局は女の子だったのだが。国王のこの合法的結婚を中傷したりあげつらったりする者は、大逆罪として処断される。引照されている権威の源泉は、議会、および今やカンタベリ大主教にして英国の首席主教たるトマス・クランマーだった。一見したところ、教会の聖職者を首長とする国民教会が出現しつつあった。それは一五三四年春のことであった。しかし、その十一月には「首長令」が出されて、こう宣言された、「国王陛下は現に正当かつ合法的に、Anglicana Ecclesia と呼ばれる英国教会の、地上における唯一・最高の首長(Supreme Head)であり、そうあるべきであり、将来もそう見なされるであろう」。聖職者たちは、「ローマ司教が簒奪した権能」の撤廃を宣言した王の意志に屈従した。

こうして事は成就した。国王を首長とする国民教会が、フランス人やスペイン人がそれまでになしえなかった論理的明確さをもって樹立を宣せられた。それは英国人だけがよくなしうるところであった。部分的には先例がなかったわけではないが、このような完全さではかつて存しなかった何か新しいものが出現したのである。確かにゲルマン蛮族の侵入直後、しばらくのあいだ英国にはローマと接触のない教会の存在したことがあった。しかしそのころには英国国家そのものが存在していなかったので、それは国教会とはならなかった。ボヘミアのフス教徒はしばらくのあいだ国民教会を樹てていたが、彼らは正統派ではなかった。スウェーデンは数年早く国教会を樹立したが、その原動力は人民に由来するもので、彼らが国王に強要してルター主義の是認へと踏み切らせたのであり、しかも国王が教会の首長となることはなかった。最も類似した例は、ユスティニアヌス帝(一世、四八三―五六二)の皇帝教皇主義に求められるべきである。これは完全な正統信仰に基づいていたが、この制度に従えば教会の事柄と国家の事柄は並立し、しかもその間に一線を画し、あらゆる行動領域を皇帝の統率のもとに置くことによって問題の解決を計ろうとするものであった。

ヘンリー王の国教会設立に含まれる政治理論は次章において論じられるので、ここでは国王の優位性にも限界づけの存したことを指摘するに留めよう。国王は教会の首長と呼ばれたが、司祭ではなかった。国王は主教を任命はしても、聖別することはできなかった。したがって、「紫衣は皇帝を作り出しても、司祭は作り出せない」という古来からの言い方は放棄されなかったのである。国王は教義の形成に際して影響を及ぼすことはできても、依然として平信徒であり、信仰の擁護者ではあっても、その創造者ではなかった。この称号 Defensor Fidei は、ヘンリー王のルター論駁の労に報いるため教皇が授与したものであった。ヘンリーはこれをきわめて真剣に受け取った。彼がローマと手を切ったからと言って、信仰そのものが改変されるわけではない。ヘンリーが自らを軽薄なルネッサンス教皇と比べて、優っているとは言わないまでも、同じくらい立派な闘士だと考えていたとしても不思議でない。

ヘンリーの治下では、ただ二つの大きな教会生活の変革が行われただけであった。そしてそのいずれもが教義に関するものではなかった。第一は修道院の禁圧である。その表向きの理由は、修道士の法外な乱行だった。訴因はサイモン・フィッシュの『物乞いの請願』の中に要約されている。そこでは、修道士は「邪悪で不幸ならい病やみ、ただお布施で暮らし、憐れな女どもを十分の一税の卵で滅亡させ、不貞をはたらく」徒輩として描かれている。しかしながら、追放された修道士や修道女に与えられた取り扱いは、これらの非難とそぐわない。もしも彼らが本当に有罪だったならば、彼らはタイバーン刑場にでも送られるべきであった。その代わりに、彼らは手厚い年金を受け取ることとなったのである。

真の原因は疑いもなく財政的なものであった。王室は修道院資産の没収から、少なからぬ収益を手に入れたのである。少数の例外的な場合にかぎって、修道院領は顕著な功績のあった貴族たちに褒賞として直接に配分された。普通の場合、個人の所有に移ったのは売買の結果だった。このような資産収用は、ローマにとってとうてい承服しかねることではあったが、それ自体としては教会分裂は言わずもがな、問責にすら値しないものであった。教皇自身すら、かつてテンプル騎士団(4)の禁圧に同意したではなかったか。手近には、決裂の以前にも、ウルジは少なくとも二十一の修道院を接収し、しかも教皇の叱責を受けることなしに、その基本財産をオックスフォードやその他の大学学寮の費用に当てることとしたではないか。

もちろん、ヘンリーの改変は以前に起こったどれよりも徹底的なものであった。なぜなら、彼は最後にはすべての修道院を廃止してしまったからである。もっとも、もしも修道士たちがかつてのような尊崇を集めていたならば、ヘンリー王も深刻な人心の離反をひきおこすことなしには、このような暴挙に出ることができなかったであろう。チョーサー（一三四〇頃—一四〇〇、英国中世の文豪）の時代以来、英国の修道院生活の特色は、特別な極悪非道というのでも、並外れた聖性・篤学というのでもなかった。第二の点に関して言える最善のことは、修道士たちが図書館を

——拡張したとは言えないまでも——維持したことである。エネルギー漸減の法則を別としても、修道的熱意の衰退にはいくつかの原因があった。例えば、一三四八年の黒死病の流行は人口を激減させたので、それから後は、修道院を満たすに足るだけの献身者を確保することがきわめて困難となった。さらに、客もてなしという点で修道院が果たした役割も、ある意味で彼らの堕落の原因となった。旅に出ている貴族たちは、ぜいたくな食事の饗応を要求しただけでなく、修道士自身によって演じられる民謡や劇による娯楽をも要求した。ヘンリー王の時代には、修道士の間にいかにわずかの召命感しか残っていなかったかは、王が小さな修道院を廃止し、修道士たちに他の修道院に移るか、あるいは世俗の職業に就くかを撰択する機会を与えたとき、ちょうど半数は後者の道を選んだことによっても知られる。修道院長たちすらも、「万軍の主に仕える熱心」がさほど大きくなかったことは、彼らのうち二十一人までが、ヘンリー王の離婚の願望を聴許するようにとの教皇に対する請願書に署名した事実からも明らかである。さらに彼らのうち四人は、エリザベス王女の命名式にも立ち合っている。

確かにこの改変には教義上の変化は含まれていなかったが、ある種の態度の変化は暗々裡に認められる。修道士たちが国王に当然の支持を与えなかったという責めをこうむったとき、彼らは一様に次のように言ったとヘンリー王の宣伝係は非難している。

われらは陛下の憐れな養われもの、

われらは陛下の亡くなった御先祖の冥福を祈り、
ミサと挽歌を彼らのために詠唱し、
大急ぎで彼らの魂を救いに赴く。

修道士の基本的務めは祈ることであった。したがって、寄贈者も君侯も、もし修道士が彼らのために捧げる執成しの祈りが天に届くならば、それで十分に報いられると考えていた。ヘンリー王の宣伝係が、そのようなことを愚かしいと見なして欲しいという修道士の弁解を、そのまま引証すれば足りたという事実そのものが新しい傾向を証示する。

各教会に英訳聖書を備えつけさせたという点でも、事情は似通っていた。ローマ教会といえども、各国語訳が正統信仰に基づき、公認を受けたものならば、別に反対はしていなかった。ウィクリフ訳は異端の作として受け入れがたかっただけのことである。それゆえに、全教会に英訳聖書を備えつけよ、というヘンリー王の命令も、それ自体としては教皇庁の譴責を招く筋合いのものではなかった。それにもかかわらず、ヘブル語やギリシア語から直接に訳された真に学問的な翻訳は、当時のローマ教会にとって禁物だったと言っても過言ではない。そこでは、中心的な教義を支持するために常に引用される、ラテン訳のいくつかの読み方が削除される可能性があったからである。例えば、ラテン語で「悔悛（のサクラメント）を行うべし」（poenitentiam agite マタイ三・二）と訳されている有名な箇所は、ギリシア語では単に「悔い改めよ」というだけの意味である。加えて、英国で国語訳に熱心だったのは、新しい学問だけでなく、新しい宗教に傾倒した人々であった。

彼らの中でとくに傑出していたのは、ウィリアム・ティンダル（一四九二―一五三六）であった。ヘンリー王はその治世の初めには、ティンダルの努力に好意を示すことを峻拒した。ティンダルは国外に追放され、富裕な友人たちの援助を受けて外国に住み、労し、印刷し、そしてその著作を英国へ搬入することとなった。彼がいかに工夫をこらして、敵の謀略を自分の利益になるように計ったかについて、おもしろい話が伝えられている。カンタベリの大司教はティンダルの訳書を燃き捨てるため、片端から買い上げ、さらにヨーロッパ中を探し歩くように、パッキントンなる人物を任命した。この男はまっすぐにティンダルのところへ赴き、滞貨を一掃してくれる商人を見つけたとティンダルに告げた。

「その商人とはいったいだれのことかね」とティンダルは尋ねた。

「ロンドン司教」とパッキントンは答えた。

「ははあ、本を焼くためだな」とティンダルは言った。

「そのとおり」とパッキントン。

「それはしめたものだ」とティンダルは言った。「そうすればわたしは二重にもうけるだろう。これらの聖書を売ってわたしは彼から金を受け取り、借金を払い終えるだろう。そして全世界は神の言の焚刑に非難の声を上げ、そしてわたしは手許に残る金によって、より丹念に新約聖書を改訂することができ、さらに新たに印刷することもできる。第二版は初版以上にお気に召すことと確信してます」。

物語はこんなふうに終わっている。「こうして取り引きは進められました。司教は聖書を手に入れ、パッキントンは感謝され、ティンダルは金もうけをしました」。

ヘンリー王の密偵は、著作ではなく著作者を襲うことにした。ティンダルは同国人の一人によって裏切られ、ベルギーのカトリック教会当局に引き渡され、そこで一五三六年に火刑に処せられた。奇妙なことに、その間に英訳聖書を各教会に備えつけるという決定が行われ、カヴァデール（一四八八頃―一五六八）がそれを入手する任に命じられた。しかし彼は命令に応じてすぐに翻訳を出すことができなかったので、ティンダルの訳を利用することにした。こうして、ティンダル訳はジェームズ王欽定訳の基礎となった。例えば、二八七語からなるカヴァデール訳の一部の中、二四二語までがティンダル訳の再現であることからも、このことは明らかである(5)。

異端説に陥ることなしにローマとの分裂を策する、というヘンリー王の計画は、左右両派にとって不満の種を播くことになった。北部では、部分的には社会的不平と、修道院の禁圧に対する憤懣に起因する反乱が起こった。反乱がたやすく瓦解した大きな理由は、謀反人たちが王に対して忠誠心を抱いていたからであった。彼らは主の受膏者に強いて逆らい立つ決心をつけかねたのである。このような形で現われた反乱を別として、教会と国家の最高位の指導者たちの中にも、教会の首長としての国王に忠誠を誓うことを拒絶した者が、少なからずあった。その中には聖人のごとき枢機卿フィッシャーや[6]、同じように聖人のごとき、かつての英国大法官トマス・モアが含まれていた。彼の反対を押しとどめるために、種々の手段が講じられた。

モア夫人は夫を獄中に訪ね、もし彼がすべての主教や国内の碩学たちの例に従いさえすれば、自邸のバルコニーや庭園、家族の団欒を亨受することができるかもしれないのに、彼ほどの知恵者がねずみに混じり、汚物の中に伏して満足しているのを見ていぶかしく思った。このような嘆願は容易に退けることができたが、モアがたわむれに自分のエバと呼んでいた娘メグ（マーガレットの愛称）の願いは、彼女が事情を承知していただけに、彼の心を迷わせた。もちろん、彼女は父親が自分の良心に逆らって行動できないことを知っていた。しかし究極のところ、彼はどれほど確かに自分の良心を信ずることができるであろうか。何となれば、彼は〔国王に〕忠誠の誓いをした人々も、良心に従ってこれをなしたかもしれない、と認めていたからである。メグはきわめて重大な問題を指摘していた。それは、「良心が果たして相対的でありながら、しかも拘束的でありうるか否か」、という問いであった。人々が正反対の道を選んでいながら、しかも同じように真摯で誠実でありうるだろうか。モアは相対的良心でも絶対的義務を課しうる、という考えを真面目に受けとっていた。彼は言った。「天の審判者は清い良心をもって忠誠を誓ったほかの人々を、天にまで挙げられるかもしれない、しかし同じ理由から、神はわたしが彼らと同じように考えなかったというので、悪魔に引き渡されるかもしれない」。「娘よ」と彼は語を結んだ。「わたしは自分の魂を他人の意見に任せようとは決して思わない」。聖トマス・モアは個人的判断の権利、という考えに殉じたのである。

ヘンリー王はその図抜けた鉄面皮にもかかわらず、民衆の間の不穏の気配と、著名人の頑固さとに、心安からぬものを覚えた。彼はさらに異端に陥らずに分離の線を突き進む決心を固めた。彼の治世の後半（一五三九）には、「六箇条令」が発布された。「六つの刺のある血塗られた鞭」と称されたこの法令は、聖餐における実体変化否定の処罰を死刑と定め、また聖職者の結婚を禁じた。ある大陸の改革者の姪と結婚していたクランマー大主教は、この期間中は妻を家の中に引き留め、また旅行中は箱の中に隠さなければならなかった。箱がひっくり返ったときには、彼女は苦しみに耐えなければならなかったことであろう。彼女も宗教改革の目立たない受難者の一人に数えられるべきである。もっと熱心で進歩的な改革者たちは迫害をこうむった。ラティマー主教（一四八五頃―一五五五）はヘンリー王の治世の最後の数年をロンドン塔ですごした。バーンズ博士[8]と他の二人は死刑台に送られた。一五二〇年代、バーンズは法廷での争いに対する再洗礼派の反対に同調する様子を見せたことから、世人の憤激を買った。彼は屈服し、軟禁処分相当の悔悛した異端として扱われていた。しかしテームズ河で自殺を図ると見せかけて、ヴィッテンベルクへ亡命し、そこでお世辞にも追従的とは言えない教皇史を書き始めた。ヘンリー王が離婚のためルターの支持を得ようと欲していたとき、バーンズは王の代理者に任命され、一五三五年には国王付き牧師として帰国した。しかし彼は向こう見ずにもウィンチェスター主教を自説に引きこもうとして捕えられ、火刑に処せられた。三人のルター教徒が焼き殺され、三人の托鉢修道士が斬首されたのもこのときであった。ヘンリー王はそれによって中庸の道を歩んでいることを、誇示しようとしたのである。彼の治世の終りには、事態はまさしくそのような具合だった。それは異端説なき分離の原則だった。確かにいくらかの不満は存したが、政府を覆すほどには強くなっていなかった。

一五四七年、死が介入し、ヘンリーの六人の妃が生んだただ一人の男児が後を継いだ。エドワード六世は年齢わずか九歳の少年だったが、改革者たちによって第二のヨシュア王として歓迎された。もっとも、この名誉はむしろ彼の母方の伯父で、Lord Protector の名のもとに摂政に就任したサマセット公[9]に帰せられるべきである。英国が単なる分離から異端説に移行したのはこのころのことで、まずルター主義、ついでツヴィングリ主義、最後にはカルヴァン主義へと至ったのである。ただし英国に固有の新しい神学は出現せず、このように極端なプロテスタンティズムの時代でも、包括主義政策のある様相は明白に看取される。もっとも、エドワード王とメアリ女王のもとにおける改革運動は、こうした種々の要素の総合というよりは、始めは左に、次には右へというジグザグ運動で、最後にエリザベスの決着策によってある種の安定が達せられたのである。

エドワードのもとでなぜ大勢がプロテスタントの側へ傾いたのか、確言することはできない。ヘンリーの死によって弾圧が取り除かれたことは、疑いもなくこれと関わりがあるであろう。クランマーは妻を箱から連れ出すことができたし、主の晩餐に関するもっと進歩的な見解を受け入れる新しい自由をも獲得した。ラティマーはロンドン塔から釈放され、宮廷付き牧師となった。

彼は説教壇から国王に対して、説教者の任務は、ちょうど彼自身かつてヘンリー八世が修道院に馬を繋いだことを叱責したように、王の誤りをただすことにあると大胆に言ってのけた。それからラティマーは口をきわめて、説教をしない高僧たちを攻撃した。彼らは「君侯のごとき生活に心を奪われ、地代を収奪するに忙しく、領内ではダンスに日を送り、太鼓腹を肥やし、動物のごとくまぐさおけから貪り食い、御主人様と呼ばれて無為に時を過ごしている。そのため彼らは説教に精を出すことなどできないのである」[10]。英国の改革者たちはローマ教会の宗教裁判や、アウクスブルク仮信条協定を逃れてきた外国人亡命者の入国によって、大いに力づけられた。その中にはロンドンのオキーノ、オックスフォードのヴェルミーリ（ピェトロ・マルティレ）[11]、ケンブリッジのブツァー、ロンドンのポーランド人ラスキ[12]、北部のジョン・ノックスなどが数えられる。本国人の中にはフーパー[13]のように几帳面この上もない厳格主義者も存した。彼は英国清教徒の前駆者で、アロンのごとき服を着用することにこだわりを示し、バアルの祭壇の引き倒されんことを願った。これらすべてはカンタベリをヴィッテンベルク、チューリヒ、ジュネーヴと同じ路線に引き込むのに役立った。

サマセット公は決して怠惰な性格ではなかったが、彼の時勢にはあまりにも柔弱だったため、著しい効果を上げることができなかった。そのうえ彼は宗教上の強制を好まなかった。彼は一人の人物の力には余る多くのことを企図した。すなわち、彼は真のプロテスタンティズムを導入し、完全な平等の原則のうえにスコットランドと英国を統合し、さらに低地方諸国の紡織機へ羊毛を輸出することから得られる利潤を目指して、耕作地が放牧用地として囲い込まれた結果、土地を奪われた農民を庇護しようと努めた。彼はスコットランド人の不信感、財産家の貪欲、人民の反乱――それ自体が囲い込みと英国祈祷書への反対の奇妙な混淆だったが――などに意気阻喪してしまった。サマセット公は第一に蜂起者の側にあまりにも同情を示しすぎ、第二に抑圧の手段を講ずるのを嫌って精力的な方策を取らなかった。彼はノーサンバランド公（一五〇二頃―一五五三）によって取って代わられた。公はスコットランド人と手を切り、反逆者を粉砕し、しかも改革を中絶しなかった。それどころではなく、彼は改革がいっそう過激になるのを黙許した。それゆえにエドワード王の治世は、二人の摂政公のもとにおのおの三年間の二期に区分される。

　サマセット公の摂政時代はルター主義への傾斜、ノーサンバランド公の時代はツヴィングリ主義およびカルヴァン主義への傾斜を特色とする。もっとも、この変化は教義面ではさほど明白ではない。英国教会はエリザベスの時代に至るまで公式な教理形成を行わなかった。クランマーは四十二箇条を起草していたので、もし国王が逝去しなければ公布されるところであった。実際問題として、教理への手がかりは公礼拝の中に求められなければならない。そしてそのこと自体が英国式包括主義の精神を示している。その主要関心は、すべてのひとが同じように考えることではなく、同じように行動することであった。正しい信仰による永遠の救いは神と個々人とに一任され、他方宗教の公同的側面は国家によって規制されることとなった。これらすべての点において、信仰に関する広量主義と実践面における画一性が指し示されている。

『祈祷書』は最初に一五四九年サマセット公のもとと、一五五二年ノーサンバランド公のもとと、二度版を改めて公にされた。両者ともに多くの助言者の協力を得てクランマーが執筆したものである。第一版は何箇所かでミサ聖祭に近かったが、根本的にはルターの線に沿ったものであった。ルターは犠牲という言辞を理由としてミサ典文を浄化したが、『祈祷書』は特定の表現に手を加えるだけで満足した。しかも同時にミサを聖餐、または主の晩餐へと変えることが意図されていた。それは司祭によって私的に執行されてはならず、陪餐者の面前においてのみ執り行わるべきである。またパンと共にぶどう酒も平信徒にわかち与えられるべきである。パンとぶどう酒がキリストの身体と血に「なる」ことではなく、「ある」ことが祈られる。それは少なくとも実体変化説を退け、ルターの共在説を採用する方向を暗示するものであった。包括主義の精神は、保守派を宥めるためにいくばくかの要素が残されたことからも明白である。生者のためだけでなく、死者のための祈りも認められ、さらに聖餐における次のような奉献の式辞は、ルター派的、あるいは恐らくカトリック的解釈さえも許すものであった。「あなたがたのために渡されたわれらの主イエス・キリストのからだが、あなたがたのからだと魂を守り、永遠の生命へと至らしめるように」。

最初の祈祷書は過激派のプロテスタントにとっては、まったく不満足なものであった。カルヴァンは、それが「愚かさで満ちてはいるが赦されがたいほどではない」(ineptitudines tolerabile)と考えたが、フーパーによれば、それは「明らかに欠陥が多く、語義は曖昧であり、ある箇所は

図 21　捕縛された信仰者の群れ
「コルチェスター付近で捕えられ、一本の縄で一群に縛り上げられ、三人の指導者を先頭にしてロンドンに送られる途中の 22 人の信心深い信仰篤きキリスト者の画」と説明されている。

端的に不信心」であった。ブツァーは改訂のための多くの明確な示唆を与えたが、すでに実在的臨在説を放棄してしまっていたクランマーは、喜んでこれを受け入れた。それゆえにこのような考えを少しでも暗示するような箇所は、ことごとく除去されるか変更されるかした。パンとぶどう酒は次のような言葉と共に配られた。「これを取って食せよ〔もっとも、「これ」という語はこれ以上には明確にされなかった〕。キリストがあなたのために死なれたことを想起せよ〔これはツヴィングリ流に聞える〕。そして感謝をもって信仰により、あなたの心の中でキリストを味わいなさい〔これはカルヴァン的に響く〕。キリストの血があなたのために流されたことを覚えて、これを飲み感謝せよ〔これもまたツヴィングリ的な想憶の儀式としてしか感じられない〕」。カトリックやルター派が、実在的臨在のしるしとして聖餐式の際に歌う「アニュス・デイ」(神の仔羊)は除去された。配餐の前の「へりくだりて近づかん」という祈りは、パンとぶどう酒を讃美する行為と解釈されるかもしれないので、聖別の前に移された。煉獄や死者のための祈りを想わせるような箇所はすべて除かれた。いっさいのしぐさは禁止され、衣服でも白衣や式服、大上衣などの着用は禁じられた。司祭は牧師に、祭壇は聖餐台に、ユーカリストは想憶の聖餐と変わった。

このようなプロテスタント化への動きにもかかわらず、エドワードの治世はヘンリーの時代にもまして、英国宗教改革における人文主義的要素の恒久化を特色とした。エラスムスの著作が英訳で現われたのもこの時代のことで、とくに『福音書略解』は一五四七年には勅命によって全教会に備えつけられた。この英訳は、ヘンリー八世の未亡人カスリン・パーによって後援されたプロテスタントとカトリックの合作だった。訳者の一人は英国喜劇の父ニコラス・ユーダル(一五〇五―五六)であったし、ノーサンバランド公のもとでの嫌がらせにもかかわらず、決してミサを放棄しなかったメアリ王女も訳者の一人だった。『略解』は包括主義の精神にとって最も好ましい、あの単純な非教条主義的敬虔を代表するものである。放蕩息子の物語の結論は、あらゆる功績を排除しようとするルターの要求を、完全に満足させるものではなかったかもしれないが、強いて言うならば、すべての救いを神に帰する考えと合致しないこともなかった。エラスムスは次のように記している。「息子が心の中に父を想い出すよう、父が配慮するということ自体が、父の子に対する恩恵に由来している。しかしながら、父の想い出が子の心に与えられたときに、子がこれを無視しなかったということは、功績として子に帰せられる。さらに過ちを告白することとそのことが償罪として受け入れられ、充足的なものと見なされるのである。子は自らの愚かさによって失われ、父の愛によって再び見出された。子は自らのなしたすべてを嫌悪し、心の底から悔い改め回心したので、父の慈愛は彼をただに以前の尊厳に回復するだけでなく、宴を設けて彼を賞揚し、その所有に関わるところのすべてのものを心からの愛へとその子に委ねるのである」。

エドワードの後を継いだのは、結局は前王の異母姉メアリだった。しかしヘンリーがあれほど多くの婚姻上の冒険を重ねてまで阻止しようとした、継承にからむ悲惨な結果は生じなかった。メアリは父王が着手し、先王が完成した宗教改革を廃棄しようと力をつくした。しかし、多くの点で女王はこれをなしえなかった。もっとも、ローマへの復帰そのものは、女王の主導権のもとに議会の決議によって成就された。女王は没収された財貨を教会に返還しようと努めたが、その多くは個人の手に渡っていて、もはや返還は不可能だった。修道院の復活の速さは、廃止されたときの半分にも及ばなかった。女王がなしえた唯一のことは、前王の時代に投獄されたり国外に追放されたりしたカトリック信徒を復帰させることであった。ヘンリー八世によってその母を合法的に殺害された、王家と血続きの枢機卿ポール（一五〇〇―一五五八）が、ローマへの服従を取り戻すため大陸から呼び戻された。ノーサンバランド公の時代に、ローマ主義への傾向の廉《かど》をも

図22　クランマーの立ち返り
「聖メアリ教会の台上、コール博士の説教中に、その信仰の最後の告白を行い、修道士その他によって引きずり下ろされるクランマー博士の画」と説明されている。

ってロンドン塔に閉じこめられていた英国教会の主教たちは、高い地位を与えられた。他方、指導的改革者たちは国外に追放されるか、処刑台に送られた。ヴェルミーリ、オキーノ、ラスキ、ノックスなどの外国人は、国外亡命を許された。ブツァーはすでに死去していた。エドワード王時代の主教たちは、スミスフィールド刑場の露と消えた。当時の記録はメアリ女王の治下に二八六名が火刑に処せられたと伝えている。これは各地の牢獄で飢餓死した人々を含まない。

クランマーはローマ教皇自身によって聖別された身分だったので、教皇の判決を待つ間、その処刑は延引された。クランマーはリドリ（一五〇〇頃―一五五五)、ラティマー、フーパーその他、多くのかつての同僚たちが火刑台に送られるのを長い間見送っていた。処刑の恐怖は純粋な良心の葛藤によっていっそう強められた。彼は常に国王至上説を信奉し、これを弁護してきた。そして今やその至上の国王権が、英国教会および英国民をローマへの忠誠に引き戻したのである。もし国王がローマと手を切ることができたのなら、どうして再びローマへ帰順することができないはずがあろうか。もちろんのこと、もしもローマへ服従を誓うならば、国王が教会の最高の首長であるという定理そのものが崩れてしまう点は厄介な問題だった。しかし、この原則は例えばスペインやフランスにおけるごとく、この定理なしでも保持できるのではないだろうか。スペインやフランスでは、ローマと訣別することなしに国王が国内での最高権を掌握しているではないか。クランマーはどっちつかずのままでの屈従から、屈辱的な前言取消しに変わった。しかしそれさえも彼の一命を救わなかった。処刑に先立って、彼は最終的な撤回宣言を朗読するように求められた。衆人の驚いたことには、彼は次のような言葉で語を結んだ。

今やわたしは、わたしの良心をあれほどに悩まし続けてきた重大な事柄に言及しなければならない。それは、わたしが真理に反した文書を広く流布したことである。しかし、わたしは今、それらをわたしが心に抱いていた真理に逆らって、わたしの手で書いたものとして否認し撤回する。わたしは死の恐れからそれらを記したのである。わたしの手がわたしの心に背いてこれらを記す罪を犯したので、わたしは最初にわたしの手を焼きつくすであろう。

彼は終りまで続けることを許されなかった。演台からひきずり下されたクランマーは、火刑柱に向かってしっかりした足取りで歩を進めた。火炎が吹き上がるにつれて、彼は罪ある右手を差し伸べ、まったく燃えつきるまで止めなかった。

メアリの後を継いだのは、ヘンリー八世とアン・ブーリンの間に生まれた異母妹のエリザベス王女だった。エリザベスは政治中心論者で、他の何にもまさって領土の安全と平和とを願っていた。彼女自身は信条の上での相違を些細・末梢事と考える立場に立っていた。彼女はいくつかの細目を除いては教皇と意見が一致し、アウクスブルク信仰告白、あるいは何かそうしたものを受け入れ、さらにユグノーとも見解の一致に達したか、またはほとんど達するところまで行った。もっとも、特定の状況のもとで、何が最も政治的便益をもたらすかを予見することは容易でなかった。もし彼女がプロテスタントになりきるならば、カトリックの立場からは異端であり、また非嫡出児であることとなり、スコットランドと同盟したスペインやフランスを同時に相手に回して、苦しまなければならなかったであろう。他方、フランスとスペインは相争う宿命を負っており、オランダのプロテスタントを煽動することによって、両者を弱体化することができた。国内に目を向ければ、スミスフィールド刑場の火炎は英国人の鼻にはあまりにも悪臭にすぎたし、メアリがスペインのフェリペ二世と結婚したことも、国民の間で不評だった。勇気があったのか、それとも単に狡猾だったのかは決しかねるが、ともかくエリザベスはプロテスタントの側に立つ決定を固め、同時に包括主義政策を取ることにした。それによって彼女は十六世紀のどの統治者よりも大きな成功を収めたのである。

成功の理由は、部分的には、彼女がカール五世のようにカトリックとプロテスタントの双方を許容せず、プロテスタント内の諸派だけを包括することにした点にある。カール五世はこれに加えて仮信条協定を外国軍隊によって強要しようとしたが、エリザベスは英国の国民国家主義を堅持した。カール五世はルターの教説が抜きがたいほど根を下した人民を相手にしなければならなかったが、エリザベスはいまだ教理的定式化の存しない国の首長だった。カール五世は一群の断固たる意志を有し、しかもよく訓練された人々と対決しなければならなかったが、エリザベスが王位を継承したときには、相つぐ粛清で極端論者が一掃された後だった。一例を挙げれば、エリザベス女王の治下のこと、すべての治世を生き延びてきた一人の主教が、どうしてそうできたかを尋ねられたとき、こう答えて言ったという。「わたしはかしの木よりもやなぎの木に多くのことを学んだ〔柳に風折れなし〕」。実際かしの木はその多くが倒れてしまったのである。なるほど、メアリの治世に大陸へ亡命し、後に帰国してエリザベス時代に勢力を得た人々もあった。しかし、彼らといえども殉教者たちよりは、もっとやなぎに近かったのである。

エリザベス流の解決策は、温和さと意図的な不明確さを特色とする。国外勢力の権能の否認を誓うことが要求されたが、さりとてとくにローマ司教とは明示されていない。エリザベスは自らを英国教会の最高の首長ではなく、最高の統治者（Supreme Governor）と呼んだ。英国教会の最初の教理的宣述となった「三十九箇条」[14]は、確かに決定的にプロテスタント的で、十九世紀におけるジョン・ヘンリー・ニューマン（一八〇一―一八九〇）の巧妙さをもってしても、それをカトリック教会の転釈に耐えるように変えることはできなかった。[15]しかしこれは厳密なものではなく、また同治世に発布された他の法令とまったく首尾一貫したものでもなかった。これはことに権威の所在に関してそうであった。第二十条は言う。「教会は教会の儀式や典礼を決定する権能を有する」。エリザベスは、「および信仰上の論争を決定する権威」という一文を挿入した。しかも条文は続けて、「教会は聖書に反することは何一つ決定してはならない」と言う。しかし、いったい誰が聖書に反しているかどうかを断定するかについては、明言されていない。次の箇条は、教会公会議も誤りを犯すことがありうると言うが、「禁圧条令」（一五六五）は最初の四つの公会議を公認している。包括主義の精神がどこよりも明白に現われているのは、新しい版の『祈祷書』である。例えば、聖餐式における奉献の辞は、単純に前の二つの版の組合せで、司式者はこう言うように定められている。「あなたのからだと魂を守り、永遠の生命に至らせるために渡された、われらの主イエス・キリストのからだである。キリストがあなたのために死なれたことを記念するため、これを取り、食しなさい。信仰と感謝をもってあなたの心の中にキリストを味わいなさい」。

エリザベス流の解決策の意図的な不明瞭さを暴露し、これを軽蔑することは容易である。しかし結局、それはスミスフィールド刑場の炎が示したような、目もくらむばかりの明るさと比べて、宗教的係争の解決として不満足なものだったであろうか。いずれにしても、英国の宗教改革は第一義的に教理形成の面で高い評価を受けているわけではない。むしろその最大の特色は礼拝の分野に存する。『祈祷書』は気高い請願を崇高な散文に託して表出している。それは他のすべてにまさって、英国教会を英国民に身近なものとした。例えば、次の特祷を一読するがよい。

すべての信仰者の心を一つ思いとなしたもう全能の神よ。あなたの命じたもうものを愛し、あなたの約束したもうものを欲する心を、あなたの民に与えたまえ。されば、この世のもろもろの変動の中にあっても、われらの心はまことの喜びの見出されるべきその所に、揺ぐことなく定められるであろう。われらの主イエス・キリストによりて。

第11章　信仰の自由のための戦い

諸教派の側における公認のための戦いは、信仰の自由のための戦いの一局面ではあったが、しかも限られた一部にすぎなかった。再洗礼派を別とすれば、十六世紀の諸教派は、すべての個人がその欲するところに従って礼拝を守る権利のために戦っていたわけではない。カトリックは寛容を最も罪深い無関心主義として全面的に退けたし、カルヴァン主義のベザは、宗教の自由を「最も悪魔的な教条」と断定した。「なぜなら、それはだれでもが自分勝手な方法で地獄に堕ちるに任せられるべきだ、ということを意味する」からであった。したがって、どの教派もただ自己の権利だけのために争っていた。そしてその実現の可能性が、このときほど微かに見えたことはかつてなかったのである。何となれば、相異なる見解の一つ一つが、ある程度まで真理の一斑を含んでいたし、実際上の差異といっても、たとえ誤っている場合でさえも、禁圧よりは黙許さるべき性格のものであったからである。オランイェ公ヴィレムの努力も、スペイン人の暴威とカルヴァン主義者の聖像破壊行為によって不成功に終わってしまった。また同じ時期に、しばらくの間ポーランドでほぼ実現された類似の方策も、良心の不可侵性、人格的誠実、あるいは人間の権利とかいった教説よりは、どのような組織的干渉をも不可能にした封建制の無政府的傾向に起因したものであった。しかし同時に宗教改革時代は、ただ一つの信仰告白の独占を打破することによって、現実に新しい道をひらいたし、さらに思想の分野でも、啓蒙時代を経て西欧独自のものとなったあらゆる顕著な諸理念を集大成する結果となったのである。

これらの理念が、教皇の支配から解放された地域で、いっそう自由に発現されたのは事実であるが、とくに宗教改革そのものの所産と言うわけにはいかない。宗教改革よりも早く、寛容の精神の形成に役立った二つの大きな思潮が存在した。両者は一つとなって、カトリック国でもプロテスタント国でも同じように作用したのである。その一つは神秘主義だった。神秘主義者にとっては、具体的な教理や教会の形態はどうでもよい事柄だったからである。神秘主義的求道の目標である神との合一は、強制されたものであってはならず、どのような権力にもこの合一を作り出すことも・阻止することもまったく不可能だった。神への道は試練と拒絶の道であり、宗教裁判官の拷問室よりは、殉教者の苦難と合致するものであった。

第二の大きな流れは、ルネッサンスの人文主義だった。人文主義は自由探究の精神を支持し、ときにはキリスト教の枠を超え出た試験的手探りにまで寛容だった。もっとも、この運動全体として要求された自由な探求はきわめて制約されたもので、キリスト教の歴史的文献の真正性と正当性だけに限られていた。この領域に関しては、自分が何を語っているかを知らないような教皇や、教会公会議の教条主義的宣言などに従属すべきではないというのが彼らの主張だった。ただ専門家だけが見解を公にする資格を持ち、その意見は同じように有能な他の専門家の判断によってのみ検討され是正されるべきである。真理はただ研究と批判と修正によって到達されうるものなので、常に再検討の必要があるからである。もっとも、この観点が文献学的研究に留まるかぎり、人文主義学者といえども正統信仰個条からの逸脱を迫害することはありえた。カトリックでは枢機卿トゥルノンは、もしセルヴェトゥスが先にカルヴァンの手中に落ちなかったら、間違いなく彼を火刑に処していただろうし、プロテスタントの間でも、人文主義のメランヒトンはルターに無理強いをして、ついには平和主義の再洗礼派に死刑を宣告するところまで行ってしまった。

しかしながら、もしも同じ方法論が文献から教義の分野にまで拡張されるならば、教会の信条的表出も結局は試験的なものと見なされることになり、さらにキリスト教信仰の歴史的叙述も、究極的な真理の陰影、また新たな光が神の言からさし示されるときには変更を余儀なくされるもの、としてだけ考えられることとなる。信仰を目して〔過去の〕堆積物というよりは、むしろ〔不断の〕探究と考えるこのような態度全体は、少なくともキリスト教内部のあらゆる相違に対する寛容の精神を生み出し、ときにはそれ以上に進むこととなるのである。ルネッサンスの普遍主義は、キリスト以前に生きていた敬虔な異教徒や、ときには地理的理由からキリストについて聞いたことのない人々に対し、きわめて好意的な考え方を示した。十六世紀にはいまだ後のレッシング（一七二九―一七八一）のように、キリスト教・イスラム・ユダヤ教の三つの環を区別しがたいとまで言いきった者はいなかったが、それでもキリスト教以外の諸宗教ですら福音への準備かもしれない、と主張された。このような広量主義は、端的にキリスト教の絶対性への要求に対する脅威だったが、そのゆえにまた、あらゆる宗教が参与し、そのいずれもが他を支配しようとしないような、世界宗教会議の精神と合致するものであった。

前述プロテスタント諸派の瞥見からも知られるごとく、信仰の自由の精神は、教会と国家の結びつきを退けた再洗礼派と、著しく神秘主義的・合理主義的傾向を抱いていた自由精神の持主の間で、最も盛んになったことは明らかである。しかしながら宗教の自由は、ルター派諸国、カルヴァン派諸国、また同じようにカトリック諸国においても不可能ではなく、事実、時がたつにつれて実現されたのである。このような結果をもたらすに役立った考え方は、迫害を支持した三つの思想的壁に対する攻撃の性格を考慮に入れて、次のように整理するのが便利であろう。そもそも迫害を正当化するためには、人は自分が義しく、問題になっている事柄が重大であり、かつ強制が有効である、という三点を確信していなければならない。

第一の点に関しては、カトリック教徒や初期の宗教改革者は、いささかも疑いを抱いていなかった。キリスト教は排他・独占性の要求という点で、ユダヤ教の後継者である。神は嫉む神であって、その民がほかにいかなる神を持つことも見過ごされない。預言者たちは他には神々の存しないことを明言した。この神はある国民を選び、これに約束の地を与えられた。キリスト教においては一人の神に一人の主が加えられ、約束の地は永遠の生命となった。初代教会の中心問題は、唯一の神と多神教の神々の対立ではなく、一人の主とローマ皇帝（「主なる皇帝」と呼ばれた）との激突だった。キリスト教はいっさいの競争者を許容しようとしない。キリスト教にとっては、自ら滅びるか、あるいは他を征服するかのいずれかであった。そしてキリスト教は制覇を成しとげたのである。新しい信仰の確証は、聖書に記録されているようなキリストにおける神の啓示に基づいている。聖書を解釈する権能は教会の手に委ねられるようになり、それ以後は、自由な探究はいまだ確定的な論断を下されていない、周辺的な事柄に関してのみ許されることとなった。教皇が信仰や道徳の事柄に関して公式に発言した場合には、もはやそれ以上の論議は許されない。十六世紀のカトリック教会にも教皇無謬説（それ自体はまだ「無謬的」に宣告されていなかった）を問題とした者がいたが、それは教会公会議の利益のためであって、個人的判断の権利のためではなかった。

プロテスタント宗教改革は、教皇の権威も教会公会議の権威をも等しく一掃してしまった。ルターが教皇には信仰や道徳の事柄に関して決定を下す権能がなく、各個人がそれぞれ自分で判断を下さなければならないと主張したとき、彼は個人的判断の原則を明確に宣言していたのだと考えられるかもしれない。ある意味でそれは真実だったが、その後に一般的になったような意味においてではなかった。ルターの確信によれば、もしも聖書をあらゆる言語学的・批評学的手段の助けを借りて研究するならば、その意味は絶対に明らかとなり、誠実で有能な研究者ならば誰も意味を取り違えるはずがない。なぜなら聖霊が彼を導いて正しい知解へと至らせるからである。もし現にさまざまの解釈が存するとすれば、どれかは間違っているのである。誤謬の中にある者には、聖霊の導きが与えられていない。ルターは使徒信条やニカイア信条のみならず、アウクスブルク信仰告白にも聖霊が働いているとさえ考えるに至った。

反対論者が良心に訴えたとき、ルターは良心そのものではなく、ただ「正しい良心」のみに権利があると回答した。良心（conscience）という言葉は、「共に知る」を意味する con および scientia の二語の複合語である。それゆえに、正しい良心だけが尊敬を受けるに足る。初期プロテスタントのこのような見解は、良心はたとえ過ちの中にあっても、啓発されるまでは依然として拘束力がある、というスコラ哲学者によって到達された立場と比べると、退歩のように見えるかもしれない。この点に関しては宗教改革者たちは譲歩にやぶさかではなかった。「確かに」と彼らは言った。「われわれは自分自身の光に逆らう罪を犯すべきではない。人はたとえ誤っているとしても、自分には正しく思われることをなすように定められている。しかし人は単に自分が正しいと考えているという理由だけで、特別に顧慮される資格は有しない。彼が考えたからと言って、何かがここ・かしこに実在するわけではないのである。権利として要求するためには、人はまず正しくあらねばならない」。一般的に言って、このような考え方は十八世紀まで通用することとなった。

しかしすでに十六世紀においてさえ、このような堅塁は攻撃にさらされていた。エラスムスは総攻撃の最初の指揮官の一人だった。彼の論拠は、聖書が決して自明的ではないという点にあった。聖書本文は不確実であり、多くの箇所で意味は不明瞭で、一見したところ矛盾している。確かに、鋭い批評精神によってわれわれは正確な本文と、正しい語義に達することができるかもしれない。しかし、それでも依然として不正確さが残るであろう。論争そのものが不確かさの証拠である。万人にとって完全に明白な事柄に関しては、誰も言い争わないものである。もしも同じように学問的研究の方法を身につけた者どうしの間で、同じ意見に達しえないとすれば、それは問題そのものが明白でないからである。このような線に沿ったアプローチは、カルヴァンの陣営中の一人のエラスムス主義者によりいっそう過激な仕方で遂行された。それはセバスティアン・カステリヨ(1)(一五一五―六三)という名の亡命サヴォワ人だった。カステリヨはしばらくの間ジュネーヴ学院で教えたが、後にバーゼルに移り、そこでギリシア語の教授となった。セルヴェトゥス処刑の報に接して彼は深い憤りを覚え、それを正当化しようとする論拠を検討し、論駁する仕事に自ら取りかかった。

このために彼は『異端は迫害さるべきか』という著作を出版したが、その中で宗教的認識の諸原則を考究した。彼の体系は根本的には経験論的で、彼以前ならストア哲学者、彼以後ならジョン・ロック(一六三二―一七〇四。英国の哲学者、政治思想家)を想起させるに足るものである。カステリヨに従うならば、知識の源泉は三つ、すなわち、経験・啓示・理性であるが、前二者は明晰化と論理の精緻さとに関しては、第三に従属する。キリスト教信仰の伝統的教義の多くは、この基盤のうえでは最終的に証示することは不可能であり、したがってそれらは知識というよりは信仰の領域に属する。両者は明確に区別されるべきで、われわれが信じていることを、知解しているかのごとく装うべきではない。

あらゆる宗派は自分の宗教を神の言に従っていると考え、確実だと言う。カルヴァンは自分の信教を確かだと言い、他の者は彼らのほうが確かだと主張する。カルヴァンは他の者が誤っていると言って裁こうとするし、他の者も同様である。いったい誰が裁判官であろうか。いったい誰がカルヴァンを立てて他のすべての宗派の仲裁人とし、彼にだけ生殺与奪の権を与えたのであろう。彼は神の言を保有している〔と言う〕。しかし、そうならば他の者も神の言を持っている。もしも事柄がかくも確実であるとしても、いったい誰にとって確かなのであろうか。彼には分からないことはない、と言う。彼はまるでパラダイスにいるかのごとくに語る。しかしそれならば、なぜ彼はあれほど多くの著書を明白な真理について書き、彼の言うことが絶対に明らかであることを説明するため、あのような大著を出すのだろうか。

このようなアプローチは、三位一体・主の晩餐・洗礼・予定・死後の魂の状態など、論議の的であり、したがってまだ不確かな教説を、神の存在・世界の創造・不死と道徳法のごとく、当時はほとんど疑問に付されていなかった、それゆえに真理と考えても差し支えない教説から区別する方法を産み出した。共通の同意が得られる領域に関しては、このような議論が通用するかぎりは強制も黙許されるであろう。

このようなアプローチを駆使する際に、カトリックとプロテスタントの間には相違があり、しかもそれは十六世紀初頭から時を経るにつれていっそう著しくなっていった。このアプローチはエラスムス主義者にとっては親近感を覚えさせるものであったが、やがてエラスムス主義は、トリエント公会議型のカトリシズムに屈服してしまうのである。他方、プロテスタントの主流は十七世紀にはさらに教条主義的になったが、十八世紀に入るとともにエラスムスをも凌ぐほどになり、ついには理神論はキリスト教を儒教とほとんど違わないものに変えてしまうほどであった。もっとも、教会的教条主義の廃棄そのものは、信教の自由の保証とはならなかった。フランス革命に際しては、理性と懐疑主義が共にそのいけにえをギロチンに送りこんだからである。

迫害の第二の前提条件、すなわち問題となっている論点が重要だという判断は、もっと意味深長である。反対論者を平然と死刑に処するためには、ある集団がその安全を決定的な点で脅かされている、という確信が存在しなければならない。大波のようなヒステリーでさえも、狂熱を燃え上がらせ・正当化するためには、危険に直面しているという想像を煽り立てなければならない。キリスト教の歴史における最大の迫害者たちは、決して偽善者でも人非人でもなく、彼らが人類にとって最高の重要性があると信じている理想に傾倒した人々であった。彼らの判断によれば、人間の永遠の定めと社会的至福は神の好意に懸っており、ただ誤りなく信じ、正しく礼拝し、そこ以外には魂の救いの存しないノアの箱舟として、神が定められた教会に属する者にだけ与えられるものである。このような図式においては、正統な信仰のほうが高潔な生活よりも重要視される。なぜなら、正しい教えを受け入れる者は行いを正すこともできるが、それを退ける者は、たとえそのときは咎められるところがないとしても、そもそも信仰が道徳の唯一の確実な根拠である以上、やがて生活の破綻をきたすことはまず確かだからである。さらに、教会がすべての至福の宿る宮であるからには、学校であろうと国家であろうと、あらゆる社会機構をその霊をもって充満するように努めるべきである。国家権力は分裂を計る者を抑圧するために、教会の意のままに委ねられるべきである。火刑柱の恐怖は異端をその誤謬から呼び戻すかもしれないし、少なくとも、異端がその所説を公言し、他の人々を堕落させないように制止することができるであろう。もしも異端が自説に固執するときにこれを除きさることは、生命を救うために手足の一本を切り取るようなものである。

迫害の理論はこのようなものであった。これに対し、信教の自由の擁護者たちはそれを引き裂き、一つ一つに攻撃を加えた。第一の目標となったのは、永遠の至福を獲得するためには正しい信仰を必要とするという憶説だった。ある人が誤った信仰を持っているという理由で、神がその人間を永遠の責苦に投げ込むという考えは、父なる神というキリスト教的見解の厭うべき誤用であると彼らは答えた。エラスムスは、『神の広大な慈愛について』と題する一文を草してこう言った。

神の存在を全く否定する者も、神を冷酷・無慈悲と考える者ほど不信心ではない。福音書すべてに一貫しているのは、一度死んだ息子が生き返ったというので喜びに湧き立っている家中の姿である。羊飼いは迷える羊を自分の肩に負うて連れ帰り、父は放蕩息子に着物を着せ、その指には指輪をはめ、そのために肥えた仔牛を屠った。キリストは憐れな民を救うことができないといってエルサレムのために泣かれたが、われわれは彼には救うつもりがなかったかのごとくに語る。

プロテスタントの間におけるエラスムスの弟子で、後にバーゼルに亡命したクリオ[2]という名のイタリア人は、『神の国の広大さ』と題する本を著わし、その中で万人の救済を望み見た。明らかに彼は予定説の必然的帰結である「棄却」の教説を否定しているのである。棄却説に代えて、クリオは万人の究極的な、しかも迅速な信仰への回心を内容とする普遍主義を持ち出した。ちょうどこのころ、英国は宗教改革を受け入れ、ポーランドも改革に傾いているように見られた。アメリカ先住民を回心させるため神が天使を用いられることを期待した者にとって、トルコ人やユダヤ人の改宗の期待すらも、手放しで楽天的な希望というわけではなかった。宣教師や天使にこれほど大きな信頼を寄せていた者には、信仰の前進のために為政者の権力が必要だとは思われなかったのである。

万一、神が進んで永劫の断罪を下されるとしても、それはむしろ行いの問題に関してであって、教義上の事柄についてではない。自由主義者に従えば、神の目には行い（deed）の方が信条（creed）よりも重要なものとして映るはずであった。エラスムスはルターのために抗弁するときには常に、ルターの生活には落度がないという事実に訴えた。さらにカステリョはこう言った。

あなたはこの男〔セルヴェトゥス〕が異端で腐敗した肢体であるから、ほかの者が感染しないように教会のからだから切除すべきだ、と言われる。しかしいったい彼が何をしたというのであろう。「恐るべきことを」と言われるのか。それでは、いったいどのような恐るべきことをなしたのか。彼は人殺しか、姦淫をする者か、盗みをはたらく者か。否、否。それでは何をしたと言うのか。彼はキリストと聖書を信じないのか。彼は確かに信じている。彼はおのれの信念を捨てるくらいなら、死を選ぶほどであった。しかし彼はこれらを誤って、すなわちわれわれの教師たちとは違った仕方で理解している。これこそが炎によって贖わなければならない大罪なのだ。

すべての倫理的アプローチは、良きわざを信条の試金石と見なし、より良い人間を作り出す信仰のほうが優れていると判断する。ときには、善行が正しい信仰の条件とまで考えられる。なぜなら、心の清い人々だけが神を見る（マタイ五・八）からである。キリストを愛し、キリストに従う者だけが聖書を理解することができる。これは再洗礼派が固く信奉していたことで、彼らにとってはキリストに信従するとは、キリストの柔和と慈愛とをまねぶことであった。

合理的・倫理的アプローチに身を委ねた人々のあいだでは、神の恩恵の条件として、無謬よりは誠実が重要視された。誠実とは、ある時点において真実と思われるものに対する内的忠誠心のことである。このような意味で、セルヴェトゥスは虚言を言い、自己の確信を裏切ることによって生命を全うしたかもしれないのに、ただ真理を語ったために死刑に処せられた、と断言することも不可能ではなかった。セルヴェトゥスが殺されたのは、前言を翻さなかったからである。なにゆえに誠実さがこのように高く評価されたかというと、それは真理の探究においては人間的廉直さというものが不可欠だからである。誠実な人間が言い表わしても、不誠実な人間が言い表わしても同じように妥当する蓄積された教義、などというものは存在しない。真理は、熱情とまったき率直さをもって追究する者だけが捉えられるのである。

見える教会の一員であることが救われるためには必須であるという考えは、当然のことながら、神秘主義者によって切り崩された。彼らの考えによれば、真の交わりを外的機構の枠内のみに制限することは決してできないのである。ちょうど車のたくさんの車軸《スポーク》が同一の中心に集まるように、諸宗教も帰するところは一つであると考えたルネッサンスの広量主義者たちは、救いを特定の一宗教だけに限定することができなかったし、万人の究極的な救済を夢みる普遍主義者には、何かある組織の一成員であることが不可欠だとは、どうしても考えられなかったのである。

本質的な教義とそうでないもの、という区別を設けた人々は、中間的な立場を取った。根本主義（fundamentalism）の理念が生まれてきたのはこの関連においてであった。それはこの時代には根本的なものを最小限に抑え、この最小の分野では強制もやむをえないとしても、その他の領域では自由に放置しようとする試みであった。もちろん、この区別そのものは目新しいものではない。教会は常に基本的教理と従属的なものとの区別を設けてきた。中世末期の反教条主義者たちはこの線を越えて進み、救われるために必要な教義がいかにわずかであるかを指摘してやまなかった。論議の中心点だったのは、どれだけ多くの事柄が真実であるかということではなく、どれだけの事を知解し、かつ信じなければ救われないのかということであった。悔い改めた強盗（ルカ二三・三九―四三）は、何の予備教育も受けることなしに、キリストによってパラダイスに入ることを許される者の実例だった。彼はただパラダイスの存在すること、そしてキリストには彼がそこに入るのを許す権限のあることを信じていただけであった。

このような考え方は、アコンティウスという名のイタリア人プロテスタント亡命者によって、さらに詳細にわたって敷衍された。[3] しばらくバーゼルに居住した後、ロンドンでテームズ河の築堤工事に従事する技術者としてエリザベス女王に雇われていたアコンティウスは、『悪魔のたばかりについて』と題する本を著わしたが、その中で悪魔は異端を煽り立てて人間の魂を滅ぼそうと立ち回っているという中世の論議を反駁し、むしろ悪魔は迫害をそそのかすことによってその恐るべきわざをなしている、と主張した。われわれは神御自身が必要だと明言されていない論点に関しては、他人に強制することのないように十分に注意しなければならない、とアコンティウスは論じた。プロテスタントの間で激しい論争の的だった予定とか、主の晩餐とか、洗礼とかいう事柄は、彼のいう本質的なものの表には含まれていなかった。聖書はただ二つの不可欠な信仰を要求している、と彼は宣言する。第一は義人は信仰によって救われるという教えで、この原則にのっとって、善きわざに依拠するカトリック教徒は救いから除外される。第二には、「主イエスを信じなさい。そうすれば、あなたも、家族も救われます」(使徒言行録一六・三一)ということである。この句に基づいて、主イエスを否認する者は救いから除外される。もっとも、アコンティウスはいったい何が否認行為であるかについては明言していない。彼の思想はきわめて大きな影響を及ぼすこととなった。それは英訳の形でクロムウェルの政策を導いたと言っても差し支えないかもしれない。クロムウェルは彼の宗教解決策から、カトリックとユニテリアンを除外しているからである。もっとも、これは逆用の恐れのある危険な論議だった。なぜなら、もし非本質的な事柄における誤謬が神の断罪を招致しないとすれば、このような論点に関する信仰を規制することは為政者に一任されるべきで、すでにきわめてわずかの用語に縮減された本質的事柄に関してのみ、自由が認められるべきであると主張する者が現われたからである。このような推論は、事実アウクスブルク和議や英国教会の解決策に援用されたのである。

もちろんのこと、その他の多くの事情が、宗教改革時代には強制が実施された諸論点の重要性を矮小化するにあずかって力があった。国民国家主義は人々の関心を正統信仰から愛国主義へと

図23　オランダの殉教者

転ぜしめ、通商時代に入ってからは、信条的精緻さは勘定元帳の緊急事態に従属する結果となった。世俗主義の伸長は、宗教的信念のために死んだり殺したりする人々を、時代遅れのものとしがちであった。わずかに現代に至って、人々がそのために生命を捨て、人を殺し、虚言をつくことを意に介しないような強烈な信仰を伴った新しい世俗主義が起こり、キリスト教信仰だけがこれに根強く抗しうることがたまたま発見されると共に、殉教の気構えが再び甦った[4]。殉教者にとっては、迫害者の気持ちも全く不可解ではない。

さてこの第二のアプローチは、カトリシズムよりはプロテスタンティズムにより適している。カトリシズムは救いを正しい信仰から分離させず、教会の外には救いがないと主張するからである。もっとも、「教会」という言葉はきわめて広義に取られているので、見える教会の扉の外にいる者でも、破滅に定められているとは必ずしも言えない。神学から倫理へという重点の転移は、たとえそれ自体は健全な信仰によって支えられた倫理の方向へ向かうものであっても、カトリック教会にとっては好ましくはない。これに対しプロテスタンティズムは倫理的なものの不当な強調が、キリスト教における信仰の中心性からの逸脱であることに気づいていないわけではないが、これらすべての点に関してはもっと大幅な融通性を示している。

迫害の第三の前提条件は、強制が有効であるという信念である。十六世紀には、この点について疑いを抱いた迫害者は一人もいなかった。ティンダルの裁判に当たった低地方のある宗教裁判官はこう言ったと伝えられている。「信仰のために死ぬ者が有罪か無罪かは、そう大きな問題ではない。われわれの目的は、このような例で人々を威嚇することにある。一般的に言って、学問や富、門地、位などで傑出している者をこのように犠牲にすることは最も効果を表わすであろう」。二十世紀のカトリック教会はもはやこのような立場を取っていないし、便宜上の理由から、カトリックもプロテスタントも、かつて父祖たちが取った方法を放棄しようという点では、全く同じ基盤に立っている。迫害が何か意味があるという信念は、「何にとって有用か」という問いを惹起した。もしも迫害が魂の救いのために有用であると主張されるならば、「救いは信仰に依拠し、信仰は強制されえない」と答えなければならない。信仰は神の賜物だからである。使徒パウロのこの立言は、あらゆる信条を持つ、あらゆる国の宗教的自由の擁護者の合言葉となった。

もしも信仰が神の賜物であるとすれば、為政者の剣の力でそれを作り直そうとすることは、大砲の弾丸を炸裂させて城壁を築こうとするようなものである。宗教改革時代にこのことをだれよりも早く明言したのはルターであった。彼は言った。「信仰はなにびとも強制することのできない自由なわざである。それは霊における神のわざである。外的力がこれを強要したり、作り出したりすべきでないのはもちろんのことである」。この理由から、ルターは追放以上の重い処罰に長らく反対した。彼は異端説ではなく瀆神と反逆の罪だけが、教会・国家・社会の秩序を攪乱するものとして罰せられるべきであるという公理を、晩年まで保持しようと努めた。

自由主義者の共通の主張によれば、もしも救いが予め定められているのなら、どれほど力を尽くしても無益なので、予定論は迫害いっさいを排除することになるはずだというのであった。そこから、彼ら自身は予定論を放棄した。われわれの目に青と見えるものを、赤と考えるわけにはいかないと同様に、心が同意を表わせないものに同意を言い表すことは不可能だからである。もっとも、そこから彼らは知的決定論を持ち出すことになった。強制が事態を改善することにならないとすれば、この種の決定論は絶対的だった。生まれつきの愚者は議論を把握できない。しかしその他の場合には、知覚が遅鈍で、多くの障害物によって阻止されているだけのことである。回心を成し遂げるためには、われわれは説得術を身につけなければならない。アコンティウスはその著『悪魔のたばかりについて』の最も枢要な部分を、この方策の論述に当てた。彼は言う、「認識への最大の妨害は、情念・誇り・偏見であるが、これらは説得側の虚栄心と傲慢とによって、いっそう強化される。謙虚さと真理へのひたむきな献身が、改宗者を獲得するための第一条件である」。アコンティウスのこのような方法論の背後にあるのは、もちろんのこと、真理は結局は人々の賛同を勝ち取るであろうという予見である。真理がそれほど速やかには自らの証しを立てないことに気づいたとき、ルターはかつて持っていた自由主義的傾向から外れてしまった。

もしもだれかが迫害は教会にとって有用であると論ずるならば、「なるほど数は増大するかもしれないが、質は改善されないだろう」と答えなければなるまい。迫害はたとえ殉教者を産み出さない場合でも、異端を偽善者に作り変える結果になる。カステリョはこう述べている。「わたしはあえて言うが、数を重視し、そのために人に強要する者は、何物をも獲得しないだけでなく、持っているものをも失うであろう。彼はわずかなぶどう酒のはいった大樽に水を満たし、もっと多量のぶどう酒を手に入れようとする愚か者に似ている。酒をふやす代わりに、彼はすでに持っていた分までもだめにしてしまうのである。エドワード六世のもとに、福音が英国で強要されたが、メアリが継承したときには、いかに少数の者しか確信を有していなかったかが明らかとなった。無理強いによって洗礼を受けたスペインのユダヤ人は、別に、前よりもよりキリスト教的になったわけではない」。

もしもだれかが迫害は国家にとって有用だと主張するなら、「それは反対であって、迫害は内乱をひきおこすに役立つだけである」と答えなければならない。再洗礼派は十年にわたって絶滅の危険に抗した後、暴動へと追い込まれたし、ユグノーは三十年というもの屠殺者の前の仔羊のごとく恭順だったが、最後に反乱に転じた。このような事態は、この時代の人々に強い印象を与えた。カステリョは言う。「専制は反乱を助長する。反乱は異端を強制抜きで自由に放置せず、強要し殺戮しようとする企てから生起する」。ルターの教説が一般社会の秩序を紊乱するという理由から、ヴォルムス勅令の強行実施をルターの敵手たるカトリック教徒が要求したとき、答えは勅令を強要しようと努めること自体が反乱を巻き起こすであろう、というのであった。

信仰の自由の優れた擁護者の間でやり取りされたあらゆる論議の奥深くには、十字架と火刑柱とはどうしても不似合いだという深い確信が横たわっていた。苦難はキリスト者の定めであり、しるしである。キリスト者は羊のごとくあるべきで、狼のようであってはならない。もしもキリスト者が主キリストに従おうとするならば、彼はピラトやヘロデのごとく裁きの座ではなく、カルバリの丘に登らなければならないのである。

これらの要因のうち、どれが信仰の自由の達成に最も貢献したかを明確に決定することは困難である。慎重論が大きな役割を果たしたのは事実であるが、殉教者たちの証しと慈悲の嘆願が全くなおざりにされた、とは思われないからである。

第12章　宗教改革と政治

宗教改革がヨーロッパの社会生活にどのような影響を及ぼしたかを評価することは、けっして容易ではない。何よりもまず、宗教が果たして、人生の事柄において決定的な力を持っていると見なすことができるかどうか、あるいは、宗教的スローガンは、結局は現世的動機を映すスクリーンに過ぎないのかどうか、大いに論のあるところである。例えば、経済的・社会学的決定論者は、フス派や再洗礼派の共財主義を、使徒言行録から読み出したものとしてではなく、ボヘミアにおける銀採掘業の発展と何かの形で結びついていた、と説明する。しかし、これでは低地方諸国における再洗礼主義の強さをどうしても説明しがたくなる。ある者はプロテスタント運動自体を、ラテン民族の支配に対するゲルマン民族の反乱だったと説明する。このような一般論にも、全く真理が存しないわけではない。何となれば、一見したところ最終的にはプロテスタンティズムは北欧に、カトリシズムは南欧に確立されるに至ったからである。もちろん、カトリシズムが英国に対する闘争の糾合点となったアイルランドは、際だった例外となる。しかしながら、もしも属地主義と少数派追放の原則が貫徹されなかったならば、諸教派の間の差異は決してそれほど明確にはならなかったであろう。したがって、このような見方も誇張されてはならない。もしも住民の入れ替えが行われなかったとすれば、プロテスタンティズムは南欧、ことにフランスにおいて、はるかに広範に伝播したであろうし、同じ理由から、カトリシズムも北欧諸国でもっと大きな力を保持したことであろう。

さらに、ローマに対する反逆は経済的搾取に対する反発であったと説明されるが、これも他の諸要因の一つとしては否定しがたいとしても、他面、個々の不満は、例えばフランスが獲得したような国家とローマとの協定（例は、一四三八年シャルル七世とエウゲニウス四世の間に結ばれたブールジュ協約）によって、教皇庁の霊的権能を否認することなしに調整することは可能だった。最後に、歴史家の中には、宗教改革を社会的階級闘争の形で解釈するものがある。カトリック教会は上流階級の宗教、ルター派とカルヴァン派は中産階級、そして再洗礼派は下層階級の宗教だった、というのである。このような説明の仕方は、後に産業革命の発展が招来したような鮮明な階級分化が、十六世紀にはまだ存在していなかったという事実を見逃している。それだけでなく、彼らは宗教集団の色合いを読み違えている。再洗礼派が再洗礼派だったゆえんは、彼らが社会的に疎外されていたからではなく、彼らが再洗礼派になったため疎隔をこうむることになったのである。初代の再洗礼主義指導者たちは、都市のインテリ階層出身だった。またルター派は農民戦争の後には、すべての農民階層を失ったと考えられたが、事実としては、ヴィッテンベルクのルターの教会員の大部分は、依然として農民だったのである。それからの数世紀の間、ある国々では企業家商人はカルヴァン主義者だった。しかし、彼らは企業家だったゆえにカルヴァン主義者となったのであろうか。あるいは、カルヴァン主義者だったために企業家となったのであろうか。

宗教を経済的・社会学的方法で解明しようとする人々は、おのおのが果たした役割を転倒させて、宗教そのものが経済的・社会的形態を変革した事実を容易に認めたがらない。ある歴史学派の独自の貢献は、社会の変動を宗教によって解釈したことである(1)。ある史家は、プロテスタンティズム、ことにカルヴァン主義を資本主義の精神の勃興を促した力の一つに数える。政治の領域では、カトリシズムは絶対主義の原型に擬せられ、ルター主義はドイツにおける全体主義の発展に責任があると考えられ、さらにカルヴァン主義は、英国およびニューイングランドにおける民主主義の発生に寄与したとされる。家庭の領域では、プロテスタンティズムは修道院の撤廃によって、穏健なキリスト教的徳性の涵養の場としての家庭の役割を高めた、と主張されている。

本書の立場は、連続的かつ複雑な諸要因の相互作用を認める立場である。これらの諸要因はたがいに入りこみあい、しばしば分別しがたいほどであるが、まず、政治思想と行動の分野を取り上げて見ることとする。ヨーロッパの政治機構の内部で進行中であった著しい変動は、国民国家主義の勃興である。もともとそれを刺激したのは、国家的安全への熱望だった。神聖ローマ帝国は封建諸侯の間での確執の抑制に一度も成功したことがなかった。したがって、大きな規模では実現されなかったことが、新興の国民国家の枠内で、より小さな地方的規模のもとに企てられた。ローマ教会はこの成行きを煽動し、また同時にこれに抵抗した。帝国を弱体化する目的をもって国民国家に援助が与えられたが、これら諸国が教会の歳入や聖職者任免権を地方的な統制のもとに置こうと努めた場合には、いつでもこれを妨害する努力が払われた。プロテスタントは、国民国家がローマ教会と対立した所では、どこでも国家の側に立って教会に圧力をかけたが、だからと言ってプロテスタントが国民国家主義そのものをとくに好んだ、というわけではない。ドイツのルター派諸侯は、ドイツ帝国に大きな愛着を抱いていたので、三十年戦争（一六一八―一六四八）の場合などにも、帝国の解体を案ずる躊躇から、彼らの信仰を防禦するためになら戦略的に最も有利な作戦であっても採ることができないほどであった。

プロテスタントの不断の関心は、特定の形の国家ではなくて、彼らが真の宗教と考えていたものを実現する自由だった。ヨーロッパの東の辺境では、前述のごとく、プロテスタントはハプスブルク家の支配よりも、トルコ人の統治を好んだ。トルコ人は宗教的に中立を保ったが、ハプスブルク家は狂信的なカトリックだったからである。これまでの叙述を再読するならば、プロテスタンティズムが、スウェーデンやオランダの国家的独立のための戦いと結びついていたこと、しかし、カトリシズムは同じ役割をアイルランドで果たしたことに気づくであろう。フランスやポーランドでは、プロテスタントは国王に対抗する封建貴族と手を結んだが、いったん王位を目前にすると、国王派に鞍替えした。ドイツではプロテスタンティズムは自由都市や領邦君侯など、封建主義と国民国家の中間に介在する勢力によって保護された。

この時代の大きな政治問題に関して、区分線は必ずしも宗教上の信条と完全には一致しない。十六世紀に激しく争われた問題は、国家が道徳的有機体と見なされるべきか、あるいは単に権力集団と見なされるべきかどうか、ということであった。倫理的国家論の偉大な代表はエラスムスとトマス・モアで、他方、無道徳的国家論の代弁者はマキァヴェリ（一四六九―一五二七）であった。少なくとも名目的には、彼らは皆カトリック教徒だった。彼らの間の相違を、ある歴史家たちはおのおの置かれた環境の差異に帰している。道徳論者の場合には彼らの国は強い圧迫のもとになく、その安全は隣国との平和に懸っていた、というのである。モアは英国人、すなわち島国の住民で、海峡によって保証される相対的な安全を享受していた。エラスムスはオランダ人だったが、オランダは列強が平和を守り、あるいは少なくともその中立性を尊重してくれないかぎり、まったく安全保証のない小国だった。こうした理由から、モアやエラスムスは、キリスト教的抑制、協和、および政治に対して理性的判断を適用するよう勧告した。しかるに、マキャヴェリはフィレンツェの出身で、一都市国家の大臣だったが、町の存立は不断の警戒と、極端な場合には良心の咎めさえ平然と黙殺することによってのみ保たれるべき、不確かな力の均衡に依拠していたのである。エラスムスはヨーロッパの統一を保持し、高揚する可能性に関して、常に楽天的な考えを持ち続け、したがってキリスト者同士の戦いという愚かさと罪に対して、痛罵してやまなかった。彼の処方箋は、キリスト教的寛容と政治的孤立主義の混合から成っていた。すべての国は帝国主義を放棄し、現在の領域内で善政を施すことに専念すべきである、というのが彼の根本主張だった。これに対してマキャヴェリは、国の内外でのいかなる愚挙をも許さないことによってのみ確立・保持される安全のオアシス以外には、何の望みを持たなかった。

　プロテスタントの政治思想をこれらの考えと比較する場合、ルターはしばしばマキャヴェリと、再洗礼派はエラスムスと結びつけられる。カルヴァン主義者はこの図式にうまく当てはまらない。しかし、最初の二つの対比にしても、きわめて皮相的な意味で妥当するにすぎない。ルターは決してマキャヴェリ主義者ではなかった。ザクセンの改革者には、特定の国家の安全が人間の主要関心事であるとは、どうしても思われなかったからである。彼にとっては、キリストの誡命に背くような方法で国土を守るよりは、占領軍によって占拠されるほうがまだましであった。聖書によって剣を取ることを許されていない者の反乱を抑圧するために、ためらうことなく剣を使用することをルターは無条件で要求した。[2] しかし、瞞着やその他、聖戦の伝統的規範を破ることを彼は毛嫌いした。ルターは国家を道徳的有機体と見る点で、エラスムスと軌を一にするが、ヨーロッパの平和、あるいは人生の事象を会議場のテーブルを囲んで解決する可能性に関しては、エラスムスよりもはるかに悲観的だった。彼は人間の行動に対して悲観的な見方をする点では、マキャヴェリに似ていた。そして反抗者を制圧するためには、説得よりも強制に訴えるほうをよしとした。

　再洗礼派について言えば、その平和主義はエラスムスよりはるかに徹底的で、かつ悲観論的だった。奇妙なことに、人間性に対する彼らの評価は、マキャヴェリやルターとそれほど著しく異なってはいなかったが、彼らの意味した道徳とは、聖徒らがこの世から身をひいて、どこか遠い地に理想の国を建設するように努めることであった。カルヴァン主義の類型はこのいずれとも合致しない。カルヴァン主義者は人間をきわめて堕落したものと考え、しかも神がその選民の群れを通じて、ただにこの世から隔離された聖人の交わりだけではなく、この世の邪悪のただ中に聖なる共和国を建設されると考える点で、楽観主義と悲観主義の混合物だった。この目的のためには力が不可欠と考えられたが、道徳的抑制への顧慮なしには決して使用すべきではないのである。

さて、ルター主義とカルヴァン主義の政治的結実を対比する場合、ルター派は全体主義、カルヴァン派は民主主義の形成にあずかって力があった、と一般に言われている。そしてドイツ、とくにプロイセンにおいて、ルター派が国家教会となったことには疑問の余地がない。ビスマルクの政策がルター派信徒の支持を受けたのに対し、ドイツのカトリック教徒は（それは十九世紀のドイツに限られているのだが）、政治的自由主義と手を握った。ここから、ルター主義が国家の命令への盲目的服従を教えることにより、ナチズムへの道を開いたとまで論ずる解釈者も存する。他方、フランス、英国、スコットランド、およびニューイングランドのカルヴァン主義は、革命や暴君殺しとまで結びつけられた。このような叙述で反論の余地がないのは、ルター教会がナチスの勃興期に際してドイツの国教会だったという事実、そして、各国においてカルヴァン主義が革命の味方だった、という事実である。しかしながら、同時にわれわれは二十世紀のドイツ国家教

図 24　ルター、選帝侯ヨハン・フリードリヒ、メランヒトン

会が、ルター派と改革派の合同教会であることを忘れてはならないし、ヒトラーに抵抗した告白教会がルター派も含んでいたこと、さらにスカンジナヴィア諸国では、ルター主義が全体主義に至らなかったことを見逃してはならない。カルヴァン主義に関しても、フランスで王室がユグノーに好意を示したときには、カルヴァン主義者の政治思想はいつでも国王派へと傾いたという事実を想起しなければならない。

これらすべてが示唆するのは、これらの事例については、環境のほうが宗教そのものよりも宗教集団の政治理論の決定に大きな影響を及ぼした、という事実である。むしろすべてのプロテスタントにとって、宗教が政治を超越し、神の言に自由な働きを許すことが主要関心だった。ちょうどカトリック教会が、サクラメントを執行する自由、信仰を伝達する自由、財産を所有する自由、および修道院のための自由を認めてくれるならば、どのような政体とでも協約を結ぶように、プロテスタント教会は、プロテスタンティズムに宗教的自由を与えてくれるどのような形の政府をも喜んで容認するのである。

しかしながら、プロテスタント諸派の間に認められる強調点の差異は、主として環境の多様性に起因するものである。ルターは確かに政府への恭順の義務を強調したが、それは彼が折しも農民階層の不従順によって苦しめられていたからにほかならない。教皇派の反対者は政治的破壊主義のゆえをもってルターを誹謗しようと全力を挙げており、ヴォルムスの勅令は、ルターを教会にとってよりも、社会にとっていっそう危険であると宣言していた。このような非難に対して、ルターはすべて断固たる「否」をもって応えた。しかし、それによってルターが政府に対する無条件の恭順を教えたと考えるならば、それは彼の真意を誤認していることとなろう。二つの場合にかぎって、彼は市民的不服従の責務を認めた。第一には、政府が信仰に反することを命ずる場合であり、第二には、政府が不義の戦争を始める場合である。カトリックの教義にならって、ルターも普通には政府自体が戦争の義・不義を判断すると考えていた。それにもかかわらず、もしも国民がある戦争の不義を知ることができた場合には、従軍を拒絶すべきである。しかし、政府に対する積極的な武装抵抗は別の事柄である。ルターは初めは全くこれに反対していた。福音は剣によって守られるべきではない。公共の秩序は、剣によって維持されても差し支えないが、反逆者、とくに宗教的スローガンを掲げる徒輩は、謀反の罪と流血という瀆神のゆえをもって、福音の名によって弾圧されなければならない。ところが為政者は別の範疇に属する。前述のごとく、ルターは法学者たちの影響のもとに、最高の為政者、すなわち皇帝自身でさえも絶対ではなく、ただの立憲君主にすぎず、もしも憲法に違反する場合には、国内の諸侯によって弁明を求められ、抵抗を受け、退位させられうる、という結論に次第に近づいていった。これは下位の為政者が、上位の為政者の専制に対し人民を保護する権利を有する、という教説である。この考えはカルヴァン主義と密接に考えられているので、その起源がルター派地域だったことをわれわれは忘れがちである。この原理の最初の大規模な論述は、一五五〇年のマクデブルク信仰告白に見られる。しかし、ルター派が法的公認を獲得した一五五五年のアウクスブルクの和議の後には、この理論を発動する必要がドイツでは消滅してしまった。そしてその信奉者は、むしろカルヴァン主義者の間に見出されることになるのである。

十六世紀において、政治的絶対主義が教会人の絶大な支持を受けた地域は英国だった。二十世紀の英国が民主主義の砦である事実から、十六世紀の諸理念の影響を誇大視しないようにわれわれは留意しなければならない。テューダー王朝下の英国において、王権はその絶頂に達していた。ヘンリー八世は、その前任者にも後継者にも例を見ないような専制的統治をほしいままにした。テューダー王朝の教会＝国家観を言い表わす語は、エラストゥス（一五二三／二四―八三）という無名のスイスの神学者から作られた「エラスティアニズム」という言葉である。それは宗教形態が政治的権力によって決定されて差し支えない、という見解である。属地主義の原則を正当化するためには、たとえ包括主義の精神が混入しているときでも、何かしらこのような理論が必要だった。このような立場は、例えばトマス・モアの場合のように、国家が宗教に対し絶対的な支配権を持っているという意味に解されることも稀でなかった。この点はモアの審問において、国王の法務官だったリッチによって明らかにされた。リッチは言った。

「もし万一、全国民はわたしを国王と考えるべし、という議会の議決が行われた場合、あなたはわたしを国王と認めますか」。

「そうです」とトマス・モア卿は言った。「わたしはそう考えます」。

「さらに言うならば」とリッチは続けた。「万一、全国民がわたしを教皇と考えるべし、という議会の決議が行われた場合、モア卿よ、あなたはわたしを教皇と認めますか」。

「あなたの挙げた第一の例について言えば」とトマス・モア卿は言った、「議会は地上の君侯の地位に介入しても差し支えない。しかし、あなたの第二の例に答えるために、わたしはあなたにこう尋ねたい。もしも議会が神は神であってはならないという法律を制定したとすれば、リッチ氏よ、その場合、神は神ではない、とあなたは言われますか」。

宗教的信念の事柄は議会の決議によっては決定されえない、というモアの立場はあくまでも正しい。もっとも、エラスティアニズムも実際はそこまで要求しなかった。ともあれキリスト教社会の存在は常に想定されていたので、外的形式や実際の行政の決定にあたって、だれに権限があるのかという点が論議の中心だった。中世には、キリスト教圏の首長としての教皇と皇帝の役割について、長い論議が交わされてきた。教皇主義は皇帝教皇主義と常に相争っていた。ときには皇帝が躊躇することなく教会公会議を招集し、教皇を廃立したことがあったとしても、中世の理想は並行（併立）主義だった。教会法学者たちは、霊的と俗的、すなわち教会と国家の二つの鍵が共に教皇の手中にある、と主張して譲らなかった。しかし皇帝側では誰もこの主張を転倒し、二つの鍵を共に皇帝に賦与することによって報復しようとしはしなかった。国家の側の要求が頂点に達したのは、国家主義の興隆以後のことで、クランマー大主教は、多少比喩を変えて、剣も鍵も共に国王の掌中にあると、テューダー王朝の君主のために主張したのであった。

もちろんのこと、クランマーは無神論の出現の可能性を予見していたわけではない。あるいは、その時点においては、ローマの権能への復帰を見通していたわけでもない。メアリ・テューダーがまさにそのような道を選んだとき、クランマーはトマス・モアと同じように、恐るべき良心のディレンマを味わわなければならなかった。カトリックのモアは信仰の証しを断頭台で立て、プロテスタントのクランマーは政治権力への譲歩を火刑台で贖うこととなった。教会は宗教の領域における政治的絶対主義体制を、しばしといえども黙認しようとしなかった。しかし、ヘンリー王が自らを「教会の最高首長」と宣言したとき、このような全体主義が英国にも生起したという事実は変えようがない。エラスティアニズムの教説は、神の存在すらも議会の議決によるとまで示唆しているかのようであった。カルヴァン主義の浸透以前の英国は、プロテスタント教会が国家に対して最も恭順な国だった。英国は清教徒革命の間に初めて民主主義の苗床となったのである。

十六世紀の後半には、カルヴァン主義はフランスを舞台とする革命党だった。ルターやカルヴァンの本来の前提そのものよりは、周囲の状況がこのような結果をもたらすこととなった。二人の創設者の間の唯一の差異は、カルヴァンのほうが神の選びの器を通じて神の国を建設する希望を、いっそう強く持っていた点にある。武力の行使は必然的な帰結ではなく、カルヴァン自身も肉の武器に訴えることには、極度の逡巡を示した。しかしながら、理想が産み出した企業的精神は、手段に関してはさほど細心である必要を認めず、事実そのような経過をたどることとなるのである。

カルヴァン主義者が革命の権利を合法化するために用いた論議は、ひどく持ってまわったもので、いったい何ゆえ彼らが煩わしい論議を重ねる気になったのか不思議に思われるほどである。その理由というのは、カルヴァン主義者が彼らの敵と同様に、予測される無秩序の可能性に恐れをなし、彼らの革命がきわめて制約された限界に留まることを明らかにしようと願ったことにある。当初、彼らはフランス王を相手にして戦っているのではなく、国王を邪悪な側近、すなわち、ギーズ家から救い出すため戦っているのだと強弁した。これは英国清教徒も初めのころに用いたと同じ弁法で、彼らもチャールズ一世とではなく、彼を取り巻き、たぶらかそうとしている奸漢とだけ戦っていると主張したのである。フランスでは、国王シャルル九世自らが聖バルトロメオの大虐殺を煽動した結果、この虚構は全く通用しなくなってしまった。それから後は、ユグノーの思想は端的に革命的となった。

しかしながら、いったいだれが合法的に剣を取ることができるか、という問いは依然として残されていた。もしも剣をかの多頭の怪物、すなわち一般庶民に渡すならば、必然的に混乱が起こるという危惧はきわめて根強いものであった。そこからして、反逆を合法性の枠内に留めようとする真面目な努力や、革命の権利を血続きの王族、すなわちブルボン家に限定しようというカルヴァンの考え方も説明されるであろう。これらが折れた葦に過ぎないことが明らかになったとき、もっと過激な考え方が推進された。試論的な提案は、もし国王が自然法や一国の憲法に違反した場合には、それによって直ちに王たることをやめ、したがって大逆罪の恐れなしに、だれでもこれに逆らうことができる、という考えであった。

このような論議の中に、王権はその起源や本性からして、成文法または非成文法によって束縛されるという理論が暗々裡にうかがわれる。次の段階は、国王の大権を人民の主権から導出する道である。この教説の究極的な形は、契約政府説である。もっとも、契約説は世俗的なもので、これに対するカルヴァン主義者の見解は徹頭徹尾宗教的なものであった。「契約」（contract）という言葉は、この立場を示す語としてはcovenantほど適切ではない。その典拠は列王紀下一一章一七節に見出される。「ヨヤダは、主と王の民の間に、主の民となる契約を結び、王と民の間でも契約を結んだ」。

この理論は、あるフランス人ユグノーの書いた小冊子『暴君に対する弁明』（一五七九）において巧みに解説されている。

契約は神と王の間、神と民との間と二重である。おのおのは教会の権益が侵害されないように配慮する義務がある。もしもイスラエルが神を捨て、王がこれを等閑に付するならば、王は当然イスラエルの罪について責任ありとされる。同様に、もしも王が異教の神々を追い求め、イスラエルが王をその反逆から引き戻そうとしないならば、王の過ちは彼らの咎とされるであろう。もし人民全体が王を罰しないとすれば、いったいだれがこれをなしうるであろう。王は人民に誓約を立て、人民が王に負うと全く同じ義務を自分にも課するのである。ヨシュア王はすべての民と共に、主と契約を立て、王も民も律法と神の掟を守ることを約束した、と記されている。

この小冊子の著者は、彼の所説が極端に民主的な結論への足掛りを与えることを依然として深く案じ、革命の権利は下位の為政者にのみ賦与されている、という古来の教えに立ち帰ろうと努めている。「全人民、かの多頭の獣が反乱を起こして秩序を乱すであろう、という反対論には、何と答えるべきであろうか」と彼は問う。これに対して、人民とは「権限を人民から与えられたもの、すなわち国王に対しては下位にある為政者」を意味する、というのが彼の回答だった。

しかしながら、挑発が続くにつれて、残されたわずかな抑制心は次第に失われていった。英国の「血まみれのメアリ」がプロテスタント主教たちをスミスフィールドの火刑柱に送り込んでいたころ、フランスよりも早くすでにジュネーヴの教えに感染した人々は、抵抗の権利をいっそう積極的に表明し始めていた。クリストファー・グッドマンはその小著『上位の権能に従うすべ』

（一五五八）において、次のように断言している。

神の律法と掟を守ろうとする熱心は、すべての人に負わされた責任である。その裁きが例外なくすべての人の上に行われるように見張ることは、万人にとって賞揚されるべきことであるのみならず、万人から求められているところである。もしこれが上位の支配者の同意と援助とによってなされないならば、他の兄弟たちに対すると同様に、たとえ自分の統治者、為政者であっても、腐敗した成員として除去することは民にとって合法的であるのみならず、義務ですらある。もし死に値するならば、死刑も辞すべきでない。

同様に、ポネット主教は一五五六年に一文を草し、暴君殺しの合法性は「人間の心情に根ざしている」と断言した。「この法はすべての人の良心に向かって、癒すことのできない肢体――国王、君侯その他の統治者――を取り除くことは当然である、と証言している。彼らは政治機構の首長であるが、健全な肢体ではない。彼らはいかに重要な成員であるとしても、一成員以上の何者でもない。人民が彼らのために立てられているのではなく、彼らが人民のために立てられているのである」。

ジョン・ノックスがメアリ女王と会談した際に、この教説が何を意味するかについて、いささかの疑いも抱いていなかった。女王は、人民がその君主に反抗する権能を持っていると思うかどうかをノックスに尋ねた。答えはこうであった。「もしも君主が限度を越えるならば、陛下よ、武力によってでも反抗して差し支えないことに疑いはございません」。使徒たちは迫害者にこのような反抗をしなかった、と言ってメアリが抗議すると、ノックスは「その理由は、単に資金がなかったまでのことです」と答えた。

このような見解が、たとえ民主的平等主義とはほど遠いとしても、政治的絶対主義と相反し、制約された国家主権という理論にまで至ることは明らかである。しかし、プロテスタンティズム、ことにカルヴァン主義だけが、この点に関してとくに高く評価されるべきかどうか、カトリック教徒の政治思想も、彼らが政治の実権を手中にしていないときには、全く同じ方向へ向かった事実を考え合わせると、否定的に答えられなければなるまい。イエズス会は、異端の君主に対する反抗権の教説を抱懐する点で、カルヴァン主義者の後裔である。

十六世紀のすべての宗教上の競合者たちが、国家絶対主義を否定した点で、近代的民主主義の形成に寄与したという主張には異論の余地が存しない。これらすべての宗派にとって、国家とは領域の区分によって限界づけられたものであった。中には、国家と教会は一体となっても少しも差し支えない、国家は正しい宗教に援助を与え、誤った宗教を抑圧してもかまわない、と考える者もあった。しかし、すべての宗派は、国家は正しい宗教を制約してはならないと強く主張した。そして、それぞれ自分の宗派は正しいと信じていたのである。他の宗派は、例えば再洗礼派のごとく、教会と国家の分離、および非常に明確な領域の弁別を要求した。さらに、すべての宗派は、キリスト教的であると否とを問わず、あらゆる国家にとって規範的な、普遍的道徳性や自然法への信念から、絶対主義に対して抗戦した。国家はそれ自体にとって法である、というマキャヴェリ流の主張は、どのキリスト教派によっても受け入れられなかった。

もし民主主義の定義が、人民による政治への参与というのであれば、十六世紀の貢献はそれほど顕著ではない。ルター派は、領邦君主支配程度の政治単位の枠内における封建的家父長主義のただ中に生成し、これと親和的だった。そこでは庶民の必要は容易に察知され、投票よりはむしろ話し合いによって解決することが可能だった。カルヴァン派は平等主義と公共生活への全面的参与を、ただ聖徒たちにだけ認めた。それは、選ばれた聖徒による貴族政治のために作り上げられた組織だった。結局において、政教分離の原則に基づく再洗礼派の類型が、会衆制教会政治が教会堂から町の公会堂へ移転するにつれて、最も豊かな未来を約束するものであることが明らかとなった。国家と教会が一つであるかぎり、聖徒らは教会が他国人の支配に屈することを恐れて、他国人に平等の権利を与えることを躊躇した。政教分離によってこの恐れが取り除かれた後、初めて教会は町の全住民が投票権を行使することに同意できたのである。しかし十六世紀には再洗礼派が辺境の地に追放されていたので、これらの理念は実を結ぶに至らなかった。その帰結を十分に知るためには、彼らの精神的後継者、すなわち十七世紀の英国、それに新大陸のバプテスト派、独立派、およびクエーカー派に目を向けなければならない。

第13章　宗教改革と経済および家庭

経済の分野において、国民国家主義の勃興に比肩される十六世紀の現象は、資本主義の出現である。「資本主義」という言葉はいろいろな意味で用いられるが、いずれにしても単なる交易（どれほど大規模なものであっても）以上のものを意味する。資本主義は生産と流通の体系に関わりがあるが、その特色の一つは個人主義である。中世の共同体的ギルド機構は、企業家が無制限な競争の中に自力で生産し販売する組織に道を譲ることとなった。労働者も同様に個人的に雇用され、また解雇されるようになった。こうしてギルド制度は工場に変わった。この組織は生産物を局所的な需要を超えて、遠隔の地で処分する方法によって拡大された。このような企業のためには、資金と信用貸しと簿記と銀行とが必要だった。そこから事業は組織化された。この過程の全体が、生のあらゆる領域を理性的統制のもとに置こうとするルネッサンス的人間の野心によって、いっそう促進された。近代的資本家と、冒険家商人、あるいは大金貸しとの違いはここにある。後者は共に本質的には中世的だった。彼らは自らの努力を体系化しなかったからである。もっとも、実生活においてはこの区別はそれほど鮮明ではなかった。例えばフッガー家の中には、両者の特質が混在している。彼らが最初に資産を作ったのは、新しい資本主義体制を予見させるような紡織業によってであったが、彼らはその富を金貸しに回したのである。抵当流れを利して彼らは巨大な鉱山権を獲得し、教皇庁や神聖ローマ帝国の財政をも賄うほどの大きな規模で、盛んに貸付けを行った。しかしながら、この点で彼らは結局のところ質屋の成り上がりにすぎず、本来の意味での資本家ではなかったことを示している(1)。

さらに資本主義という言葉は、体系というよりはむしろ精神、あるいは生活態度、または利潤の多い雇用における仕事への熱情を表わすために用いられる。この現象は西欧世界に特有のものである。東方では人々はある程度の生活水準に到達するまでは働くが、あとは仕事を止めてしまう。例えばダマスコの商人は、一日分の売り上げが得られればそれで仕事を止めて家路につくが、西欧人は日の暮れないうちに就寝することを恥と考える。このような羞恥心は、例えばゲームを楽しむあまり床に入ることを拒んだと伝えられる、ヤーコプ・フッガーのような冒険好きの商人には、理解できないものであった。資本主義の精神によれば労働というものは、格別の必要のあるなしにかかわらず、まだ余力のある間は、下ろしてはならない重荷だった。近代における唯一の対応現象は、のんびりしたロシア人を憑かれたように働く労働者に仕立てた共産主義の恐るべき衝動のみである。

宗教、ことにプロテスタンティズムは、このような発展全体にとってどのような関係があったのであろうか。もしも資本主義が、金貸し・信用取引き・銀行・簿記といった言葉で定義されるとすれば、その全過程はカトリック教会の財政と不可分離の間柄にあった。教会はイタリアやドイツの銀行家、ことにヴェルザー家やフッガー家のような、大金融家の助けを大規模に利用していたのである。しかし、もしも資本主義が飽むことのない労苦を特色とする人生に対する一つの態度と定義されるならば、プロテスタンティズムはただにこの性向と同質であるのみならず、まさにその創始者と考えられてきた。普通にはカルヴァン主義が主な役割を果たしたと言われるが、ルター主義もまたこのアーチを築くためにいくつかの礎石を提供したと考えられる。

ルター派の貢献は第一に修道院制度を撤廃し、立派に神に仕えることのできる適切な領域として、一般的職業を高く評価したことの中に見られる。「召命」(Beruf, vocation) という語を、ルターは修道院から勤労の場へと移しかえた。現代的用法での「職業指導」という用語は、直接ルターに基づいている。ルターの目には、農民・医者・学校教師・牧師・役人・主婦・男女奉公人などの務めは、いずれも宗教的召命、すなわち天職であって、そこで各人は単に口先だけではなく、地上の主人と共に天上の主にも仕えるため、勤勉に働くように定められているのである。その結果生じたのは勤労への士気だった。すなわち、単なる仕事への激情でも、気晴らしの娯楽の軽侮でもない、一日を正直な労働のうちに捧げる義務の自覚の形成だった。このような心構えは容易に農場から工場へと移され、企業家のために生産性の高い賃金労働者を提供することとなった。

修道院の廃絶に伴うもう一つの帰結は、怠惰や物乞い、その他あらゆる社会の寄生的生き方が恥辱と断定されたことである。もっとも、われわれは修道院制度自体が複雑な現象で、いろいろの特色ある局面を持っていたことも脳裡に置かなければならない。中世期を通じて、修道院は修道士の手仕事を高く評価してきた。しかし同時に修道院は施与の受領者であり、そこでは労働の必要が全くないほどであった。ルターが修道院制度を廃棄したまさにそのとき、彼はもともと労働を高揚するベネディクト修道会の、本来の精神に戻ろうとしていたのである。ただし彼は、その精神を人生のあらゆる職業に転移しようとした。同時に彼は、すべての物乞いを禁ずることによって、繰り返し修道院を襲った腐敗の機先を制しようと努めたのであった。働くことのできる者は働くべきであり、働くことのできない者は他の者が生活を支えるべきである。しかしなにびとも食を乞うてはならない。

さらに別な要因を挙げるならば、慈善の妥当性についての見解の変化である。中世には施与は受ける側への効果のいかんを問わず、施与者の救いに役立つ善きわざと考えられていた。ルターは善きわざによって自分を救うという考えを一掃し、それによって慈善の動機の大部分を取り除いてしまった。したがって、自分の魂の救いではなく、隣人への援助ということだけが弁護可能な理由として残された。そのため慈善は無差別であってはならない。それは社会的な影響を考慮に入れることのできない個人よりは、市町村や教会のような公共体によって管理される方がよい。これらの措置が生み出した全般的な効果は、経済的自立心の涵養で、その結果、人々はのっぴきならない必要に迫られたとき以外は、援助を求めるのをためらうようになった。そして他人に食を乞うことは、その人に自分の救いを成就する機会を与えることになるので、実は利益を与えているのだという考えは、あとかたもなく消滅した。人はそれぞれ自分で生計を立てなければならない。貧乏は不運や屈辱ではあっても、決して美徳ではない。寄生虫的な生き方は大罪の一つである。もう一度繰り返して言うが、このことは仕事が人間の唯一の努力の目標となった、という意味ではない。しかし一般の職業において労働というものが、はるかに高い地位を与えられるようになったのは確かである。

しかしながら、その他の点においてはルターは万事に保守的だった。彼は交易やぜいたくとは縁のない農耕経済のただ中で生活し、これを愛していた。彼が怠惰や貧困を非難したのは確かであるが、華美やぜいたくをも慨嘆した。彼は自分の膨大な、そして利潤の多い著作からの印税をいっさい謝絶した点で、きわめてフランシスコ会的だった。ルターが友人と一緒に、とあるヴィッテンベルクの印刷業者の宮殿のような住宅の傍を通り過ぎたとき、こう言った、「あの家はわたしが建ててやったようなものだ」。ルターは利息にも反対だった。この点でもまた、彼は彼自身の時代のカトリック教会よりも保守的だった。

利息の正当性をめぐる問いは、十六世紀にカトリシズムとプロテスタンティズムが演じた役割を論ずる場合に、いつでも大きな問題となるので、ここで一言説明を加えておかなければならない。偉大なスコラ学者たち、とくにトマス・アクィナスは、危険を相互に分担し合う契約を容認したが、定められた額の利息払いを含む契約は否認した。彼らの論拠は、もし貸し手も借り手も平等に損害の危険を分担するのなら、利益の分け前にもあずかって差し支えないということにあった。シャイロックの遣り口で異論の余地があったのは、アントニオの船が座礁してしまったのに、シャイロックが定められた期日に定められた利率で返金を受け取ろうとした点だった。ルターの時代には教会が一定の利率で金を貸す事業を盛んに行っていたので、トマスの理論も長続きしなかった。十六世紀の中葉には、教皇はその収入の五、六〇パーセントを借金の利息支払いに費やす有様だった。フィレンツェの商家メディチの出身だったレオ十世は、利息に対する禁令を解除した。ルターの神学上の好敵手だったヨハン・エックは、(2)フッガー家の経費でボローニャに赴き、危険の相互分担の契約という考えに対して、定められた額の返還契約という考えを弁論した。

それゆえ、この分野ではルターは依然としてトマス主義者だった。アクィナスと同様に、ルターは金銭の不毛性というアリストテレス的原理を信奉していた。生産のためというよりは消費のために金を貸借した農耕経済においては、事実そのとおりだったのである。農村社会に生きていたルターには、利息というものは借りたガチョウばかりでなく、卵まで返せと農民に要求するに等しいと思われた。彼の好みから言えば、すべての人は金貸しによってではなく、労働によって生活すべきなのである。労働のできない者のために彼は公共の扶助という方策を考えたが、この原則を厳しく無能力者にだけ適用し、投資可能な資産を持った老人の場合は例外として除いた。

このような人々は利率が五分を超えず、また借り手の冒険が成功に終わったときに限って、利息(interest) または高利 (usury) で生活を立てても差し支えない。これは別の言葉で言えば、トマス流の危険の相互分担の契約だった。ルターが中世の理論から逸脱したのは、申命記の利息の禁止をユダヤ国家の地域的法と考えた点だけであった。キリスト者はモーセの誡律ではなく、正義という自然法に従って問題を処理すべきなのである。

カルヴァンはアリストテレスの説を退けた点で、ルターをさらに越え出たと言われるが、実際にはルター、あるいはアクィナスとの相違は取るに足らないものである。カルヴァンも利率が五分を越えないこと、損失の場合には返済の必要のないことを主張した。したがって、契約はあくまでも依然として危険の相互分担の原理に基づくものであった。

プロテスタント、あるいはカトリックが、高利貸付を大目に見ることによって資本主義に刺激を与えたかどうかは、理論と実際の間の相対的比重をどう考えるかにかかっている。エックのようなカトリック決疑論者は、申命記とアリストテレスの権威を保持しながら、巧妙な解釈によって自明な結論を回避した。ルターは一方の権威〔アリストテレス〕を否認し、カルヴァンは双方を退けた。しかし、彼らは別の理論的根拠に基づいて、この慣習を保持しようと弁護した。この慣習を全く打破しさった人々の方が、もっと破壊的ではなかったのかと問うのは当然かもしれない。

きわめて有名な、そしてあまりにも無批判に受け入れられている命題は、資本主義の精神として現われたあの生活態度、すなわち利潤の正当性について何の逡巡をも示すことなく、また精力の濫費や享楽による富の消散を毛嫌いするあの心性を生み出し、その結果、慈善の減少と相まって蓄積された資本の唯一のはけ口を、事業への再投資に見出すように至らせたのは、カルヴァンおよびカルヴァン主義だった、という考えである。カルヴァンのエトスの二つの要素が、このような結果を招来する原因となったと考えられてきた。一つは倦むことのない勤労への義務感、他は時間や金銭を娯楽に浪費することへの反感である。

カルヴァン主義者が労働に熱中したことを、心理学的理由によって説明しようとする人々がいる。それは天職における忠実な奉仕の義務というルターの教え以上の何物かである。それはむしろ自分が救いに予定されていることを、自分に納得させる方法であると言われる。もっとも、カルヴァンはこの問題について何の顧慮をも示していない。実際、彼は自分自身の個人的な定めについての苦慮を無意味なものと考えた。これらすべては全き黙従の中に神に委ねられるべきだからである。しかし彼の信奉者たちは、このような自己放棄は彼らには不可能であると主張した。彼らは自分たちが選民であることの保証を熱望した。もちろん、彼らはどのように努力しても自分の救いを獲得できないことを熟知していたし、また自分が神の眼前にどのように映っているかを判断する、誤りなき法則を創案することが不可能なことも同じように知悉していた。しかし彼らは選ばれていることから生ずるあの行動様式の中に、ある種の標識を見出した。もしも人がそのように行動することができるならば、恩寵の中にあることこそその根源である、と推察しても差し支えない、と。

図25　商人たち

ここから勤労への衝動が生まれてきたが、それは救いを達成するためではなく、その確かさを感得するためであった。さらに、もしも労働が繁栄という恵みをもたらすならば、それを神の好意のいっそう大きなしるしと結論しても差し支えないのである。

人は絶えず緊張して努力を重ねるべきであって、決して娯楽などに気を緩めるべきではない。これはその驚くべき苦闘にもかかわらず、決して肉の楽しみを回避しようとしなかった海賊商人の途方もない蕩尽とは異なるものであった。カルヴァン主義者は禁欲的な生活態度を特色とすると言われるが、修道院は禁圧されていたため、それは日常的な職業のただ中での厳しい訓練の中でのみ表出された。ここからして、娯楽による精力の消散や、ぜいたくによる散財を避け、組織立った労働に従事する道が開かれた。このような生き方をする者にとって、富は自己目的となり、資本の蓄積に至るほかにはけ口が存しなかった。

勤勉な労働者と企業心に富む雇用者とが、不断の辛苦によって自分の予定の選びを確信できるように、士気を鼓舞することとなったカルヴァン主義者の気性について、これまで提示されてきた図式はこれである。

カルヴァン主義の輪郭づけとしては、この叙述には批判の余地が存する。第一に、その典拠として引用されている例題はほとんどすべて、初期の大陸のカルヴァン主義というよりは、英国の清教徒主義から取られている。第二に、いま問題になっている事柄の性格からして、このような証拠は当てになるものではない。近代の研究家たちは参与者を分析し、彼ら自身でさえ意識していたとは期待できないような、隠れた動機をあらわにしようと努めている。もっとも、このテーゼは全く見当はずれではない。ジャン・カルヴァンが死物狂いで働いたことには全く疑いの余地は存しないが、彼が自分の救いについて何の思い煩いも持っていなかったことも確かである。それゆえに、カルヴァンの場合にはその勤勉さの動機が、自分自身の選びの予定を確信しようとする努力だったとは言えない。彼が公言したところによれば、その動機とは神の栄光を顕わし、神の国を建設することであった。同様の動機づけが、彼の信奉者たちの熱意を十分に説明して余りある。彼らの根本的関心は心理的、また自己中心的なものではなく、神学的、かつ神中心的なものであった。各自は永遠者が書き記すドラマにおいて、果たすべき役割を持っているのである。

さらに、たとえ彼らの中には、カルヴァンのような個人的定めに対する崇高な無頓着さから逸脱し、心理的確かさを求めるに至ったとしても、その試金石は決して経済活動そのものではなく、むしろ日常生活における廉直な人格ということであった。彼らは利潤よりは高潔さに重点を置いたのである。かくのごとく、世間的成功を神の恵みの証左と見なす考えは、カルヴァンにとってもその信奉者にとっても、とくにカルヴァン主義的とは言えない。彼らは「貧しく暮らすすべも、豊かに暮らすすべも知っています」（フィリピ四・一二）。彼らは主が「その愛するものを懲らしめられる」ことを知っていた（箴言三・一二）。もしもぶどうの木やいちじくの木の繁茂を、義しさに対する報酬、神の恵みの証拠と考える解釈を受け入れるならば、カルヴァン主義はもはやカルヴァン主義ではないし、清教徒主義も清教徒主義ではなくなるであろう。

近来盛んに喧伝されているこの世の快楽に対する禁欲的態度[3]は、ひどく誇張されている。むしろ禁欲というよりも、訓練（規律）と言うほうが用語として適切である。初期のカルヴァン主義者は、決して倫理的厳格主義者ではなかった。彼らはボーリングや飲酒を忌避しなかったのである。しかし彼らが規律を重んじたことに間違いはないし、彼らにとって仕事自体が気晴らしであったのも事実である。なすべきことは山ほどあった。彼らの課題はきわめて重かつ大だったので、彼らはそれ以外のことには一分間とても割くことを惜しんだ。彼らは地上に神の国を建設することに専念した。娯楽（diversion）は「注意をそらす」（diverting）だけのことしかしないのである。

ともかく、どのような動機が働いていたにしても、カルヴァン主義者が孜々《しし》として励み、そして経済の分野でも喜んで働いたことには間違いがない。たとえ彼らが営為にあたっていたのが、たまたま発生間もない資本主義のもとであったとしても、彼らは他のどのような形の活動や経済組織にでも及ぼしたであろうと同じ刺激を、それに加えただけのことである。初期のニューイングランドでは、カルヴァン主義者たちは産業革命が導入されるよりも先に、荒野を開拓する任務に直面していた。始まったばかりの経済活動はきわめて原始的だった。彼らは気候の厳しい、岩石の多いニューイングランド沿岸で、聖なる共和国の建設に傾倒した。その堅忍不抜と成功とを目のあたりにして、近代の一般史家たちは確かに神の手がここに働いており、信仰こそは彼らの生存の最も有力な要因だったと断言せざるをえないのである。

信仰が経済の分野で働くとき、勤勉・生真面目・正直・倹約といったあらゆる経済的美徳を産み出し、それらは決まってその美徳の持ち主の経済的地位を高めることとなる。もしこれがはるか以前に中世のある修道士によって言い表わされたあの古い法則、「規律は豊かさを産み、最大の注意が払われないかぎり、豊かさは規律を台なしにしてしまう。規律が崩れさると共に豊かさもまた崩壊する」の実例でなければ、いったい何であろうか。この過程はカルヴァン主義においてはいっそう推進された。なぜなら、この規律は神が歴史のただ中で偉大なわざを有し、これを成就される、また人間は神の目的への手段として奉仕することによって、神の栄光を顕わすことを唯一の責務とする、という信仰に基づいていたからである。栄枯盛衰の波はカルヴァン主義をも呑み込んだ。やがてカルヴァン主義が外見的な規則正しさと、慎重に計算された処世術とに堕する日がやってきた。しかし資本主義の勃興の説明に当たっては、このような瓦解現象に目を向けるべきではない。

カルヴァン主義者が農業よりも工業を好んだのは、大半環境のせいである。ルターのザクセン地方は穀倉地帯だったが、カルヴァンのジュネーヴはローヌ河にそった港で、北はスイス人と、南はリヨンを経てフランス人と交易関係を持っていた。さらに、ジュネーヴに流れ込んだ何千という亡命者は、しばしば彼らの資産を救い出すのに、投資可能な現金の形を選んだ。カルヴァンは老人が利息を取って金を貸す権利を制限しようとしなかったが、その背後には何とかして自立の道を見出さなければならない、あらゆる年齢の人々が多数在住しているという事情があったのである。カルヴァン主義のもう一つの本拠地はオランダだったが、ここはカルヴァン主義が浸透する以前からキリスト教世界の交易市場だった。

もう一つの考慮に値する要因は、宗教上の亡命者が経済発展の過程で果たした役割である。十六世紀は多くの亡命者を生み出した。ジュネーヴにはイタリア人とスペイン人の集団があったし、ロカルノにいた会衆はチューリヒに移され、フランクフルト、ストラスブール、ジュネーヴには英国人亡命者が住み、他方、多数のオランダ人亡命者が英国で生活していた。すべての難民がそうであるように、これらの人々は旺盛な企業心なくしては生き延びることができなかった。その結果、ある意味で彼らは資本主義の精神の問題とは全く別個に、資本主義体制の発展に力を貸すこととなった。彼らは経済的個人主義者たらざるをえなかったのである。彼らが定着した国々は彼らを歓迎もしたが、同時に恐れもした。彼らのもたらした新しい技術は尊重されたが、土地の職人との競合は恐れられた。したがって彼らは昔ながらのギルドには加入を許されず、自分たちだけで自立しなければならなかった。これによって経済的個人主義が涵養されたことは明白である。

したがって、カルヴァン主義が資本主義の精神に寄与したと言えるのは、カルヴァン主義の信奉者が定着することになったあらゆる地域で、それが活力と推進力の魂を吹き込んだ、と付言することを忘れないときだけである。彼らは大陸を切り拓いているときでも、君主制の覆滅に当たっているときでも、あるいは実業に従っているときでも、または彼らがその創業に手を貸した秩序そのものに含まれる諸悪の改革を計っているときでも、飽くことなき努力を証示した。カルヴ

図 26　ルターの『結婚論』の表紙

ァン主義者は「頑張り屋」だった。

家族関係について言えば、プロテスタンティズムは独身制をとくに尊敬に値する地位から引きずりおろすことによって、最大の変革をもたらした。カトリック教会は一方で婚姻をサクラメントの一つと定め（独身の誓いはそうでない）、他方、同時に独身を結婚よりも優ったものとするという矛盾した立場を取っている。プロテスタントはこれを全面的に否定した。修道院と聖職者の独身制は共に廃され、かわって既婚が未婚に優る地位を与えられた。修道院の消滅によるもう一つの結果は、福音の掟が最も容易に例証される領域として家庭の地位が高められたことである。完全な生き方がどこででも成就されるという点に関して、ルターは何の疑いも抱いていなかった。家庭内ではわたしのものとかあなたのものとかいうことはない。父親は為政者にも比すべき権勢を振うが、しかし剣は帯びていない。実際問題として、家庭はルター主義が生活態度そのものに何らかの改変をもたらした唯一の分野だった。ルター主義は政治や実業の領域には容易に浸透できなかったからである。父親は祭司でもあり、為政者でもあった。家庭での祈りと教理問答の朗誦、そして信心深い家族――それが何世紀にもわたってルター派の理想的な家庭像となった。

しかしこのことはルター派の教説が、当初から両性間の関係の浄化を意図していたということではない。実際は全くその逆だった。なぜなら、ルターは教皇に対する弁証において、教皇が聖職者に独身制を強要するのは、制御されえないものを制御しようと努めていることなのだということを証明するため、最初は婚姻の肉体的局面を強調したからである。ルターは性衝動が飲食の欲求と同じくらい抑制しがたいものである、と断言した。もっとも、ルター自身は四十二歳で結婚するまで貞節を守ったのであるから、こう言うことは彼自身の実際に反することとなるのも事実である。結婚してから後は彼の論調が変わり、結婚の必要性を樹立するよりは、人格陶冶の学舎としての家庭の良さを描き出すほうに関心が向けられるようになった。この意味では、家庭はルターにとって修道院の代替物だった。家庭生活から来る心労、両性間の緊張、泣きわめく幼児と疾病、言うことを聴かない子どもたち——これらはすべてルターをして、どこかよそに十字架を求め歩く必要はない、と言わせたほどであった。同時に彼は、結婚生活の与える慰めをしばしば叙情的に語った。

そもそも初期のプロテスタンティズムには、ロマンティックな結婚観というものの影すらも見られない。これはむしろ求愛の理想を応用したルネッサンスの所産だった。これは性関係をわずかに婚姻のサクラメントによってのみ赦されうる罪とし、結婚は家族を結びつけ、財産を伝えるための方策であるという考え方に対する反動として、十二世紀に南フランスで盛んになった傾向である。このような考えに対する明白な反逆として、ロマンティックな描写は恋愛を病ではなく、人間を気高くする情熱であると公言した。しかも愛は全く強制なしに、すなわち一方が他方に何事をも強要することなしに、自由に与えられるものでなければならないゆえに、真の愛は恐らく結婚生活以外の場でのみ初めて存在しうる。こうしてロマンティックな恋愛は不貞の祭儀となった。ロマンティックな考えと結婚が結びつけられ始めたのは、ルネッサンス時代のことである。第一の段階は、もし青年男女が恋に陥ったならば、二人は結婚すべきであるという論議だった。次の段階は、結婚するためにはまず恋愛をしなければならない、という要求を持ち出すことであった。そして最後の段階として、もし二人が愛し合わなくなったら結婚を解消すべきだというところにまで至った。このようにロマンティシズムは婚姻関係を浄化すると共に、破壊する働きをも果たした。宗教改革はどちらの面とも関わり合いを持たない。ルターの述べるところは全くロマンティックでない。彼自身が結婚したのも義務感からであった。ルターはヤコブがすでにレアをめとっていたのに、ラケルの美貌に惹かれてさらに七年間も働いた（創世記二九、三〇章）といって非難した。もっとも、それによってヤコブは、行いではなく信仰によって救われることを証明した、という理由から、ルターがこのことを喜んだのも事実である。

婚姻の解消の問題に関しては、カトリックとプロテスタンティズムの倫理の間に周知のごとき食い違いが最終的に生起した。カトリック教会は離婚を認めないが、実際的にはこれに相当するものが無効宣言という形で存する。この点についてのカトリックの見解は、ヘンリー八世の事件によく例証されている。洗礼の際に名付親として立ち会うことから生ずる霊的関係も、また七親等までの血縁関係すらも成婚への障害と見なし、しかもその都度特免を与えるという教会の慣習を、ルターは軽蔑すべきごまかしとして嘲笑したが、その彼も離婚を禁ずる点では全くカトリック教会と同じ見解に立っていた。このような場合に彼のすすめた解決策は重婚だった。ヘンリー八世の事件にあたっても、重婚は神の承認のもとに族長たちが実行し、新約聖書においても明白には退けられていないという理由に基づいて、ルターは重婚を示唆した。このような助言をしたために、プロテスタント教会はカトリック教会の道徳的禁制を無にしてしまった、としばしば非難されてきた。しかしこの点に関してはルター派とツヴィングリ派は意見を異にした。ツヴィングリを含めてスイスの神学者たちは、以前のカトリック教会の特免は無効であると考え、婚姻解消を提言した。しかるに教皇は解消は実際問題として論外であると理解したので、みずから重婚を勧めた。ルターの神学上の好敵手だった枢機卿カエタヌス（一四六九―一五三四）は、離婚よりも重婚を選ぶ点でルターと全く同意見だった。

もう一つの例は、プロテスタントのヘッセン方伯フィリップの事件だった。フィリップは十九歳のときに政策上の理由から妻をめとったが、すぐに嫌気がさしてきた。そしてふしだらな生活に陥ったが、常に良心の咎めに悩んでいた。彼はもし自分が愛情を抱くことのできる妻が一人あるならば満足できると信じ、ルター派の神学者たちに相談をもちかけた。彼らは公法を愚弄することにならないよう、事柄を公にしないという条件付きで重婚を容認した。しかしフィリップは出来事を公言し、こうして醜聞がまきおこった。今日なら一度離婚して、それから再婚するという解決策が取られたことであろう。根本的な過誤は、結婚を政治的急務の目的に供したことにあった。全体として見た場合に、奇妙だったのは、フィリップが皇帝カール五世の膝下にひざまずいて特免を請願しなければならなくなったということである。カール自身も数人の庶子を持っていたが、いずれも教皇によって認知され、高い政治的地位についていた。したがってカールはそのふしだらにもかかわらず、フィリップのように、法に背いているという悩みは感じなかった。間もなくプロテスタント教会は、婚姻のきずなをもっと直截な方法で断ち切るに至った。さらに、改革派や再洗礼派は、不貞以外の理由でも離婚を認めるようになった。その根本的理由は信仰の相違だった。再洗礼派は信仰を異にする者同士の結婚を認めなかったので、もし配偶者の片方が彼らの教会に加わった場合には、その婚姻の解消を宣言し、他方が教会外で再婚した場合には、教団内で再婚する自由を認めた。同じような原則が、しかしもっと限定された方法でカルヴァン主義教会の間で一般的となった。すなわち、配偶者の片方が福音のため亡命する場合、他方がこれに従わないときにはその婚姻は解消された。例えば、ヴィコ侯のように、その妻が夫と共に異端の地ジュネーヴに移り住むことを拒絶したような場合である。(4) その場合には、生活を共にする条件は全く存在しなかったのである。なぜなら、ジュネーヴではカトリック教徒はその信仰を公に守ることが許されていなかったからである。侯も火刑柱で刑死する危険を冒してイタリアへ帰ることはできなかった。このような状況のもとで、カルヴァン主義の牧師たちは離婚を認め、侯は再婚した。

婚姻のきずなの中での信仰の一致を強調することは、「伴侶」(partnership) という言葉で表現されるような、結婚に対する別な態度を助長することとなった。それによって結婚が罪の癒しであるという考えや、人格陶冶の場としての家庭という考えは強調されなくなった。もっとも、ここにもロマンティシズムの片鱗すらもうかがわれない。しかし信仰を中心に置くことによって、夫と妻の独立性がはじめて確立された。おのおのは自分自身の信仰によって生きるべきで、配偶者の信仰に従うべきではない。もし双方が同じ信仰を持っているならば、結婚の伴侶の基盤が生ずることとなる。結婚は子孫の増殖のためだけではなく、子どもを主の恐れの中に訓育し、他の点でも神の栄光と神の国の前進のために共に労することであった。この伴侶という考え方は、共同体のすべての成員が宣教の務めを負っていた再洗礼派の間で、とくに注目に値するものであった。カルヴァン主義や再洗礼派の伝統における婚姻は、愛の祭儀によってではなく、共通の宗教的召命に関心を集中することによっていっそう浄化された。

宗教改革が政治や経済や家族関係に及ぼした影響を観察するだけで巻を閉じることは、きわめて誤解を招きやすい。なぜならば、これらはすべて副産物にすぎなかったからである。宗教改革は宗教の新生だった。宗教改革の企図したことは、人々に神の現前にある確かさと道徳生活における新しい動機づけを与えることであった。それがどの程度まで成功したか、それはだれにも言えない。信仰ほどに内面的なものはないし、敬虔さほどに捉えがたいものはないからである。コラールや讃美歌はある程度までその証言となるが、その力強さを知るためには、われわれも会衆と共に歌い、かつ祈り、心の奥深いところにある感動を口に出して言い表わす言葉すら持たない人々の顔を見やらなければならない。ともあれ、これだけのことは言えるであろう——宗教改革は分裂をもたらし、同時に結合を強めた、と。外形的な統一は粉砕されたが、ヨーロッパのキリスト教的自覚はかえって新たにされた。カトリック教会も刺激を受け、すでにヒメネスによって着手された改革事業をいっそう力強く押し進めることとなった。もし西欧世界がいまだにキリスト教文化の意識を保ち続けているとすれば、それが周期的新生の一つとしての十六世紀の宗教改革に負うところは、まことに大きいと言わなければならない。

訳注

序論

（1） 例えば、パウル・ヴェルンレの『ルネッサンスと宗教改革』（一九一二）や、エルンスト・トレルチの『近代世界とプロテスタンティズム』（西村貞二訳）などを参照。これに対して、ヤーコプ・ブルクハルト（『イタリア・ルネッサンスの文明』）などは宗教改革をルネッサンスの宗教的側面と解釈する。

（2） 千年王国説は、黙示録二〇・一―七に基づき、最後の大審判に先立つ千年の間、キリストとその聖徒らが世界を統治するという思想。中世ではヨアキム（一一三〇頃―一二〇二）の流れを汲むフランシスコ派の異端的一派によって抱懐され、宗教改革時代にはとくに左派（再洗礼派の一部やスピリテュアリスト）の間で盛んであった。

（3） ユスティニアヌス大帝（四八三頃―五六五）などはその典型である。

（4）レオ一世（在位四四〇―四六一）や、グレゴリウス一世（在位五九〇―六〇四）は代表的教皇である。

（5）アレクサンドリアのアリウス（二五〇頃―三三六頃）に発する三位一体論上の異端説。神性の内部における三つの位格――具体的には父と子――の絶対的等質を否定し、子なる神の有始性・被造物性を主張した。長い論争の後に、アタナシオスによって代表される正統教義が確立された。アリウス派はゲルマン諸部族の間で盛んな伝道を行い、東・西ゴート族やヴァンダル族は帝国領への移動以前は二世紀にわたってアリウス説を信奉していた。

（6）マタイ一三・三三その他やIコリント五・六などを参照。

（7）グレゴリウス七世は本名ヒルデブラント。十一世紀に入ってようやく実力を貯えた教皇庁の代表的指導者として、内に聖職売買を禁じ、聖職者の独身を強制することによって教会の権威を高め、外に対してはドイツ帝国の支配的影響力からの自立を計った。叙任権をめぐるグレゴリウスとハインリヒ四世の激突はその現われである。一〇七五年の Dictatus Papae はとくに有名な教皇令である。

（8）ヌルシアのベネディクトゥスによって北イタリアのモンテ・カシーノに設けられた（五二九）修道会の戒律。それまでの個人的瞑想や修業に、労働を加えた共同生活に変えた点で、西欧の修道院の歴史に画期的な貢献をした。

（9）クリュニ修道院は九一〇年にアキテーヌ公ギョームによって寄進され、厳格なベネディクト会則の遵守を目的とする。俗権の干渉から自由な自治権を認められていたので、西欧の教会改革に多大な貢献をなした。シトー修道会は一〇九八年にフランスのシトーに創設されたベネディクト派の修道会。農業や土木の発達に大きく貢献した。

(10) Treuga Dei. 十世紀の末に南フランスでクリュニ修道院を中心に、それまであった神の平和（Pax Dei）の思想を発展させ、週の木曜から日曜と、その他の祝祭日にいっさいの戦争行為を禁ずる。
(11) 七五四年のピピン小人王の戴冠に始まり二百年に及ぶフランク王国の王朝。とくにカール大帝（シャルルマーニュ　在位七六八―八一三）は西ローマ皇帝として戴冠され、国・教一致政策のもとに大いに領土を拡げ、また文芸の振興に努めたので、カロリング朝ルネッサンスの名がある。
(12) 一一三八年から一二五四年まで続いたドイツの王家。
(13) オックスフォード大学で学び、後に神学・哲学を教える。実在論の立場を取ってオッカムの唯名論を批判、さらに聖書原理に基づいて聖職位階制や教皇の権能を攻撃し、実体変化説を公然と否認した。福音伝道のため聖書の英訳を企て、また弟子たちを派遣して伝道に当たらせた。ジョン・ゴーント公らの保護によって宗教裁判を免れ、ルタワースの任地で死去したが、死後コンスタンツ公会議によって異端を宣せられた。ボヘミアのフスに大きな影響を及ぼした。
(14) コンスタンツ公会議の発したSacrosancta（一四一五）は公会議がキリストの直接の委任のもとに、教皇より上位にあることを明言している。いわゆる公会議主義の理論的指導者はピエール・ダイイ、ジャン・ジェルソン、および枢機卿ニコラウス・クザーヌスなどであった。
(15) 教皇ピウス二世の回勅 Exsecrabilis（一四六〇）は公会議への提訴を厳禁している。
(16) ボニファティウス八世の回勅 Unam Sanctam（一三〇二）を見よ。
(17) アクィナスの流れに立つ学派は旧派 via antiqua と呼ばれ、他方ドゥンス・スコトゥスからウィリアム・オッカムに至る唯名論の流れは新派 via moderna と呼ばれた。
(18) Donatio Constantini. コンスタンティヌス大帝が、西欧世界の世俗的統治権をも教皇シルヴェステル一世とその後継者に寄進した、という主張を含む八世紀の偽書。中世にはその信憑性が広く受け入れられ、教皇と皇帝の葛藤に際し大いに引用されたが、一四四〇年、ロレンツォ・ヴァラによって偽作と断定された。

(19) ドイツの人文学者ヨハネス・ロイヒリンは、一五〇六年にヘブル語文法を公刊して聖書の原典研究の必要を主張したが、当時の反ユダヤ主義運動と衝突し、人文主義者はこぞってロイヒリンを支持して学問の自由を弁護しようとした。

(20) リヨンの富商ワルドー(一一四〇頃―一二一七)の回心と献身から生じたワルドー派は、教会側の迫害にもかかわらず南仏・北伊各地の庶民階級を中心に勢力を得た。別に同じころ、東方の二元論的異端思想を根底に持つカタリ派も、独自の教義と教会組織を有して人々の心を捉えていた。インノケンティウス三世は自ら十字軍を率いて異端討伐に当たった。

(21) マイスター・エックハルト(一二六〇―一三二七)や、その弟子ヨハネス・タウラー(一三〇〇頃―一三六一)は、いずれもストラスブールを中心に影響を残した。「神の友」と呼ばれるその流れが生み出したのが『ドイツ神学』である。他方、オランダではヘールト・フローテ(一三四〇―八四)によって代表されるような「共同生活の兄弟団」が盛んであった。『キリストに倣いて』はこのグループの産出した名著である。

(22) ヤン・フス(一三六九頃―一四一五)はボヘミアのプラハ大学教授・説教者だったが、ウィクリフの影響のもとにローマ教会と対立した。フスがコンスタンツ公会議で異端の廉をもって焚殺された後、フスの支持者たちは反乱を起こし(ボヘミア戦役)、教会は譲歩を強いられ、ボヘミアでは信徒にもミサのパンと共に杯を許すこととなった。

(23) 聖フランシスコの死（一二二六）の後、その信奉者たちは厳格派とその反対派とに分裂したが、清貧をあくまで厳守することを主張する前者の一部は、ヨアキムの異端思想に触れて極端に走り（霊的フランシスコ派）、教皇庁の迫害をこうむった。とくにタスカ地方の一派をフラティチェリと呼んでいる。

(24) 四世紀のドナティスト論争以後、サクラメントの効能は執行者の個人的資質と関わりがあるかどうかが論じられてきた。正統信仰は三一六年のアルル公会議以来「なされた行為によって」(ex opere operato)、すなわちサクラメント執行者の道徳的品性とサクラメントの効力そのものは別個であると教えている。堀米庸三著『正統と異端』（中公新書）参照。

第1章

(1) 一五一九年七月のライプチヒ論争でルターは論敵のエックに追いつめられて、フスの正統性を容認することになった。ベイントン『我ここに立つ』第6章、『ルター著作集』一・四七三以下の「ライプチヒで討論された命題に関するルターの解説」を参照。

(2) 初期のものとして「スコラ神学反駁」（『著作集』一・四三以下）。

(3) ドイツの詩人・法学者。ドイツ文の『愚者の乗合船』(Das Narrenschiff 一四九四）は時代の風潮に対する痛烈な諷刺詩として、全ヨーロッパでもてはやされた。

(4) 十六世紀の代表的人文学者として多くの著作を残した。初めは宗教改革に好意的だったが、後にルターと自由意志論をめぐって対立するに至った。
(5) 共にイタリアの文学者。前者の『デカメロン』はとくに有名。
(6) 聖母マリアの母聖アンナは、ルターの父親の家業だった採鉱業の守護聖人だった。
(7) エアフルト大学は当時のドイツの代表的な人文主義大学だった。
(8) ルターは、タウラーによって代表されるようなドイツ神秘主義の思想に深く傾倒していた。一五一八年には著者不明の説教集を『ドイツ神学』と名づけて編集・公刊している。『著作集』一・一四一以下。

第2章

(1) 一五一六年七月の説教と同年十月三十一日の「献堂記念の前日になされた贖宥についての説教」(『著作集』一・一二三以下)。
(2) 『著作集』一・六七以下。
(3) 「贖宥の効力についての討論の解説」(『著作集』一・二〇〇以下)参照。
(4) 「教会のバビロン捕囚について」(一五二〇)や「サクラメント論」(一五一九)を参照(『著作集』一・六三一以下)。
(5) 「新しい契約、すなわち聖なるミサについての説教」(一五二〇『著作集』二・一三七以下)。
(6) アリストテレス哲学の概念の援用のもとに、九世紀ころから形成され、一二一五年の第四ラテラノ公会議でカトリック教会の正式の教義として制定された。実体変化説あるいは化体説(transsub-

stantatio）と呼ばれる。

（7）ルター自身の立場は、しばしば「共在説」（consubstantatio）と呼ばれる。

（8）初期のものとして「洗礼という聖なる尊いサクラメントについての説教」（一五一九『著作集』一・六〇五以下）参照。

（9）この点に関しては、エルンスト・トレルチ『キリスト教社会教説』を参照。

（10）『著作集』二・三四七以下。

（11）同じく二・一以下。

（12）「現世の権力について」（一五二三）参照。

（13）『君主論』（De Monarchia）参照。これに対して同時代のパドヴァのマルシリウスは『平和の擁護者』（Defensor Pacis）において、教会は国権に隷属すべきことを主張した。教皇インノケンティウス三世の Sicut Universitatis Conditor や、さらに著しくは前掲ボニファティウス八世の Unam Sanctam は国権に対する教会の優位を説く。

（14）「キリスト教界の改善に関してドイツのキリスト者貴族に与える書」（『著作集』二・一八九以下）、「キリスト者の自由」、および「教会のバビロン捕囚」の三つを指す。

第3章

（1）例えば、人文主義者としても知られたウルリヒ・フォン・フッテン（一四八八―一五二三）や、フランツ・フォン・ジッキンゲン（一四八一―一五二三）などが挙げられよう。

（2）「なにゆえ教皇とその一味の書物が焼きすてられたか」（『著作集』二・四〇五以下）参照のこと。

（3）ルターに欠けていた組織・体系化の才能をもって、ルター主義教会の教義的確立に大きな貢献をした。『ロキ・コムネス』（一五二一）はプロテスタント教会の最初の組織的著述であり、「アウクスブルク信仰告白」とその『弁証』（一五三〇）とは、ルター主義教会の標準的信条となった。

（4）十五世紀になって西ヨーロッパの農民は新しい力を獲得し、それを阻もうとする封建勢力としばしば衝突した。ここに一三八一年のイギリス農民の反乱や、一五二五年のドイツ農民戦争は顕著な例である。ミュンツァーが主導したドイツの場合は、西南ドイツを中心とした大規模なものとなり、既成勢力に重大な脅威となったが、結局諸侯による武力鎮圧に屈服した。『著作集』第六巻収録の諸文書を参照のこと。

（5）いわゆる「自由意志」（エラスムス）と「奴隷意志」（ルター）論争として知られる。

（6）「ドイツ・ミサと礼拝の順序」（『著作集』六・四一三以下）などを参照のこと。

第4章

（1）第一チューリヒ討論は一五二三年一月二九日、主としてツヴィングリとコンスタンツ司教の代理ヨハネス・ファーベルとの間で行われた。ツヴィングリはそのため『六十七箇条の提題』を公刊した。同年一〇月二六―二八日に第二チューリヒ討論が開かれ、その結果、チューリヒ市参事会はカトリックの聖像とミサの禁止に踏み切った。

（2）ベルンの改革者としてはベルヒトルト・ハラー（一四九二―一五三六）、バーゼルはヨハネス・エコランパディウス（一四八二―一五三一）、ザンクト・ガレンはヨアヒム・ヴァディアヌス（一四八二―一五五一）などが最も著名である。

（3） 士師記六・一一以下。

（4） ヤン・ジシュカ Jan Ziska（一三七四―一四二四）。フスの処刑に端を発したボヘミア戦争で、急進派を率いた武将。

第5章

（1） 再洗礼主義 Anabaptism, Täufertum の本質や起源については、これまでいろいろに論じられてきた。最近は中世の神秘主義者やルターと同時代のトマス・ミュンツァーなどに起源を求める従来の説が退けられ、本著者のようにツヴィングリの信奉者中の過激グループに求めるのが一般的となった。拙著『再洗礼派』（日本基督教団出版局、一九七〇）参照。

（2） ジョン・ノックスについては第10章を参照のこと。

（3） ユスティニアヌス大帝（四八三―五六五　在位五二七―）。東ローマ皇帝として帝国の版図を拡げると共に、キリスト教の国教化を強力に推進した。アテネのギリシア哲学学園を閉鎖したのもその一環である。帝によって五二九年発布された「ユスティニアヌス法典」は、ローマ法の集大成として中世の法思想に絶大な影響を及ぼした。

（4） 四世紀の初め、北アフリカの一群のキリスト者は、迫害の際に一度棄教した司祭が執行するサクラメントは無効だと主張してカトリック教会から分離し、長い教理的・政治的争いになった。カトリック教会は後に opus operatum（なされた儀式そのものによって）という定形で示されるに至った立場を取り、サクラメントの効力は執行者の個人的資質とは関わりがないと教えた。コンスタンティヌス大帝以後の皇帝もこの立場を取り、分離派（指導者の名前からドナティストと呼ばれた）を弾圧した。

（5）例えばヤーコプ・フッターに始まるフッタライト派（Hutterites）と呼ばれる一群の人々の生活共同体。青山学院大学榊原巌教授の研究がある。

（6）ベイントン・中村妙子訳『戦争・平和・キリスト者』第十章参照のこと。

（7）一五三五年に鎮圧されたミュンスターの乱徒を指す。

（8）十八世紀中頃英国で起こったクエーカー派の分派で、霊的高揚の際に全身が激しく震えるところからこの名が付けられた。

（9）米国ペンシルヴァニア州のランカスター郡を中心として居住するメノナイト派の一派。強固な保守主義を特色とする。

第6章

（1）邦訳は渡辺信夫『キリスト教綱要　改訳版』三分冊（二〇〇七―二〇〇九）。

（2）マルクス・フリウス・カミルス Marcus Furius Camillus（前四四六―前三六五）。ローマの伝説的将軍。つとに近辺の諸族と戦って功をたて、エトルリアの町ヴェイイを攻めてこれを陥れたが、戦後の政争によりローマを追放された。ガリア人のローマ占領（三八七）の際には、呼び戻されて独裁者となって祖国を救い、ロムルスにつぐローマの第二の建設者と称されたという（『岩波人名辞典』より）。

（3）ルキウス・セルギウス・カティリナ Lucius Sergius Catilina（前一〇八―六二）。ローマ共和制末期の野心的政治家。政権奪取を企てたが暴露して敗死した。

（4）カルヴァンの予定論は『綱要』第三篇二一―二三章に展開されている。

（5）ファレル（一四八九―一五六五）はフランス貴族出身の人文主義者だったが、宗教改革の思想に触れて教会の革新を志し、フランスを追放されてからはスイス各地で改革を指導した。カルヴァンのジュネーヴ到来に先立って、ベルン市の福音伝道者として教会の改革に当たっていた。

（6）ジュネーヴ市の旧勢力を代表するグルエ Jacques Gruet は、宗教上はいわゆるリベルタンでカルヴァンの厳格主義を好まなかった。キリスト教信仰を嘲弄する内容を含む彼のメモが発見され、さらに敵国サヴォアとの内通の廉で一五四七年七月斬首刑に処せられた。

（7）ミゲル・セルヴェトゥス Michael Servetus（一五一一―五三）。スペイン出身の人文主義者・医学者・神学者。広い分野に鋭い興味を持ち、旧来の伝統的教理を疑問に付した。その一環として、キリスト教教義の三位一体論を批判する著書を執筆し、カトリック異端裁判の追及を受ける身となり、イタリアへ逃れる途上ジュネーヴに立ち寄ったが、論敵のカルヴァンに発見され、異端の廉をもって火刑柱に死んだ。セルヴェトゥス事件はカルヴァンの前近代性を証示するものとして、しばしば批判の的となってきたが、三位一体論の否定はユスティニアヌス法において極刑と定められていた。しかしこの事件を巡って信教と良心の自由の問題が論じられるようになった。本書第7章を見よ。

（8）邦語によるカルヴァン伝は、小平尚道『カルヴィン』（日本基督教団出版部）、シュティッケルベルガー・中沢宣夫訳『ただ神の栄光のために』（新教出版社）、ベノア・森井真訳『ジァン・カルヴァン』

（教団出版部）など。神学を扱ったものはニーゼル・渡辺信夫訳『カルヴァンの神学』（新教出版社）を参考のこと。

第７章

（１）新プラトン主義者や神秘主義者が、占星術や宗教哲学書の著者に擬した伝説的人物。

（２）ユダヤ教の神秘的聖書解釈法。

（３）フランク（一四九九頃―一五四二／三）は始めカトリックの司祭だったが、後に改革思想に触れ、さらに神秘主義の影響のもとにスピリチュアリズムへ走った。優れた教会史を著わしたことでも知られる人文主義者。

（４）スキラはイタリア半島とシシリ島の間にあるメッシナ海峡の島。近くに危険な渦がありカリブディスと呼ばれる。ホーマーの伝説によれば、海峡を通る舟が渦を避けようとして岩に近づくと、ここに住む犬のような怪物の餌食となったという。「前門のとら、後門のおおかみ」といったような表現。

（５）カトリック教会当局によって、信仰上・道徳上好ましくないとして閲読を禁じられている図書の目録。一五五七年教皇パウロ四世によって制定されて以来、今日まで幾度か改訂されている。（Index librorum prohibitorum）

（６）一五二五年マテオ・ダ・バシオによって設立されたフランシスコ修道会からの分派。フランシスコの清貧の教えを遵守することを理想とし厳格な修道生活を課した。カプチオと呼ばれる頭布をかぶったのでこの名がある。

（7）イタリアの人文主義者として古典ラテン語の研究に大きな貢献があったが、その批判的言語学の知識を用いて、「コンスタンティヌス大帝の寄進状」の中世的性格を暴露した。訳注序論18を参照のこと。
（8）イタリアの神学者、その甥レリオ・ソッツィーニの影響のもとに反三位一体論を抱いた。トランシルヴァニアからポーランドに入って自説を宣教し、予定・贖罪・原罪など正統信仰を否認した。

第8章

（1）ヨハン・ハインリヒ・ペスタロッチ Johann H. Pestalozzi（一七四六―一八二七）。当時の画一的なつめこみ教育に反対し、人間性の陶冶を主眼とする新しい教育理念を提唱し、実際に試み、後世の教育学説に深い影響を残した。
（2）一五〇四―六七。宗教改革の政治的指導者の一人として、ヘッセンの改革を推進し、最初のプロテスタント大学をマールブルクに創設するなど功績があった。大度量公（der Großmütige）と呼ばれる。
（3）三位一体聖日、すなわち聖霊降臨節の次の聖日に続く木曜日に行われる祝祭。
（4）一四九一―一五五一。アルザスに生まれ、ドミニコ派の修道士となったが、アウクスブルクでルターの公開討論を傍聴して福音主義に転向し、のちにストラスブールに至って、その地の宗教改革の強力な指導者となった。ストラスブールの改革が挫折したのちは英国に亡命し、ケンブリッジ大学で教え、英国国教会の神学的形成にも貢献した。ルターの神学的影響の下にありつつも、スイスの改革派神学の特色を十分に取り入れ、調停的立場を示した。ブツァーがカルヴァンを通してのちの改革派神学や教会組織に及ぼした影響はきわめて大きい。

（5）一四八七―一五六五。初めフランシスコ会修道士だったが、カプチン修道会に入り会長となった。のちに宗教改革の思想に触れてカトリック教会を離れ、亡命地ジュネーヴでイタリア人教会の牧師となる。さらに大陸各地を転住する間に過激思想の影響を受け、三位一体の否認にまで至った。

（6）十六世紀初頭、イタリアで異端説伏を目的として創立された戦闘的な修道会。パウロ四世となったカラッファを事実上の創設者とする。説教を重んじ、病者の世話にも尽力した。

（7）十字軍時代に創設された宗教的戦闘騎士団の一つ。のちに北ドイツに定住して開拓と伝道に従事し強大を誇った。

第9章

（1）大法官アントワヌ・ブールの子。

（2）アングレーム伯シャルルの息女だったが、ナヴァール王アンリと再婚したのでナヴァール女王マルグリートと呼ばれる。詩才に富み文学や哲学に親しみ、フランス文芸復興の一翼を担ったが、福音主義に好意を示しその宮廷は福音主義者の隠れ場となった。

（3）フィレンツェの名家メディチ家に生まれ、フランス王アンリ二世と結婚したが、夫の死後大いに政治的野心を伸ばし、陰謀策術飽くことがなかったと伝えられている。

（4）一五一九―一六〇五。若い頃の放縦な文学青年の生活から、プロテスタントの福音主義に改宗し、ジュネーヴに至ってカルヴァンの協力者、その死後は後継者となって、フランスの改革派教会とその神学の形成・確立に大きな功績を遺した。『カルヴァン伝』や『フランス改革派教会の歴史』など著作が多い。

(5) コルネリウス・フーン Cornelis Henricxz Hoen. 一五二一年、ルターに宛てて書いた手紙(Epistola christiana admodum)では、「これはわたしのからだである」というイエスの言葉の est を significat と解釈する。

(6) スペインの軍人で、カール五世に認められプロテスタントの弾圧に辣腕を振った。後にフェリペ二世によってネーデルランド総督に任命され、独立運動を制圧し、エグモント伯をはじめ一万八千人を処刑した。絶対制下の苛酷な武将の典型といわれる。

(7) オランダの神学者ヤコビュス・アルミニウス(一五六〇―一六〇九)は、当時の主流をなす厳格なカルヴァン主義の教条主義に反対し、教会のみならず政治的にも激しい対立を惹き起こした。アルミニウスの死後、その信奉者は「抗議書」(Remonstrantie)を提出して彼らの立場を抗弁したので、レモンストラント派と呼ばれた。その主な内容は二重予定の形での選びの教説の否認と、自由意志論に基づく恩寵の可抗性(人は恩寵を受け入れることも拒むこともできる)の主張だった。カルヴァン主義神学の中心的教義からのこのような逸脱は、のちの自由主義神学への道を拓いたものとされる。

(8) 一五六〇年の「第一規定」、一五七八年の「第二規定」を指す。

(9) 一六〇三年、英国のエリザベス一世の死によってチューダー王朝は断絶し、スコットランド王ジェームズが英国王を兼ねることとなった。さらに一七〇七年、両国はアン女王のもとに正式に合併し、大英帝国を形成した。

(10) エドワード六世のもとに公刊された「第一祈祷書」(一五四九)、および「第二祈祷書」(一五五二年)を指す。

(11) 長老派神学者たちのウェストミンスター会議（一六四三―五三）において採択された信仰告白文。同時に採択された大小の教理問答集と共に、長老主義教会の標準的文献となった。

(12) ジョージ・ウィシャート（一五一三―四六）はスコットランドの説教者だったが、ルターやカルヴァンの教説に触れて教会改革を志し、大陸亡命から帰国して各地に説教活動を行ったが、ビートン大司教のもとに捕えられ、セントアンドリューズにおいて火刑に処せられた。

(13) 一五五七年に結ばれたスコットランドのプロテスタント貴族たちの盟約を指す。

第10章

(1) ウィクリフについては訳注　序論13を参照のこと。その信奉者はウィクリフの死後も英国各地に伝道活動を行い、広範な影響を及ぼしたが、彼らはロラードと呼ばれた。語源は不明であるが、中世オランダ語で「ぶつぶつつぶやく」、あるいは「低く歌う」を意味する語から出たともいう。

(2) ヨーク家とランカスター家による王位継承をめぐる戦役（一四五五―八五）。両家の紋章が白バラ、赤バラであることからこの名がある。

(3) ローマ・カトリックの教会法用語で、誓約をする本人が意図的に偽りを企てていないかぎり、宣誓を受ける側はたとえそれが偽りになることを知っていても、教会法上の罪にはならない、という説。

(4) 十字軍時代に創設された宗教的騎士団の一つで、初めは聖地巡礼者の保護と救恤《きゅうじゅつ》に当たる目的をもっていた。十三世紀には広大な所領を持ち強大を誇ったが、司教や封建領主の嫉妬を買い、一三一二年に教皇クレメンス五世によって解散を命じられ、資産はフランス王フィリップ四世の手に移った。

(5) 原書ではマタイ福音書七章の一節が引用されているが、日本語に訳しても比較する意味がないので省略した。
(6) ジョン・フィッシャー(一四六九—一五三五)は、ケンブリッジ大学総長やロチェスター司教の要職にあった人文主義の聖職者。ヘンリー王の離婚に反対して処刑された。
(7) トマス・モア(一四七八—一五三五)は英国の代表的人文学者、『ユートピア』を著わした。ヘンリー王の離婚問題の起こったときには大法官の地位にあったが、カトリック教会への忠誠をまげず、大逆罪に問われて刑死した。
(8) ロバート・バーンズ(?—一五四〇)。ケンブリッジを卒業してアウグスティヌス修道会に入ったが、一五二六年頃からプロテスタントの信仰を宣教し始め大陸へ亡命した。以下本文参照のこと。
(9) エドワード・シーモア(一五〇六頃—五二)。ヘンリー八世の三番目の妃ジェーンの兄。英国の宗教改革を進めると共に、スコットランドとの合併を計ったが失敗し、さらに地主の「囲い込み」を抑圧しようとして反感を招き、各地に反乱が起こったため失脚した。のちに反乱の責任を問われて処刑された。
(10) 原文は見事な頭韻を持っているが、日本語での再現は不可能である。
(11) ピエトロ・マルティル・ヴェルミーリ(一五〇〇—六二)はイタリアの改革者。初めアウグスティヌス会派の修道士だったが、改革派の信仰に改宗し、ストラスブールやチューリヒなどで神学を講じた。一五四七年にクランマーに招かれてオクスフォードの教授となった(一五五三年まで)が、メアリ女王の即位と共に大陸へ亡命した。
(12) ヤン・ラスキ(一四九九—一五六〇)はポーランドの改革者。カトリックから改革派の信仰に改宗し、ドイツ北部の改革を指導したが、カール五世の仮信条によって追放されてロンドンに亡命し、ポーランド難民教会の牧会に当たった。メアリ女王の即位によって追放されてドイツの東フリースラントに逃れ、さらにポーランドへ帰ってカルヴァン主義的改革運動に貢献した。

（13）ジョン・フーパー（一四九五―一五五五）は初めベネディクト会の修道士だったが、宗教改革に身を投じ、大陸に亡命中はラスキと親しんだ。帰国後グロスターおよびウスターの司教を歴任したが、メアリ女王によって処刑された。

（14）一五六三年の英国国教会の聖職者会議において採択された信条文献。クランマーの「四十個条」（一五五三）に基づき、しかしその明らかな改革派神学を削除しようという意図を持つ。

（15）ニューマンは英国国教会の聖職者・神学者だったが、カトリックに改宗し、その理由づけとして教義の発展の概念を用いた。その際「三十九個条」を再解釈し、カトリックとの根本的合致を証明しようとした。

第11章

（1）セバスティアン・カステリョはフランス生まれの人文主義者・神学者で、カルヴァンの知己を得てジュネーヴ学院の校長に任じられたが、宗教的寛容の問題で訣別した。その著 De Haereticis an sint persequendi はとくに著名である。

（2）Celio Secondo Curione（一五〇三―六九）。イタリアの改革者だったが、迫害を避けて亡命し、一五四七年以降はバーゼル大学教授となった。秘かに再洗礼派と関係を持ち、一五五〇年のヴェネチ会議に参加した。De Amplitudine Regni Dei（1554）は厳格なカルヴァン主義からの逸脱をもって知られる。

（3）Jacobus Acontius（一四九二―一五六六頃）。トレントに生まれて法学を修めたが、プロテスタント信仰のゆえに故国を追われ、バーゼル、チューリヒ、ストラスブールを経て英国に亡命した。

（4）キリスト教の正統教義である三位一体論を否認し、神の単一性を主張する考え。そこからイエスの神性は否定される。古くはアリウス主義もユニテリアンであるが、宗教改革時代にはセルヴェトゥスやソッツィーニもこの流れに沿う。十七世紀の英国ではソッツィーニ派の影響がきわめて大きかった。

第12章

（1）マックス・ヴェーバーなどの提唱による宗教社会学的研究法を指す。ヴェーバーの古典的名著『プロテスタンティズムの倫理と資本主義の精神』や、トレルチの『社会教説』を参照のこと。次章を見よ。

（2）一五二五年のドイツ農民戦争の際のルターの態度を想起せよ。『著作集』六巻収録の「天来の預言者らを駁す」、「シュワーベンの農民の十二個条に対する平和勧告」、「農民の殺人・強盗団に抗して」などを参照のこと。

（3）一九三二年ヒトラーの台頭と共に、キリスト教会をナチズムに隷属させようとする努力が払われ、「ドイツ・キリスト者」の運動に至った。これに対しニーメラーやバルトの指導下に「告白教会」が形成され、教会の首たるキリストの主権が政治権力から自由であることが宣言され、教会闘争が始まった。

第13章

（1）大塚久雄『宗教改革と近代社会』（みすず書房）を参照のこと。

（2）一四八六―一五四三。インゴルシュタット大学の神学教授として、ライプチヒでの公開討論においてルターと論争した。

（3）マックス・ヴェーバーの言う「世界内的禁欲主義」（die innerweltliche Askese）を指す。

（4）ガレアッツオ・カラッチョリ（一五一七―八六）。ナポリの貴族だったが、ヴェルミーリやバルデスの影響のもとに福音主義に改宗し、ジュネーヴに亡命し、カルヴァンを始め人々の尊敬を集めた。

図版出典一覧

図1　ルター訳聖書オランダ語版（一五三三年）の表紙　Max Geisberg, *Das illustrierte Buch*, I (München, 1929), Part I, Plate I, No. 1.

図2　密議中の教皇と枢機卿たち　Albert Schramm, *Bilderschmuck der Frühdrucke*, XI（1928）, Plate 128, No. 944.

図3　聖ペトロの小舟　Sebastian Brandt, *Das Narren Schyff*, facsimile, ed. Hans Koegler (Basel, 1913).

図4　マルティン・ルター　Hanns Guldenmundt of Nuremberg, repr. in: Max Geisberg, *Bilder-Katalog* (München, 1930), No. 425.

図5　キリストと反キリスト　Lucas Cranach, *Passional Christi und Antichristi*, facsimile (Berlin, 1885).

図6　主の聖餐式　Lucas Cranach, „Das Abendmahl der Evangelischen und der Höllensturtz der Papisten,“ in: Max Geisberg, „Das Einblatt Holzschnitt,“ *Die Reformation*, IX (München: 1929), No. 29.

図7　「われらはただ独りの神を信ずる」 *Gesangbuch von Joseph Klug* (Wittenberg, 1544), rep: Friedrich Blume, *Die Evangelische Kirchenmusik* (Potsdam, 1931), 30.

図8（a）Wimpheling, *Defensio Germaniae* (Freiburg, 1502), rep: Baum und Gayer, *Kirchengeschichte für das ev. Haus* (1902-03).

図9（b）*Murnerus Leviathan* (1521), rep: J. Halle, Cat. XLVI, No. 257.

図10（c）Murner, *Von dem grossem Lutherischen Narren* (1522), rep: Bezold, *Die Reformation*, 359.

図11　フルドリヒ・ツヴィングリ　*Ulrich Zwingli* (Zürich: 1919), plate 12.

図12　カトリックの礼拝と改革派の礼拝　*Hans Sachsens ausgewählte Werke* (Leipzig, 1923), 32.

図13　カペルの戦い　August Lang, *Zwingli und Calvin* (Bielefeld, 1913), 88, No. 107.

図14　再洗礼派の殉教　Tileman van Braght, *Het Bloedig Tooneel* (Amsterdam, 1685).

図15　教皇主義者対カルヴァン主義者　Émile Domergue, *Iconographie calvinienne* (Lausanne, 1909), 184.

図16　三人の別人のように描かれた三位一体　Hans von Kulmbach in Johann v. Staupitz, *Ein nutzbarliches Büchlein.*

図17　皇帝カール五世　Hans Baldung Grien の木版画。

図18　16世紀のアウクスブルク　*Propylaenweltgeschichte: Reformation und Gegenreformation* (Leipzig, 1930), 48-49.

図19　ド・ブールの処刑　Tortorel & Perrissin, *Les grandes scènes historiques*, ed. A. Franklin (Paris,

1886).

図20 カルヴァン主義による聖餐式の揶揄 Émile Doumergue, *Iconographie calvinienne* (Lausanne, 1909), 194. より完全な図版は *Zwingliana*, II, 10 (1909), 288.

図21 捕縛された信仰者の群れ John Foxe, *Actes and Monuments* (London, 1563).

図22 同上。

図23 オランダの殉教者 Adriaan van Haemstede, *De Historien der Vromen Martelaren* (1604).

図24 ルター、選帝侯ヨハン・フリードリヒ、メランヒトン Johannes Luther, *Die Titeleinfassungen der Reformation* (Leipzig, 1909-1913), II, 56.

図25 商人たち Jose Amman, *Das Ständebuch*, fascimile (Leipzig, 1934).

図26 ルターの『結婚論』の表紙 *Illustrierte Zeitung*, CLXXXI (1933), 156.

この一覧表の作成に関して、著者は Miss Olive Sarber に深甚なる謝意を表する。

あとがき

本書の翻訳を思い立ったのは、四年間の米国留学を終えて帰国の途にある船の上であった。何の娯楽設備もない貨物船のこととて、時間はあり余るほどにあったのを利用して、最初の数章を下訳した。しかし帰国後は公私の多用にすっかり時間を取られ、訳業は放置されたままであった。最近になって、周囲の方々のおすすめもあって、再度取りかかり、ようやく完成させることができた。この拙訳が、留学をきっかけとして受けたベイントン教授へのささやかな謝意表明の一端ともなれば、と願っている。

著者のローランド・H・ベイントン博士は、名著『われここに立つ』を含む何冊もの邦訳によって、すでにわが国の読者にはよく知られた教会史家である。英国に生まれたが、八歳のとき会衆派教会の牧師だった父親に伴なわれて米国に渡り、ホィットマン大学を経てイェール大学に学び、そこで学位を得た。爾来、数年前に停年退職するまで、約四十年にわたってイェール神学校で教会史を講じ、多数の著書・論文を公にすると共に、多くの優れた研究者を育て上げた。

言うまでもなく、教会史全般に関する教授の学識は該博を極め、ユーモアとウィットに富んだ口調と相まって、その教会史概説はイェール神学校の名講義の一つであった。同時に、彼のもとに学んだ学生は学問研究の厳しさを、いやと言うほどにたたき込まれるのが常だった。教授の専門とする宗教改革史演習のごときは、参加資格として全員に独・仏両国語が要求され、ほとんど毎週のように何百ページという読書報告が課せられた。わずか一年間ではあったが、停年間際、まさに円熟し切った教授のもとに学ぶ折を得た幸いを、訳者は常に感謝している。訳者がプリンストンに転学したのちも、教授は何かと懇切に指導を与えてくださった。帰国近くなって訳者が学位論文を謹呈申し上げたところ、丁寧に目を通し、全体の構成、論旨の運び、文体や文法、さらには出版に際しての諸注意まで書き添えてくださった。

訳者が一番印象に残っているのは、研究者としての教授もさることながら、このようなほとんど牧会的とさえ言える細かな配慮に見られるような教授の広く暖かい人柄である。このことは教授の芸術に関する深い興味からもうかがわれる。本書の挿絵は教授の自慢の木版画コレクションの一部分にすぎない。適当なものが見当たらないときは、自ら腕を揮うよしで、演習に出席した大学院学生たちは、本人が気づかないうちに教授が盗み描きした似顔画をサイン入りで頂戴し、それがまた実によく特長を捉えているのに苦笑を禁じ得ないのである。

神学部の教会史正教授としてのベイントン博士はイェール大学の至宝だったが、同時にその飾り気のない豊かな人柄のゆえに、学生たちの敬愛を集める「名物教授」でもあった。あの自動車万能の米国で、往復何マイルかの通勤に自転車を用いるのである。短身の教授が古自転車にまたがり、書物のぎっしり詰まった大きなカバンを荷物台にくくりつけてさっそうと往来する姿を、学生たちは感嘆の眼をもって見送ったものである。

その天衣無縫ぶりを例証する出来事を、訳者自身も体験した。教授の演習は中央図書館内の研究室で行われるが、部屋の鍵は図書館入口に預けられてあって、大学院生は自由に研究室に出入りし、蔵書を借り出すことさえ許されていた。ある日のこと、演習を終わって外に出た訳者は、忘れ物に気が付いて急いで取って返した。いつものように鍵を借りて研究室の重いとびらを押し開けると、人気がないと思った部屋で一瞬目に入ったのは、じゅうたんも敷いてない床に服のまま長々と横になった教授自身だった。心臓麻痺か脳溢血か。こころも凍る思いで、驚愕の余り声も出せずに立ちすくんでいる訳者の気配にやがて気づいてか、ゆっくり起き上がった教授はただ一言、「ちょっと疲れたのでね」。

宗教改革史家としてのベイントン教授の本領は、ルター研究に見られるような宗教改革の主流の研究もさることながら、ミゲル・セルヴェトゥス、セバスティアン・カステリョ、ダヴィド・ヨリス、ベルナルディノ・オキーノなどの伝記的研究からもうかがわれるように、宗教改革の主要な担い手の陰に隠された、しかし次の時代の宗教思想——例えば信教の自由や政教分離など——の形成に決定的に貢献した一群の人々を、発見・紹介した点にあると言ってもよいであろう。近ごろ宗教改革研究者の間で「宗教改革の左派《レフト・ウイング》」（この語自体がベイントン教授の命名と信じられている）に対する興味が著しく増大しているが、いわゆる再洗礼派などを含むこの巨大な宗教思想の流れの研究において、教授は文字どおり草分けの一人であり、現在でも世界的指導者でもある。本書が類書に例を見ないほど大きなスペース（五、七、一一章）をこの問題に割いているのも、ゆえなしとしない。

わが国においても、近来、宗教改革者の著作の大がかりな邦訳が進められ、特殊研究の面でも深化が見られるが、宗教改革史全体を俯瞰するような標準的著述は見当たらないようである。本書は教授自身のことばによれば「通俗的《ポピュラー》」なものであるが、本格的史家の手になるものだけに十分信頼に値しよう。教授は「もっと学問的《スカラリー》」な宗教改革史の公刊を訳者にも約束されている。最近の便りでは、二巻ものの教会史概説を完成し、エラスムス伝を執筆中のよしである。退職後はまるで憑かれたように大著を公刊し続ける教授が、この約束を果たされる日を望むこと切なるものがある。

しばらく前に、教授はフルブライト交換学者として日本で一学期を過ごす計画を立てられ、日本語の勉強まで始めていた。二十数カ国語を読みこなす教授も、「日本語はなかなか難しい」と平仮名でサインした手紙で洩らしておられたのを記憶している。それが夫人や御本人の健康上の困難から中止となっていたが、健康も回復し、近日中にアフリカ訪問の旅行に揃って発たれるとのことである。折を得て、わが国をも訪れられる日の来ることを祈ってやまない。

追　記

本訳書の校正中に、ベイントン夫人逝去の報に接した。深く哀悼の意を表する次第である。ベイントン教授はお二人で実現を楽しみにしておられた訪日の途に、来春ひとりでつかれる由である。

一九六六年八月　仙台にて　　　訳　者

新版への訳者あとがき

このたび新教出版社から、旧刊ローランド・H・ベイントン著・拙訳『宗教改革史』が「長らく品切れの状態となっていたが、この名著を入手不可能のままにしておくのはもったいないので、復刊したい」との意向が示された。何せ一九六六年の刊行で、その後、一九九五年までに六回ほど印刷を重ねはしたが、このころはまだ、植字工が手書き原稿をもとにして、一字ずつ活字を拾っては版を組む時代だったので、改訂の手を加えることは至難だった。したがってその後の漢字の用法や開き方など、日本語慣用の変化にはまったく対応できていなかった。この度、新教出版社の決断によって、まったく新しく版を組むこととなり、それによっていくらかでも現行の日本語表記法に近づけることが可能となったのは、訳者としても望外の喜びである。そのための出版社の労苦と経費とが無益でないことを切願してやまない次第である。

言うまでもなく、この五〇数年の間に、日本を含め全世界における宗教改革史研究の進展には目覚ましいものがある。訳者自身も内容の粗密度や主眼点を別として、幾度かこの主題をめぐって、著訳書を出す機会を与えられてきた。それでも若手同労研究者のなかには、「この訳書をきっかけに、宗教改革史研鑽への志を得た」、とまで言ってくださる方もあるのに背中を押される思いで、出版社の申し出を受けることにきめた。今回、一定の制約の中で可能なかぎり、術語や表記法などの統一をはかり、誤植をただす程度の手は加えたものの、もっと踏み込んだ改訂訳にまではとても及ばなかった。この点については、新しい読者諸賢の諒解を請うほかかない。

このような懸念材料もないではないが、久しぶりで本書を手にし、ページをくってみると、主題の扱いかた、内容の展開ぶり、視野の広さなど、すでにしてベイントン史学の全体像を改めて確認させられる思いである。そこから、この歳月の経過にもかかわらず、あるいはむしろそのゆえにこそ、復刊の意味があるとさえ思えるようになった。以下でも触れるとおりである。

ベイントンの業績

ベイントン教授は、すでに第二次大戦前の一九三五年に訳出したセバスチャン・カステリョ『異端論』、一九三七年刊の『ダヴィド・ヨリス伝』、一九四〇年にはイタリアの改革者『ベルナルディーノ・オキーノ伝』などを公にしていた。戦後には、高名なルター伝(一九五〇年)に続いて、翌年の『宗教的自由のための苦悩』、立てつづけに本訳書の原著(一九五一年)、一九五三年刊の『セルヴェトゥス伝』などの著訳書において、信教の自由、宗教的迫害と寛容の問題などをめぐり、正面から自分の立場を明らかにし続けていた。

訳者が直接そのもとで学ぶことを許されたのは、一九六〇年から翌年までのわずか一年間だけだったが、大学院演習や講義、さらには私的な交わりの中でも、当時のアメリカで吹き荒れていた反共産主義旋風、極端な「アメリカ至上主義」(「マッカーシズム」) との間で陥っている困難な状況に触れておられた。つい最近、教授の没後三〇年を機にしてか、生涯にわたる書簡や文書七八四篇(一九〇八年から一九八八年)が、家族によってインターネット上で公にされた(Bainton Family Archives)。おかげで、今ではそこから、教授があの時期に直面していたさまざまな困苦の一端と、それに対する教授の立ち位置を、ピンポイントでうかがい知ることが可能となった。以下で、改めて言及するとおりである。

それから、優に半世紀以上が経過した。しかし、世界の情勢はこの局面での画期的進展や改善をあかしする、とはとうてい言いがたいだろう。それだけに、本書の内容を一読するだけでも、英国からの亡命移民だった牧師の父親から教授が受け継いだ絶対平和主義、ないしは良心的反戦論、さらには寛容思想が伝わってくるように思われてならない。実際、原著はほとんど手を加えられることなく、教授の逝去直後の一九八五年までに一〇度も版を重ねた。教授が拠って立った姿勢への広い共感なくしては、端的にありえなかったはずである。

拙訳初版「あとがき」にもあるように、ベイントン教授は一九六二年度末をもって、四二年にわたり教鞭をとったイェール大学(一九三六年以後は、名誉ある「タイタス・ストリート教会史講座」教授)を定年退職したが、夫人の逝去後は、神学部の寮で学生たちと起居を共にしながら、スターリング中央図書館内の研究室に通い続ける毎日だった。『ニューヨーク・タイムズ』紙に掲載された訃報(一九八四年二月一四日号)によれば、それまでの一九冊の著訳書に、退職後はさらに一三冊の自著を増し加えた由である。同紙によれば、名著『我ここに立つ』は一二〇万部の売り上げを記録したが、その印税を基金として設定された「ベイントン記念賞」が、毎年、美術・音楽史、歴史・神学、文学、および文献学の四分野で授与されている。執筆に加え、国内外から広く来訪と講演を望まれた教授は、文字どおり世界中を旅する生活を喜びとされた。夫人の逝去が、同行した南アフリカ訪問から帰国直後だったことも、上記の公開文書から初めて知ることができた。

拙訳初版「あとがき」末尾でも予告されていたとおり、ベイントン教授は一九六七年、フルブライト交換学者として同志社大学で半年を送ったが、その間にも日本各地に教え子を訪ね、それぞれの学校や教会で講演、あるいは説教の労を惜しまれなかった。訳者の勤務先の東北学院大学では、二回の公開講演を快く引き受けていただけた。一九六七年六月のことで、「戦争の倫理とアメリカの外交政策」、および、「ルターとエラスムス——リベラル・カトリックとプロテスタント宗教改革」がそれである。

折しも、アメリカはベトナム戦争の泥沼に落ち込んで苦悩のただ中にあり、国内では反戦運動が日ましに力を増している時期だった。ベイントン教授は第一次世界大戦中、上記の良心的徴兵忌避の実践として、フレンド（クエーカー）派のもとで赤十字活動にかかわり、戦禍の悲惨さと無益さとを体験していただけに、「戦争の倫理」への言及はひとしお厳しいものだった。

他方、学識と共感に溢れるエラスムス伝は、翌々年（一九六九年）には大著『キリスト教世界のエラスムス』として出版されるが、この講演はいわばそのプレヴューのごとくだった。講演はまったく原稿がないのに、手振り・身振りをふんだんにまじえての熱演で、通訳に苦労したことを懐かしく想起する。さっそく版権を取得、二年後（一九七一年）には拙訳を出版できた。

次の来仙は一九八一年初夏のことだったから、一八九四年生まれの教授はすでに八七歳だったはずだが、少しも年齢を思わせない壮健ぶりだった。この度の公開講演は「宗教改革と教育」が主題だったが、上記のようにあらかじめ整った原稿があるわけではなく、しかも専門用語が乱れ飛ぶ内容だったため、通訳に際しては途方もない苦労を味わったのが甘苦い想憶である。これら訪日中の講演の一部は、翌一九八二年には内海望訳で聖文社から出版された。
ベイントン教授の著作中、本書以外に日本語で読むことができるのは、調べたかぎりでは以下のとおりである。

『我ここに立つ　マルティン・ルターの生涯』青山一浪、岸千年共訳、一九五四年～
『世界キリスト教史物語』気賀重躬訳、一九五四年、気賀健生改訂訳、一九八一年
『クリスマス・ブック』マルティン・ルター、ベイントン編、中村妙子訳、一九五八年
『戦争・平和・キリスト者』中村妙子訳、一九六三年
『エラスムス』出村彰訳、一九七一年
『宗教改革の女性たち』大塚野百合訳、一九七三年
『キリスト教歴史観入門』出村彰訳、一九八〇年
『イースター・ブック』マルティン・ルター、ベイントン編、中村妙子訳、一九八三年

なお、藤代泰三「ローランド・H・ベイントン教授を偲んで」（『基督教研究』同志社大学、一九八四年）は、この「あとがき」を追記するためにも有益だった。
いささか余事かもしれないが、ベイントン教授は自著の日本語訳をたいへん喜びとされたようである。イェール大学神学部のコモンルーム壁面には、歴代「名物」教授の肖像画がずらりと並んでいるのだが、ベイントン教授は自身の背景と

して、上記日本語訳の『戦争・平和・キリスト者』や『エラスムス』の表題がとくに目立つように指図されたと思われる。背文字の日本語を解読できればではあるが、だれの目にも明らかである。

本書の意義

本訳書出版の一九六〇年代後半以降は、日本においても、宗教改革を主題とする著作や邦訳が数多く公にされてきた。二〇〇〇年代に入ってからだけでも、新しい順に、例えば、G・S・サンシャイン『はじめての宗教改革』(出村彰・出村伸訳、二〇一五年)、K・G・アッポルド『宗教改革小史』(徳善和義訳、二〇一二年)、森田安一編『ヨーロッパ宗教改革の連携と断絶』(二〇〇九年)、渡辺信夫『プロテスタント教理史』(二〇〇七年)、出村彰『総説キリスト教史2　宗教改革篇』(二〇〇六年)、永田諒一『宗教改革の真実』(二〇〇四年)、渡邊伸『宗教改革と社会』(二〇〇一年)、アリスター・E・マクグラス『宗教改革の思想』(高柳俊一訳、二〇〇〇年)などなど、文字どおり枚挙にいとまがない。いずれも独自の視座に立ち、内容の組み立てから論旨に至るまでも、それぞれの卓見がうかがわれることは無論である。ベイントン教授のこの著書が一九五二年に発刊されてから、すでに六五年の時が流れた。この歳月の間にも新たに発見された最新の史料等を踏まえ、また、他の学問領域との対話・折衝を重ねた末の宗教改革関連著訳書は国内外で数え切れないが、それらに比しても、いささかの遜色もないと言えるだろう。

ＩＴ万能の現代ではいささか的外れかもしれないが、古来「書は人をあらわす」と言いならわしてきた。そのひそみにならって言うならば、「章立ては内容をあらわす」とでもなるのだろうか。この度の復刊に際して、改めて本書における章の立てかたを見直してみた。序論を含めれば全部で一四章である。序論は中世キリスト教後半の叙述で、改革の史的必然性の概説とも言えるだろう。次に続くのは三章にも及ぶルターで、全体の三分の一に近いのは、『我ここに立つ』の著者として、生涯抱き続けたルターへの敬愛の念の表出とも言えるだろう。そこから先は、ドイツ語圏、さらにフランス語圏スイスにおける宗教改革の記述と、ほぼ定石どおりとも言えるが、実はこの二つの章の間に第5章「再洗礼派―隠遁の教会」が挟まれている。今ではそれほど独自とは感じられないかもしれないが、実は、二十世紀半ばまでに公刊された宗教改革史、あるいはキリスト教通史の中では、ほとんど例外的とまで言ってもさしつかえないだろう。この章だけで、三十数ページが割かれているのである。

思えば、原著出版の前後はキリスト教史学の大きな転換期だった。一九五七年にハーヴァード大のG・H・ウィリアムズ教授が、膨大な英訳文献集（『キリスト教古典叢書』）の一冊として、『徹底的宗教改革――神霊派および再洗礼派』を、続けて一九六二年には、九〇〇ページを越す大著『徹底的宗教改革』（一九九二年の第三版では、実に一五〇〇ページ）を公にし、もろもろの急進的運動を統合しようとしたからである。徹底的にせよ、急進的にせよ、あるいは根源的にせよ、いずれも原語は「ラディカル」であって、語源から言えば「根源」ないしは「基底」から派生する。算術の「平方根」も同じ語源である。したがって、運動そのものにおける言動が「過激」かどうかではなく、それぞれの運動自体がキリスト教信仰の「根源」と見なすものへの献身・没頭の徹底度をもって区分するべきだ、というのがウィリアムズ教授の立場である。

それに対し、ベイントン教授自身は、諸運動に通底する原理として、あらゆる公権力（官憲）の庇護をよしとせず、そこからの自立・離脱をもって宗教改革の完遂とするすべての運動を、「宗教改革左派」の呼び名をもって総括する。この用語法の適否をめぐって交わされた教授指導下での大学院演習の熱気は、いまだに忘れることができない。参加者たちいずれもが、多種多様な背景を持っていたからである。そうなれば、国家権力の発動としてのあらゆる戦争行為の否定、いわゆる絶対平和主義は避けがたくなる。ともあれ、これはキリスト教史学の曲がり角の一例にすぎない。

私見によれば、ベイントン史学の先見性・卓越性は、同じころに欧米で公刊され、あるいは日本でも訳出された類書との比較からも明らかである。原著はいくらか古くなるが、日本でも広く読まれたハンス・フォン・シューベルトの『教会史綱要』（井上良雄訳、一九六三年）では、再洗礼派はただの一行「聖像破壊的蛮行と常軌を逸した主観主義」とあるだけであり、ベイントン教授の前任者ウィリストン・ウォーカー『キリスト教史』（初版は一九一八年、菊地栄三・中沢宣夫・速水敏彦訳、一九八四年〜）四巻、ドイツ語圏であれば、ヴァルター・フォン・レーヴェニヒの『教会史概論』（赤木善光訳、一九六二年）、短期間に版を重ねたクルト・シュミットの『教会史要諦』（一九六四年）、あるいは、クルト・アーラント『キリスト教史』（一九六二年）などにしても大同小異である。邦訳はないが、一九六〇年代でさえも、米国の神学校などで広く用いられていたプリザーヴド・スミスの『宗教改革の時代』（初版は一九二〇年）においては、再洗礼派は「貧しく無学な無産階級の代表者で、大口をたたく徒輩、社会変革の要を感じつつも、計画の実現可能性を判断する素養をさえ欠いたプロレタリアート、一言にして、十六世紀のボルシェヴィキにほかならない」として切り捨てられている。

上記の演習では、参加大学院生全員が毎週のように数冊の宗教改革史を割り当てられ、読書報告の後には長い討論が常だった。実は、訳者が担当したのは、あいにくと直前で触れたスミスの著作で、なすすべもないままに、書いてあるとおりに報告するほかなかった。ベイントン教授は発表者のつたない英文を忍耐強く聞いた後、口調こそ柔らかだったが、断固としてこのような固定観念の表出を退け、一次史料に依拠することの大切さ、そこから教授自身が手にした新しい再洗礼派像を諄々と説き明かされた。教派的には旧組合教会の教職者だった教授だが、書棚に並んだ『メノナイト史論集』を指さしながら、「一巻から全部揃っているよ」と言われたときのまなざしは忘れられない。恥ずかしながらそれまでは、カルヴァンの側からの再洗礼派像しか脳裏になかった訳者にとって、これは文字どおり「青天の霹靂」、あるいは一種の開眼体験そのものだった。一〇年後の拙著『再洗礼派』（一九七〇年）は、謝意表明の一端をと願ってのつたない小著にすぎない。なおこの関連で、最近刊の『旅する教会　再洗礼派と宗教改革』（永本哲也ほか編著、二〇一七年）を挙げておこう。

本書の内容

再度、本書の章立てに戻ることとしよう。第7章は「自由探求の精神」と題される。上記のジョージ・ウィリアムズ教授の分け方ならば、ともあれ教会形成志向の再洗礼派に対し、独自の集団形成意欲とは無縁な第二類型の神秘主義・神霊主義型、第三の理性・合理主義型が取り上げられるのはこの章においてである。注目に値するのは、これら両類型が「それぞれ別個に、または相伴って、普遍主義の方向を志向した」という理解で、そこからは理論的にも実践的にも、「寛容」への道はただの一歩である。教授の最初の学問的業績が、今では日本においても研究が進んでいるカステリョの宗教迫害反論であることはすでに指摘した。恩師の足跡を踏むかのように、訳者も習作風の小著『カステリョ』（一九九四年）を筆にしたし、後にはバーゼルの碩学ハンス・グッギスベルク教授の大著『セバスチャン・カステリョ』を邦訳した（二〇〇六年）。さらに、訳者も編訳著者の一人として、四半世紀にもわたって辛苦した『宗教改革著作集』では、他と対等に第八巻全部を再洗礼派に割りふったし（一九九二年）、第一〇巻「カルヴァンとその周辺2」には、カステリョの「異端は迫害されるべきか」の部分訳を収載した（一九九三年）。付言するならば、中央大学出版局の近刊『セバスティアン・カステリョン　異端者を処罰すべからざるを論ず』（高橋薫他訳、二〇一四年）は大きな貢献と思われる。

続く第8章、第9章は、ルター派および改革派がそれぞれに目指した、「公認」へ向けての苦闘の記述である。そこでもまた、広い意味ではカトリック教会と福音主義諸教会との間での相互理解と受容に向けての、しかし時期尚早にすぎた歩みがたどられる。地域と時代によって大幅な差異はあるとしても、いずれもが個々人の信奉する信仰内容が、公にも許諾されるに至る辛苦の歴史をたどる点では、本書を一貫する通底音として共通である。第10章「英国教会の包括主義と中庸の道」もまた、例えば、カトリックから、国王によって英国教会大主教に任じられ、再度のカトリック化によって転向を迫られるトマス・クランマーの苦悩を描ききることによって、個の良心の自由と公権力への恭順との葛藤の深刻さが主題となる。それこそがそのままで、現代では世界的規模で問われている論題なことは言うまでもないだろう。

第11章は、明示的に「信仰の自由のための戦い」と題される。十六世紀において、「信仰の自由」こそは、カトリック教会にとっては「最も罪深い無関心主義」にほかならなかったし、ジュネーヴのベザによれば「最も悪魔的な教条」だった。なにびとにも、「自分勝手な仕方で地獄に堕ちる権利」は容認されえないからである。真理の唯一排他性、それを自分が保持しているという妄信、かつは反対者に対する強制が有効であるとの思い込み、そこから生まれる数知れぬ惨劇、これはけっして五〇〇年前の昔物語ではない。あまりにも遍在的なこの種の自己絶対化から救い出される道は、果たしてあるのだろうか。

最後の二章、「宗教改革と政治」、「宗教改革と経済および家庭」は、主題の大きさを思えば略述に留まっても当然かもしれない。しかし、十六世紀が大きな転換期だったことは疑えない。現実問題として、「キリストの一つなる体」と呼ばれたヨーロッパ・キリスト教世界は多元・複数化し、せいぜい踏み留まりうる根拠は「属地主義」となってしまった。居住する領域の公認宗教を受け入れるか、それとも移住するかの選択までは拡張されたのだから、範囲の矮小化による原則の保持、と言い換えてもよいだろう。「日本に生まれ・住むのだから、当然として……」のような論調が、現代における好個の実例である。やがてそれが領邦国家から市町村、各個の家庭、最終的には個人へと狭められていくはずだが、個の尊厳の確立への道のりは果てしもなく遠かった。今なお途上にある、とさえ言うべきかもしれない。

最後の章は、「宗教改革と経済および家庭」である。宗教改革が近代資本主義（の精神）に及ぼした衝撃をめぐっては、マックス・ヴェーバーやトーニーらの先駆的業績に触れるまでもないだろう。もっとも、ベイントン教授は、ヴェーバーが拠りどころとするのが十六世紀の宗教改革者たちというよりは、より後期の資料であり、かつは、周知のような「救われている確信」を自認するためのこの世における経済活動、といった理解には否定的である。これらをめぐっては日本を含めて、はるかに実証的で説得的な業績が次々と公刊されており、ここで言及するまでもない。ほんの一例にすぎないが、前掲のアッポルド『宗教改革小史』などが思い出されるだろう。アッポルドによれば、ヨーロッパは圧倒的に農村社会で、人口の多くが農民であり、その意味では、十六世紀の宗教改革が、他の時代ととくに著しく懸絶した「歴史の曲がり角」だったわけではない。ともあれ、本訳書に関しては、全体の章立てにおけるベイントン教授の卓見性を挙げれば、ここでは十分だろう。

今から振り返るならば、本書で言及されていない大きな論題はカトリック宗教改革かもしれない。原著者にかわってあえて弁疏する必要はないだろうが、一語だけ触れるならば、一九五〇年代前半には、第二ヴァチカン公会議（一九六二―一九六五年）の召集、それがもたらしたカトリック教会の「変革」のごときは、予想もできなかった。一九五九年初頭、教皇ヨハネ二三世が枢機卿たちを前に、公会議の召集を発議した唐突さは、「予期しないところにふと訪れた春の木々の芽生えのように」、と伝わるほどだった。しかし今では、その稔りの一部として、カトリック教会と福音主義教会との間の対話の進展・進捗には目を見張るばかりと言えよう。少なくとも、カトリック教会とルーテル教会の間では、一九九九年には「義認の教理についての共同宣言」が公にされ、邦訳でも広く読まれている。もっとも、私見では、両教会の間で、義認あるいは義化をめぐって完全な理解の一致が得られたというよりは、共通点を確認した上で、ついぞ相互に受け入れがたい相違点を再確認するに留まった、と思われる。それにしても、対話の可能性は見いだされたとまでは言えるだろう。

この「新版への訳者あとがき」を書いている間にも、ドイツ福音主義教会常議員会編・芳賀力前東京神学大学学長による邦訳『義認と自由　宗教改革500年』（教文館）が刊行された。最後の部分は実に印象的だった。「全世界のプロテスタントのキリスト者は、義認に根拠づけられた自由についての使信を……ローマ・カトリック教会の、そして東方正教会の信仰の兄弟姉妹たちと一緒に祝う。争いと分裂を越えて」、と。

この秋には両教会合同で、宗教改革五〇〇周年記念礼拝の開催が予告されている。すでに「対決から交わりへ」と題された歴史的文書が公にされ、「ルーテル教会とカトリック教会が二〇一七年秋に共同で行う宗教改革記念礼拝」への期待が高まっている。もっとも、礼拝の中で執り行われるはずのミサ聖祭と主の晩餐とが、どのような形になるのかをめぐっては、この時点で訳者には不詳である。期待をもって見守りたい思いである。

冷戦期のベイントン

以下は「ベイントン文書」からの二、三の紹介である。原著の公刊から一年後の一九五三年六月、旧組合教会の伝統を引くオハイオ州のオベリン大学は、ベイントン教授に名誉神学博士の称号を贈呈した。その席で読まれた学位記贈呈の言葉から、短く引用することとしよう。そこではこのように言われている。

キリスト教史の勤勉かつ透徹した研究者として……先生は歴史の学びを、過去の出来事や人物から生命力と重要性を奪いさり、愚鈍な知ったかぶりに堕さしめることなく、歴史的キリスト教信仰のもろもろの意味を、透徹した力強い文章によって明らかにするという至難のわざを果たしてこられました。それによって、同じ領域の研鑽を志す研究者たちは、プロテスタント宗教改革の真髄と思想とを開示され、そこで生きいきと描かれた英雄的人物像の描写から大いなる益を受けたのです。

先生が教室で示された学識と溢れるばかりの機知とによって、多くの学生たちが養われ、それぞれが選ぶ分野において、同じ厳密さと情熱とをもって勤勉であることを学びとりました。先生を介して、多くの教職者、教会員たち、また学問に携わる者たちは、厳しく精査された過去という光を通して、現在の自分を見つめ直すという恩益を受けたのです。

さらに先生は、「良心の自由」という貴重な遺産の解釈者として、深い尊敬を受けておられます。それなくしては、宗教的信念というものは堕落し、専横がはびこることになるでしょう。先生はこれまで、信仰的・道徳的確信に対する宗派や政治や軍事力による浸蝕に断固として抵抗した多くの人々を、現代に甦らせられました。先生は、良心の内的戦いに従事する者たちを絶え間ない助言によって力づけ、あらゆる戦争に向き合う教会の姿勢に、豊かな学識に裏打ちされた識見を通して益となってこられました。(「文書」二五〇番)

それから一〇年後の一九六二年三月、コネティカット州ミルフォードの町中である事件が起こった。町の至るところ、教会の壁、さらには車の中にまでも、ベイントン教授を名指しで批判する三ページのガリ版刷り文書が広く頒布されたのである。同地の新聞が報ずるところによれば、「コネティカット州反共産主義市民連合」を自称する団体が、三一項目にもわたって教授の言動を批判・論難する内容がそこには含まれていた。批判の委細にわたっては知るよしもないが、ミルフォード・プロテスタント教会協議会で予定されていた教授の講演に反対する内容だったと推測される。臆することなく壇に立った教授は、次のように述べたと報じられている。付言するならば、時期的には、すでに公民権(人種差別撤廃)運動が激しさを増し加えていたころである。

何年にもわたって、わたしは世界平和や難民救済、あるいは公民権支持者たちへの支援を惜しみませんでした。確かに、これらの人々の立場はさまざまかもしれませんが、もしもこれらの人々が沈黙を強いられるような場合にこそ、「共産主義者」は最大の成功を収めることになるのです。それゆえにこそ、あえてある立場を取ることに意味があるのです。
わたしは、不当な(と、わたしには思われる)不利益をこうむっている人々に、情状酌量を求める文書に賛同したにすぎません。難民について言うならば、わたしが直接に関わったのは、ヒトラー独裁下からの亡命者たちであり、その中には二〇人もの学者たちが含まれていました。スペインからの難民の場合には、もしかするとその中に共産主義者も含まれていたかもしれませんが、わたしは自分の信念から、すなわち、母国を追われた亡命者たちが、自分とは異なる見解の持ち主だからという理由だけから、放置され、生存が脅かされるようなことがあってはならない、という論拠に基づいて、ささやかな援助の手を差しのべたにすぎません。（同上、二九八番）

まったくの推測の域を出ないが、どのようにしてかこの誹謗文書、あるいは、それに対するベイントン教授の反論は、翌月にはワシントンの非米活動委員会のもとにも届いたと思われる。マッカーシー上院議員自身はすでに一九五四年末、「上院の品位を損ね、批判を生む行動を取った」として譴責を受けて失脚していたが、委員会そのものは存続していた。

上記のローカル団体の責任者に対して、誹謗内容の拠り所を問いただし、非米活動委員会が出している「国家覆滅的団体および出版物一覧表」なる資料である旨の確認をとったベイントン教授は、直接に非米活動委員会に宛てて、文書管理の甘さを詰問する手紙を送り、直ぐに当時の委員長フランシス・ウォルター上院議員からの回答文（四月一九日付け）を手にした。半年後、十一月一六日付けで教授は返書を送り、求められたであろう〔アメリカへの忠誠を明言する〕「宣誓供述書」の提出を断固として拒否する。こう明記されている、「貴下は、確証もされない事案を無差別に頒布することが、どれほどの名誉毀損を招来するかがお分かりにならないのでしょうか」。教授のどの著作や発言が、上記の「国家覆滅的」と論断されたのか、今となっては知るよしもない。

一ヶ月後、同年十二月二三日の『ブリティッシュ・ウィークリー』誌は、折から開催されていた第三回全米教会協議会（NCCUSA）に招かれたベイントン教授が語った次のような発言を掲載した。そこにはこうある。

アメリカは目下、恐るべき選択に迫られている。「外からの専制」に支配されることは想像するだけでも恐怖だが、それよりもいっそう恐ろしいのは、「内側からの腐敗」に屈することである。……もしも事態が最悪に至る（「より悪い」が「最も悪い」にまで堕する）ならば、わたしたちは自分の自由そのものを裏切るよりは、国外からの専制に屈従するほうが、まだましかもしれない。

ソ連においては、共産主義によってロシア人相互の間の信頼関係が打ち壊されてしまったし、ドイツでは、共産主義に対抗することを目指した結果、同じように専制的なナチズムが産み出され、ドイツ人相互の間の信頼感が失われる結果となった。逆効果に気づかずに民心を煽るようなやりかたは、アメリカ人の心の中に「紋切り形」の心性を産み出す危険に満ちている。……査問を受けたことのない人たちが、これまでは秘匿してきた本心を口にすることで、外から疎外されることを懸念するようになるようでは、アメリカはどうなるのだろうか。外部からの極端な圧迫は、民主主義の真髄そのものに対する挑戦にほかならないのだ。

これこそが、ローランド・H・ベイントンだった。教会協議会もまた、移民および難民問題が切迫した教会の責務であることを進んで承認し、そのために国全体が適切な法的・人道的措置を講ずるようにと議決している。そこから、教会協議会そのものが、左傾主義、赤化運動、非米活動の支持団体等々の難詰に甘んじなければならなくなったのである。

かのヴォルムス帝国議会（一五二一年）から、何年が経過したことだろうか。しかしここにも、一人の聖書と良心の捕らわれ人が立っているように思うのは訳者だけだろうか。「わたしは聖書と明白な理性とによって納得させられないかぎり、……一言も取り消せないし、取り消そうとも思いません。良心に逆らって行動することは正しくもないし、安全でもないからです」（本書七七―七八頁）。

わたしたちは果たして歴史から、そして歴史の語り部たちから、正しく教訓を汲み取ってきたのだろうか。自分とは別な「異なる者」が、自分と対等な、しかし別個な「他の者」となる道は、何と遠く、険しいことだろうか。しかもわたしたちは、日々選び取って生きるほかない――たとえ自分の選択が至高・最善ではありえないことを十分に承知しながらであっても。

当時のイェール神学校教授陣は全米でも一、二を争うほどだったが、その一翼を担ったのがH・リチャード・ニーバー教授だったことにはだれも異論がないだろう。訳者はいまだに、教授のキリスト教倫理学の最終講義を忘れることができない。以下のような趣意だったと記憶する。

1981年6月　仙台にて

諸君の多くは卒業後には牧会に出ることだろう。そこでは、必ずや選び取りが避けられない、あらゆる局面において。その場合、選び取りの最終規範は「より少ない悪」(less worse)なのだ。どれほど祈り、知恵を尽くしても、わたしたち人間の選び取りは、絶対者の前では「最善」(best)でも、「より良い」(better)でもありえないが、しかも終わりの日の赦しを信じつつ、「より少ない悪」でもあえて選び取る生き方を諸君に祈念する、と。
ニーバー教授は翌年夏には急逝されたので、訳者にとってこの卒業生への「はなむけの言葉」は、まるで遺言のようにさえ感じられてならない。「すべては相対的でしかない」、という無責任な相対主義は裏を返せば一種の絶対主義でしかない。そうすると、わたしたちに残されているのは、強いて言えば、一種の「相対的相対主義」となるのだろうか――絶対者に目を上げ、終わりの日の審判を確信しながらも。歴史の中で、歴史から学びながら生きるとはこのようなことなのだろうか。

いつものことながら、「あとがき」としてはあまりにも長すぎる文章を許容してくださった新教出版社小林望社長には御礼の言葉もない。いくどかのメール交換によって、執筆者自身が大きな益を受けることができた。特記して謝意を表したい。

二〇一七年六月　　訳者

れ

ろ

ま

み

む

め

も

へ

ほ

ひ

ふ

と

な

に

の

は

そ

た

ち

つ

て

す

せ

し

け

こ

さ

き

く

お

か

う

え

索　引

訳　者
出村　彰（でむら・あきら）
1933年、仙台に生まれる。東北学院大学、東京神学大学を経て、イェール大学、プリンストン神学大学、バーゼル大学に留学。神学博士。東北学院大学文学部教授、副学長を経て、同大学名誉教授。元宮城学院理事長。宗教改革史に関する著書・訳書多数。

本書は、1966年に小社の現代神学双書29として刊行され、1995年に新教セミナーブック7として復刊されたものを改版し、訳文に修正を施した新版です。

宗教改革史

2017年7月31日　第1版第1刷発行

著　者……ローランド・ベイントン
訳　者……出村　彰

発行者……小林　望
発行所……株式会社新教出版社
〒162-0814 東京都新宿区新小川町9-1
電話（代表）03 (3260) 6148
http://www.shinkyo-pb.com
印刷所……モリモト印刷株式会社

ISBN 978-4-400-23030-4　C1016